SAFETY MANAGEMENT FOR CHILDREN

아동안전관리

장은석 장석경 고연경 공저

양 성 원

머리말

현대 과학의 발전으로 다양한 분야의 눈부신 변화에도 불구하고 아동과 관련된 사건 · 사고 소식들은 끊이지 않는다. 상대적으로 심각한 상황들만 주로 매스컴을 통해 전해지는 것을 감안하면 도대체 얼마나 많은 사건이나 사고가 아동들에게 벌어지고 있는지 모를 일이다. 아동과 관련된 사건 · 사고의 공통점은 결국 아동이 가장 큰 희생자라는 점에서 많은 이를 안타깝게 만든다.

각종 통계를 살펴보면 안전사고에 의한 아동 사망률은 점차 낮아지고 있는 추세인 것으로 파악된다. 하지만 급격한 사회의 변화와 도시화의 영향으로 사회가 전반적으로 복잡해진 탓인지 아동들의 안전사고 발생률은 오히려 증가하고 있고, 그 유형 또한 갈수록 다양해지고 있다. 따라서 사고사망률이 낮아졌다고 해서 아동들이 더 안전해졌다고 단정하기 어렵다.

인간발달 단계 중 아이가 태어나서 성장하는 영아기와 유아기에는 시기상 여러 가지 중요한 발달과업이 있다. 그 중 아동들이 신체적 · 정신적으로 각종 위험에 노출되는 것을 최소로 하고 편안하고 안전한 환경에서 건강하게 성장하는 것은 다른 어떤 발달과업 보다 중요하다고 할 수 있다. 아동들이 안전하고 건강하게 성장할 수 없는 상황에서 다른 것들은 그 의미가 무색해질 것이다.

전통적으로 아동양육은 가족들이 전적으로 책임을 지는 일이었다. 오늘날에도 아동의 안전은 일차적으로 가정에서 부모를 비롯한 가족이 책임을 지기 때문에 가족은 아동의 안전과 관련한 지식과 기술을 익혀두어야 한다. 그러나 사회의 변화에 따라 아동양육도 어린이집이나 유치원 같은 기관에서 그 기능을 일정 부분 담당하게 됨에 따라 이곳에서 일하는 교사를 비롯한 기관 종사자들도 아동의 안전에 대한 책임과 의무를 지게 된다.

어린이집과 유치원 같은 기관은 아동이 등원하게 되면 가족을 대신해서 아동을 안전하게 보호하고 돌보아야 한다. 그것이 이들 기관의 중요한 기능 중 하나이다. 이를 아동안전에 대한 관리능력은 기관의 교사들이 갖추어야 할 매우 중요한 능력임이 틀림없다. 보육교사 양성을 위한 교육과정에도 아동안전관리가 필수 이수 교과목으로 지정이 될 정도이니 아동안전에 대한 관리의 중요성은 국가적으로 강조된다고 할 수 있다.

집필진은 본 교재에 영유아기 아동들의 안전을 관리해야 하는 교사들이 알아야 할 다양한 내용을 전반적으로 담고자 하였다. 교육과정과 관련 자료들을 전반적으로 검토하고 분석하였고, 그 과정에서 새롭게 바뀐 관련 내용들도 폭넓게 조사하고 연구하였다. 특히 최근 들어 아동의 안전관리에 대한 중요성이 더욱 강조되면서 변화된 상황들을 최대한 반영하고자 했기 때문에 교육 현장의 학생들뿐만 아니라 실무를 담당하고 있는 이들도 현장에서 참고할 수 있을 것이다.

물론 집필진이 시간과 에너지를 들여 작업을 했다고 하더라도 부족한 부분이 발견될 수도 있다. 본 교재의 집필진은 발견되거나 지적된 부분을 외면하지 않고 계속 연구하여 지속적으로 보완을 할 계획이다. 본 교재를 통해 영유아기 아동의 발달에 매우 중요한 영향을 미치는 예비 교사들이 아동안전관리에 대한 지식, 기술, 태도 등을 충분히 갖추는 데 도움이 되기를 진심으로 바란다.

2019년 1월

저자 일동

차 례

Chapter 01 아동안전관리의 이해 9

1. 아동안전관리의 개념 11
2. 인간 욕구로서의 안전 13
3. 아동안전관리의 필요성 14

Chapter 02 아동안전사고의 실태와 특성 17

1. 아동사망사고 실태와 특성 18
2. 아동안전사고 실태와 특성 27

Chapter 03 영유아 발달특성과 안전사고 35

1. 영아의 발달특성과 안전사고 37
2. 유아의 발달특성과 안전사고 41

Chapter 04 영유아 교육기관 관련 안전법규와 안전관리 45

1. 아동복지법 46
2. 영유아보육법 52
3. 학교안전사고 예방 및 보상에 관한 법률(약칭: 학교안전법) 64

Chapter 05 교육과정에서의 안전교육 69

1. 교육과정에서의 안전교육 내용 70
2. 어린이집 평가인증에서의 안전 73
3. 유치원 평가에서의 안전 78

Chapter 06 영유아교육기관 시설 안전관리 85

1. 영유아교육기관의 설치 기준 87
2. 시설 · 설비의 안전 87
3. 실외 시설의 안전 101

Chapter 07 응급처치 109

1. 응급처치의 개념 및 기본 원칙 111
2. 응급처치의 실제 119

Chapter 08 안전사고의 처리 및 책임 135

1. 안전사고 처리의 중요성 136
2. 안전사고의 대처 단계 137
3. 안전공제회 145
4. 안전사고의 책임 151

Chapter 09 안전교육의 계획과 운영 153

1. 영유아 안전교육과정의 계획 154
2. 연간 안전교육과정의 운영 155
3. 영유아 안전교육과정의 교수학습 방법 160
4. 안전교육의 평가 181
5. 안전교육의 가정 및 지역사회와의 연계 182

Chapter 10 안전교육내용 189

1. 교통안전교육 190
2. 실종 · 유괴 예방교육 211
3. 약물 오남용 예방교육 222
4. 재난대비 안전교육 241
5. 아동학대 안전교육 261
6. 화재 안전교육 273
7. 미디어 안전 294

▣ 참고문헌 306

▣ 찾아보기 310

Chapter 01

아동안전관리의 이해

Chapter 01

아동안전관리의 이해

우리 사회는 지속적인 저출산 · 고령화 현상으로 인해 심각한 인구 문제에 직면해 있다. 이러한 문제는 시간이 흐르면서 저절로 해결이 되거나 단기간의 처방으로 해결할 수 있는 것이 아니라는 것이 관련 전문가들의 대체적인 의견이다. 우리 사회의 인구 문제는 사회 전반의 혁신적인 변화 없이는 해결이 되기는커녕 점점 악화될 수밖에 없어 매우 심각하다.

이러한 상황에서 우리 사회의 미래를 맡을 주역인 아동의 가치는 그 어느 시대보다도 크다고 할 수 있다. 왜냐하면 지속 가능성을 비롯하여 사회의 미래를 짐작하게 하는 다양한 지표들은 그 사회의 아동들에게 있기 때문이다. 그렇기 때문에 모든 아동이 건강하고 안전하게 성장할 수 있도록 사회 구성원들은 관심과 지원을 아낌없이 기울여야 한다.

현대사회에서 어린이집이나 유치원과 같은 영유아교육기관은 가족과 더불어 영유아기 아동의 교육과 보호를 담당하고 있다. 어린이집이나 유치원은 이용하는 아동의 건강한 성장과 발달을 위한 다양한 돌봄과 교육 프로그램을 제공하는 등 매우 중요한 역할을 한다. 하지만 아무리 좋은 프로그램을 갖추고 운영을 짜임새 있게 잘 한다고 하더라도 이들 기관을 이용하는 아동에게 안전사고가 발생한다면 그 노력들이 한순간 물거품이 되는 결과를 초래할 수도 있다.

그렇기 때문에 영유아교육기관과 그 소속 교직원들은 그 무엇보다도 앞서 안전관리에 힘을 써야 한다.

이 장에서는 아동안전관리가 무엇인지, 그것이 왜 필요한지에 대해 구체적으로 알아보고자 한다. 어떤 일을 익히기 위해서는 그 일과 관련된 개념들에 대한 이해와 그 일의 필요성에 대해 먼저 확인하는 것이 필요하기 때문이다.

1 아동안전관리의 개념

아동안전관리는 아동과 안전, 관리라는 단어가 합쳐진 합성어이다. 따라서 아동안전관리의 개념은 각각의 단어가 가지고 있는 개념과 그것이 합쳐져 만들어진 합성어의 개념을 함께 살펴야 그 본질적 의미를 파악할 수 있다.

우선 아동이라는 단어를 살펴보자. 아동의 개념은 법률에서 정하는 내용들을 이용하여 구성하는 것이 유용하다. 어린이집에서 일하는 보육교사나 유치원에서 일하는 유치원 교사에게 아동의 안전관리는 매우 중요한 업무의 한 부분으로 그와 같은 내용은 관련된 법률에도 명시가 되어 있기 때문이다.

아동의 법률적 의미는 보통 「아동복지법」에서 정하는 개념을 사용한다. 「아동복지법」에서는 아동을 '18세 미만인 사람'이라 정의한다. 그러나 아동안전관리에서 다루는 대상인 어린이집이나 유치원을 이용하는 아동들임을 고려할 때 '18세 미만'은 범위가 너무 넓다. 따라서 어린이집과 유치원을 이용하는 대상으로 연령대를 한정해야 의미가 명확해진다. 즉, 어린이집과 관련해서 「영유아보육법」에서 정의하는 '영유아'의 범위인 '6세 미만의 취학 전'을, 유치원과 관련해서 「유아교육법」에서 정의하는 '유아'의 범위인 '만 3세부터 초등학교 취학 전까지'를 각각 취해서 정의하는 것이 필요하다. 이 경우 아동안전관리에서 일컫는 아동은 '초등학교 취학 전 어린이'가 된다.

안전은 사전적으로 '위험이 생기거나 사고가 날 염려가 없음 또는 그런 상태'를 의미한다. 여기에서 말하는 위험이란 해로움이나 손실이 생길 우려가 있거나 그러한 상황이 발생한 상태를 뜻하고, 사고란 뜻밖에 일어난 불행한 일이나 사람에게 해를 입혔거나 말썽을 일으킨 나쁜 짓을 뜻한다.

관리는 사전적으로 '어떤 일의 사무를 맡아 처리함'이라는 의미를 가지고 있다. 또한 '시설이나 물건의 유지, 개량 따위의 일을 맡아 함', '사람을 통제하고 지휘하며 감독함' 등의 의미도 있다.

이들 단어들의 법률적 · 사전적 의미를 종합하면 아동안전관리란 '초등학교 취학 전 아동을 위험이 없는 상태로 이끌고, 그와 관련된 장소에서 위험이 생기거나 사고가 날 염려가 없도록 시설이나 물건을 유지하고 개량하는 것'이라고 구성할 수 있다.

아동안전관리에서 다루는 안전에 대한 개념은 좁은 의미의 안전과 넓은 의미의 안전으로 구분하여 좀 더 구체적으로 살펴볼 필요가 있다. 좁은 의미의 안전은 아동들이 신체적으로나 정신적으로 사고를 당하거나 다치는 일이 없이 건강하게 성장할 수 있도록 환경을 조성하는 것을 의미한다. 넓은 의미의 안전은 아동들이 신체적으로나 정신적으로 혹은 정서적으로 사고를 당하거나 다치는 일이 없고, 또한 학대를 받지 않도록 다양한 환경을 조성하고 예방하는 총체적인 활동을 의미한다.

이상의 다양한 내용을 종합하여 아동안전관리를 정의하면 다음과 같다. 아동안전관리란 '취학 전 아동들이 신체적 · 정신적으로 위험한 상황에 처하게 되는 가능성을 줄이기 위해 발생 원인을 제거하고, 안정된 환경을 유지하며, 아동들에게 위험에 대해 알려주고 대처할 수 있도록 지도하는 것'이다.

한편, 안전관리와는 의미가 다르지만 영유아교육기관에서 많이 사용하는 용어로 '안전교육'이 있다. 한국교육개발원(1995)은 『어린이 안전교육 지침서』에서 안전교육에 대해 '상해, 사망 또는 재산의 피해를 일으키는 불의의 사고를 예방하는 것으로서 안전행동에 기여하는 습관, 기능, 태도 및 지식에 긍정적으로 영향을 미치는 경험의 총체'로 정의하였다. 이를 바탕으로 아동안전교육은 '아동들이 일상생활을 영위하며 신체적 · 정신적 · 정서적인 피해를 입을 수 있는 사고를 예방하고 위험한 상황에서도 자신을 보호할 수 있도록 돕는 교육활동의 총체'라 정의할 수 있다.

2 인간 욕구로서의 안전

안전은 인간이 가지는 기본적인 욕구이다. 또한 안전은 누구나 누리고자 하는 본능이기도 하다.

매슬로우(Maslow)의 욕구단계이론에 따르면 안전에 대한 욕구는 일반적으로 인간이 가지는 욕구 중에서 두 번째 단계에 해당하는 욕구이다. 가장 기본적인 첫 번째 단계 욕구는 생존의 욕구로 이것이 충족되면 인간은 그 다음 단계인 안전의 욕구를 추구하게 된다. 매슬로우는 인간이 안전의 욕구를 충족하지 못하면 그것보다 상위 욕구라 할 수 있는 사회적 욕구, 존경의 욕구, 자아실현의 욕구를 추구하기 어렵다고 보았다.

안전의 욕구는 기본적으로 신체적인 위험으로부터 벗어나 안전한 상태를 유지하고 자기를 보존하려는 욕구를 의미한다. 안전은 신체적인 위험이 발생할 수 있는 상황에서도 위협 받을 수 있지만 기본적인 생존을 위한 욕구들을 충족하지 못하게 되어도 위협 받을 수 있다. 예를 들어, 생존 욕구인 식욕을 지속적으로 충족하지 못하게 되면 굶주려서 건강을 해치게 되고 심하게는 죽음에 이를 수도 있다. 그렇기 때문에 가장 낮은 단계인 생존 욕구가 충족된 후에 작동하는 것이 일반적이다.

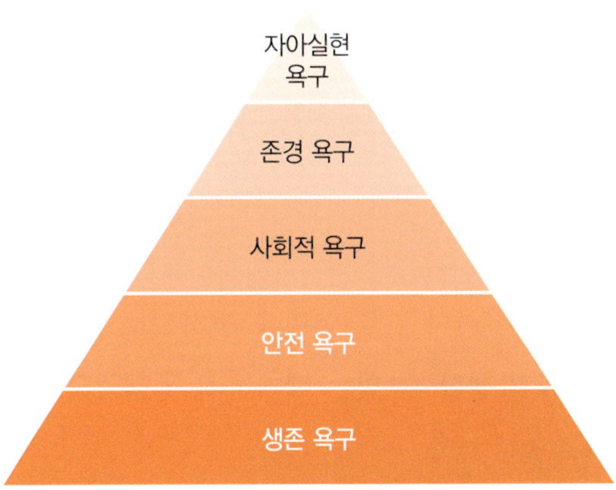

[그림 1-1] 매슬로우의 욕구단계

급속히 변화하는 현대사회 환경 속에서 인간 생활에 유용한 여러 가지 편리함도 많이 생겨났지만 사회적 위험의 증가라는 부정적인 변화도 함께 늘어났다. 현대 사회에서는 단순히 신체적인 위험에서 벗어난 상태를 추구하는 것만으로 안전의 욕구를 충족하기가 어렵다. 사회는 점점 복잡해지면서 인간의 신체적 안전을 위협하는 위험뿐만 아니라 다른 다양한 측면의 위험요소가 급격히 늘어나 사회 곳곳에 도사리고 있기 때문이다. 위험의 규모도 이전에 비해 커져가고 있다.

현대사회에서 인간은 안전의 욕구를 충족하기 위해 안정과 질서를 추구하고 불안이나 공포로부터 해방되기를 원한다. 안정적으로 돈을 벌 수 있는 직업을 갖거나 저축이나 보험 등을 통해 위험에 대비하고자 하는 것도 현대사회의 인간이 수행하는 안전의 욕구 충족을 위한 행동이라 할 수 있다.

3 아동안전관리의 필요성

어린이집이나 유치원과 같은 영유아교육기관에서는 안전관리가 무엇보다 중요하다. 이들 기관을 충실히 운영하고, 아동들에게 질적으로 높은 프로그램을 제공해왔다고 하더라도 안전관리에서 소홀한 점이 있다면 안전사고로 이어질 수 있고, 그럴 경우 다른 부분의 노력과 성과가 물거품이 되는 결과를 초래할 수 있다. 따라서 어린이집이나 유치원에서의 안전관리의 필요성과 중요성은 무엇보다 중요하다. 그리고 무엇보다 앞서 강조되어야 한다.

어린이집과 유치원의 교사들을 비롯한 교직원들은 안전관리에 대한 지식과 기술을 반드시 숙지하고 있어야 한다. 그래야만 안전사고를 사전에 예방할 수 있고 그럼에도 불구하고 만약에 발생할 수 있는 예기하지 못한 안전사고에 적절히 대응하여 피해를 최소화할 수 있다.

아동안전관리의 필요성은 영유아기 아동의 발달특성과 아동에게 발생할 수 있는 안전사고의 특수성 두 가지 측면으로 설명할 수 있다. 이에 대해 구체적으로 살펴보면 다음과 같다.

1) 영유아기 아동의 발달특성 측면

영유아기 아동의 안전관리는 매우 중요하지만 다른 연령대에 비해 상대적으로 까다롭다. 그 이유는 다음과 같다.

아동기는 상대적으로 미성숙한 시기이기도 하지만 발달이 활발히 진행되는 시기이기도 하다. 특히 영유아기의 아동은 발달특성상 신체나 지식, 경험적으로 매우 미성숙한 상태이지만 매우 빠른 발달이 진행되고 있는 상태이기도 하다. 그리고 아직 운동능력이나 균형 감각 등이 부족하고 주변의 상황에 대한 인식능력과 판단능력, 조절능력 등도 충분하지 못하다.

또한 영유아기 아동은 위험을 알아차리거나 판단하거나 대응하는 능력이 다른 발달단계의 사람들에 비해 미숙할 수밖에 없다. 거기에 호기심이 많고 충동이 강하지만 위험을 인식하는 능력은 낮기 때문에 안전사고의 발생위험이 어느 발달단계의 사람들보다 크다. 따라서 충분한 발달이 이루어지지 않은 영유아기의 아동에게 안전사고가 발생하게 되면 상대적으로 심각한 위험에 처해질 가능성이 높다.

영유아기의 아동은 연령별로 발달 차이가 크기 때문에 같은 연령이라고 하더라도 개인별로 발달의 차이를 보이기도 한다. 영유아기 아동에게 발생하는 사고 중에는 발달이 충분히 이루어졌거나 지식이나 경험이 있었으면 발생하지 않았거나 예방할 수 있었을 것이 많다. 따라서 각 아동의 발달 정도에 맞는 적합한 내용과 방법으로 안전관리를 적용해야 하고 안전교육 프로그램을 구성하여 실시해야 한다.

또한 영유아기에 형성된 안전과 관련한 행동 습관은 학령기나 그 이후까지도 지속되는 경우가 많다. 그렇기 때문에 그 시기의 아동에 대한 안전관리와 안전교육은 매우 중요하다.

2) 아동안전사고의 특수성

아동은 안전사고를 겪어 다치게 되면 적절한 성장과 발달에 좋지 않은 영향을 받을 수 있다. 이럴 경우 아동들이 받는 고통과 더불어 보호자들도 큰 짐을 지게 되는 경우가 많다. 보호자의 대부분을 차지하는 부모는 자녀들의 고통에 따라 함께 심리적 · 정서적인 고통을 겪게 되고 경제적으로도 비용을 감당해야 하는 상황을 받아들여야 하기 때문이다. 안전사고가 발생하기 전에 예방하는 것은 가정의 안녕을 위해서도 매우 중요하다.

영유아기 때의 안전관리는 아동의 생명과도 직결될 수 있는 문제이기도 하다. 그렇기 때문에 우선적으로는 아동이 사고의 위험이 없는 안전한 환경에서 생활할 수 있도록 해야 한다. 또한 각종 위험한 상황이 발생했을 때 아동들이 그 상황에 맞는 적절한 행동을 하여 위험에서 자신을 지킬 수 있도록 철저히 교육시켜야 한다. 만일 안전사고가 발생했을 경우에는 신속하고 적절한 대응을 하여 최대한 빨리 아동을 위험에서 구해야 한다.

영유아기 때 발생하는 안전사고는 아동 자체의 문제만으로 발생하는 일이 드물다. 오히려 아동을 돌보는 성인의 안전관리상의 문제나 환경적인 원인으로 발생하는 경우가 대부분이다. 따라서 성인은 아동에게 발생할 수 있는 안전사고의 발생 유형과 원인, 안전사고의 예방 및 대응 등에 관련된 내용을 숙지하는 것이 필요하다.

또한 아동이 안전한 환경에서 생활할 수 있도록 환경을 적절히 정비하고 자녀를 비롯하여 주변 아동들이 위험에 처하지 않도록 주의를 기울여야 한다. 그렇게 해서 아동에게 발생할 수 있는 안전사고를 사전에 예방해야만 한다.

어린이집이나 유치원의 교사들은 아동을 안전하게 보호하기 위하여 안전한 환경을 적극적으로 조성해야 한다. 또한 아동에게 안전교육을 하고, 응급상황에서 필요한 조치를 신속히 취할 수 있도록 아동안전관리에 관한 지식과 기술을 익혀두고 실제 상황에서 활용 가능하도록 숙달되도록 해야 한다.

Chapter 02

아동안전사고의 실태와 특성

Chapter 02

아동안전사고의 실태와 특성

아동은 그 사회의 미래를 이끌 주역이다. 그 사회의 미래는 아동에게 달려 있는 셈이다. 그렇기에 아동은 가족뿐만 아니라 사회 구성원 전체의 입장에서도 매우 소중한 존재이다. 안전사고로 아동이 다치거나 사망하게 되면 가족이 겪게 되는 커다란 충격과 슬픔은 물론이고 그 사회도 미래의 소중한 구성원을 잃게 되기 때문에 매우 큰 손실이 발생하는 셈이다.

아동안전사고 실태를 확인하는 것은 안전한 환경을 만들기 위한 첫 걸음이라 할 수 있다. 이를 확인하고 분석해야 아동안전사고의 특성을 파악할 수 있고, 이를 통해 안전사고 예방과 안전한 환경 조성을 위한 방안을 찾을 수 있기 때문이다.

이 장에서는 최근의 아동안전사고 실태와 그 특성을 알아보도록 한다.

1 아동사망사고 실태와 특성

1) 아동사망사고 실태

통계청의 사망원인통계에 따르면 우리나라에서 사고로 인한 전체 사망률은 꾸준히 감소하고 있는 추세이다. 그러나 아동의 사망률은 성인에 비해 여전히 높은 것으로 나타났다.

2016년을 기준으로 우리나라에서 한 해 동안 질병이나 사고에 의해 사망한 만 14세 이하의 아동은 총 1,830명인 것으로 나타났다. 이들 중 사고에 의한 사망자 수는 270명(14.8%)으로 10년 전인 2006년의 738명과 비교하여 1/3 수준으로 줄어들었다.

2016년의 1일 평균 사고에 의한 아동 사망자 수를 계산해 보면 0.7명으로 2006년 하루 2명에서 약 2/3인 1.3명이 줄어든 것이다. 아동인구 10만 명당 사고로 인한 사망률은 3.9명으로 10년 전인 2006년의 8.1명과 비교했을 때 약 1/2 수준으로 줄어들었다.

성별로 아동 사고 사망률을 살펴보면 남자 아동(4.9명)이 여자 아동(2.8명)보다 1.7배 더 높은 것으로 나타났다. 2006년에 남자 아동이 4.3명, 여자 아동이 4.1명이었던 것과 비교해 봤을 때 10년 동안 남녀 아동 모두 사망률이 줄어든 것이다.

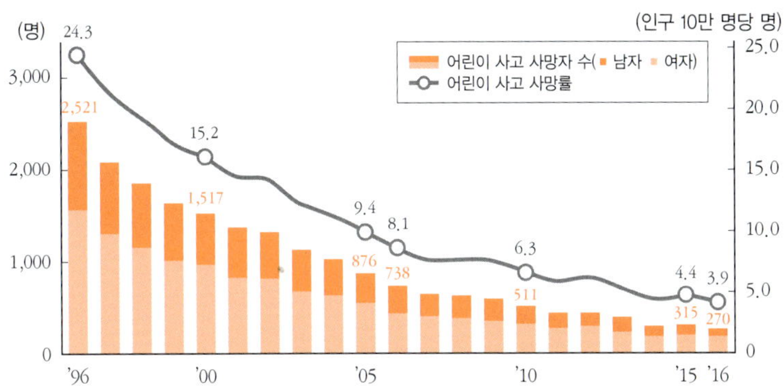

[그림 2-1] **아동 사고 사망자 수 및 사망률, 1996-2016년**

출처: 통계청(2018). '사고에 의한 어린이 사망(1996-2016)' 보도자료.

사고로 사망한 아동의 사망원인을 살펴보면 2016년을 기준으로 교통사고, 추락사고, 익사사고, 질식사고 등 자신이 의도하지 않은 '비의도적 사고'가 72.6%, 자살이나 타살 등 '의도적 사고'가 27.4%인 것으로 나타났다. 전체 아동 사고 사망에서 비의도적 사고가 차지하는 비중은 2006년 87.0%에서 2016년 72.6%로 감소하였다.

아동사망사고 원인 중에서 가장 비율이 높은 것은 교통사고인 것으로 나타났다.

교통사고는 전체 사고의 32.2%에 달했다. 교통사고 다음으로 비율이 높은 것은 타살이 19.3%로 나타났다.

10년 전인 2006년과 비교하여 살펴보면 아동사망사고 원인 중 교통사고(10.6% 감소), 화재사고(3.8% 감소), 추락사고(0.8% 감소), 중독사고(0.3% 감소), 익사사고(0.2% 감소) 등은 비율이 감소한 것으로 나타났다. 반면 질식사고(6.2% 증가)와 타살(11.0% 증가), 자살(3.4% 증가) 등은 10년 전에 비해 비율이 증가한 것으로 나타났다.

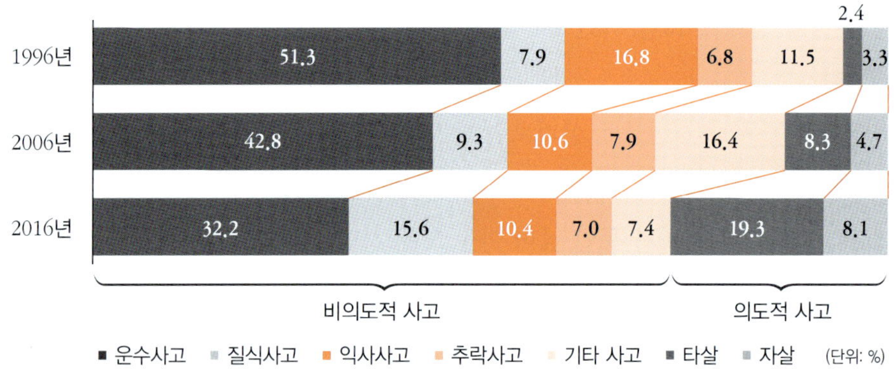

[그림 2-2] **사고 사망 유형별 아동 사망자 수 구성비, 1996-2016년**

출처: 통계청, '사고에 의한 어린이 사망(1996-2016)' 보도자료, 2018

아동안전사고 사망률을 살펴보면 2016년을 기준으로 비의도적 사고 사망률은 1.1명, 의도적 사고 사망률은 2.8명인 것으로 나타났다. 10년 전인 2016년과 비교해 보면 비의도적 사고 사망률은 4.2명 감소하였고, 의도적 사고 사망률은 비슷한 것으로 나타났다.

아동안전사고 사망률: 아동이 안전하게 자랄 수 있는 제도와 환경을 구축하기 위한 정책의 기초자료로 활용하는 지표로 아동인구 10만 명당 안전사고 사망자 수를 의미한다. 2016년 기준 우리나라 아동안전사고 사망률은 2.8명으로 나타났다.

2) 아동안전사고 사망 실태와 특성

(1) 아동안전사고 사망 실태와 특성

2014년부터 2016년까지 3년간 안전사고에 의한 아동 사망자 수는 총 636명으로 인구 10만 명당 사망률은 3.0명인 것으로 나타났다. 연령별로 사망률을 살펴보면 0세가 10.5명으로 가장 높았고, 그 이후에는 연령이 높아질수록 사망률이 낮아져 10~14세는 0세의 1/5 수준인 1.9명인 것으로 나타났다.

사망의 원인이 되는 아동안전사고 유형은 교통사고, 질식사고, 익사사고, 추락사고, 화재사고 순으로 많은 것으로 나타났다. 연령별로 살펴보면 0세의 경우 안전사고 사망원인 중 가장 많은 것은 질식사고로 전체의 61.8%를 차지하는 것으로 나타났고, 두 번째는 교통사고인 것으로 나타났다. 1세 이후부터는 전 연령대에서 교통사고가 아동안전사고 사망원인 중 가장 많은 것으로 나타났다. 교통사고 다음으로는 1~4세는 추락사고, 5~14세는 익사사고인 것으로 나타나 연령에 따른 차이를 보였다.

스스로 위험을 피하기 어려운 신생아기, 영아기 때의 아동은 상대적으로 질식사고의 위험이 크고 다른 유형의 위험은 상대적으로 낮은 것으로 나타났다. 그러나 발달이 진행되어 점차적으로 행동 범위가 커지게 되면서 질식사고의 위험은 낮아지고 교통사고를 비롯한 다른 유형의 사고 위험이 상대적으로 커지는 것으로 나타났다. 따라서 교사나 보호자는 이러한 아동안전사고의 특성을 잘 숙지하고 있어야 한다.

〈표 2-1〉 **아동안전사고 연령별 사망원인 순위**(2014-2016년 3개년 합산)

순위	14세 이하 전체	0세	1~4세	5~9세	10~14세
1	교통사고 42.5%	질식사고 61.8%	교통사고 45.7%	교통사고 56.1%	교통사고 49.3%
2	질식사고 17.9%	교통사고 12.2%	추락사고 19.1%	익사사고 16.8%	익사사고 24.3%

순위	14세 이하 전체	0세	1~4세	5~9세	10~14세
3	익사사고 14.5%	추락사고 8.4%	익사사고 12.2%	추락사고 10.4%	추락사고 9.0%
4	추락사고 12.3%	익사사고 3.8%	질식사고 10.6%	질식사고 5.2%	화재사고 6.3%
5	화재사고 3.1%	–	화재사고 1.6%	화재사고 4.6%	질식사고 2.8%

출처: 통계청(2018). '사고에 의한 어린이 사망(1996–2016)' 보도자료.

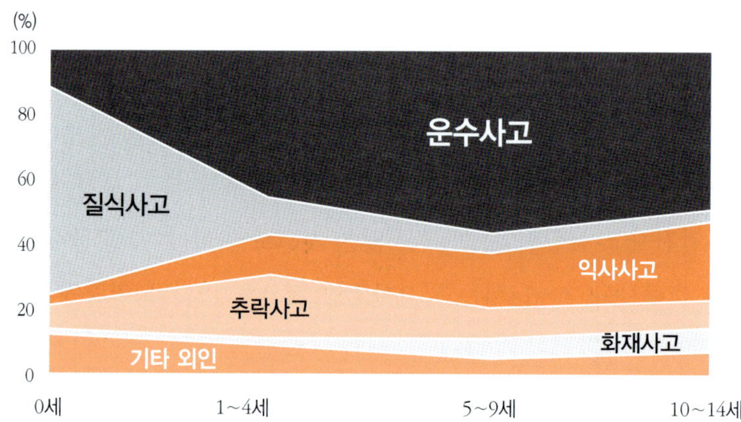

[그림 2-3] 원인별 아동안전사고 사망자 비율(2014-2016년 3개년 합산)

출처: 통계청(2018). '사고에 의한 어린이 사망(1996–2016)' 보도자료.

아동안전사고 사망률을 다른 OECD 국가들과 비교해 보면 현재 우리나라의 아동안전사고 관리 실태를 간접적으로 파악할 수 있다. 2015년(또는 최근년도) 기준 0세 아동의 안전사고 사망률은 우리나라의 경우 11.5명으로 OECD 국가 평균인 8.3명에 비해 매우 높은 것으로 나타났으나 그 이후 연령대에서는 OECD 국가 평균과 비슷하거나 오히려 낮은 것으로 나타났다.

아동안전사고 사망원인을 비교해 보면 OECD 평균과 비교해 우리나라의 경우 교통사고와 추락사고, 질식사고 등으로 인한 아동 사망률은 높고, 익사사고나 화재사고, 중독사고 등으로 인한 사망률은 상대적으로 낮은 것으로 나타났다.

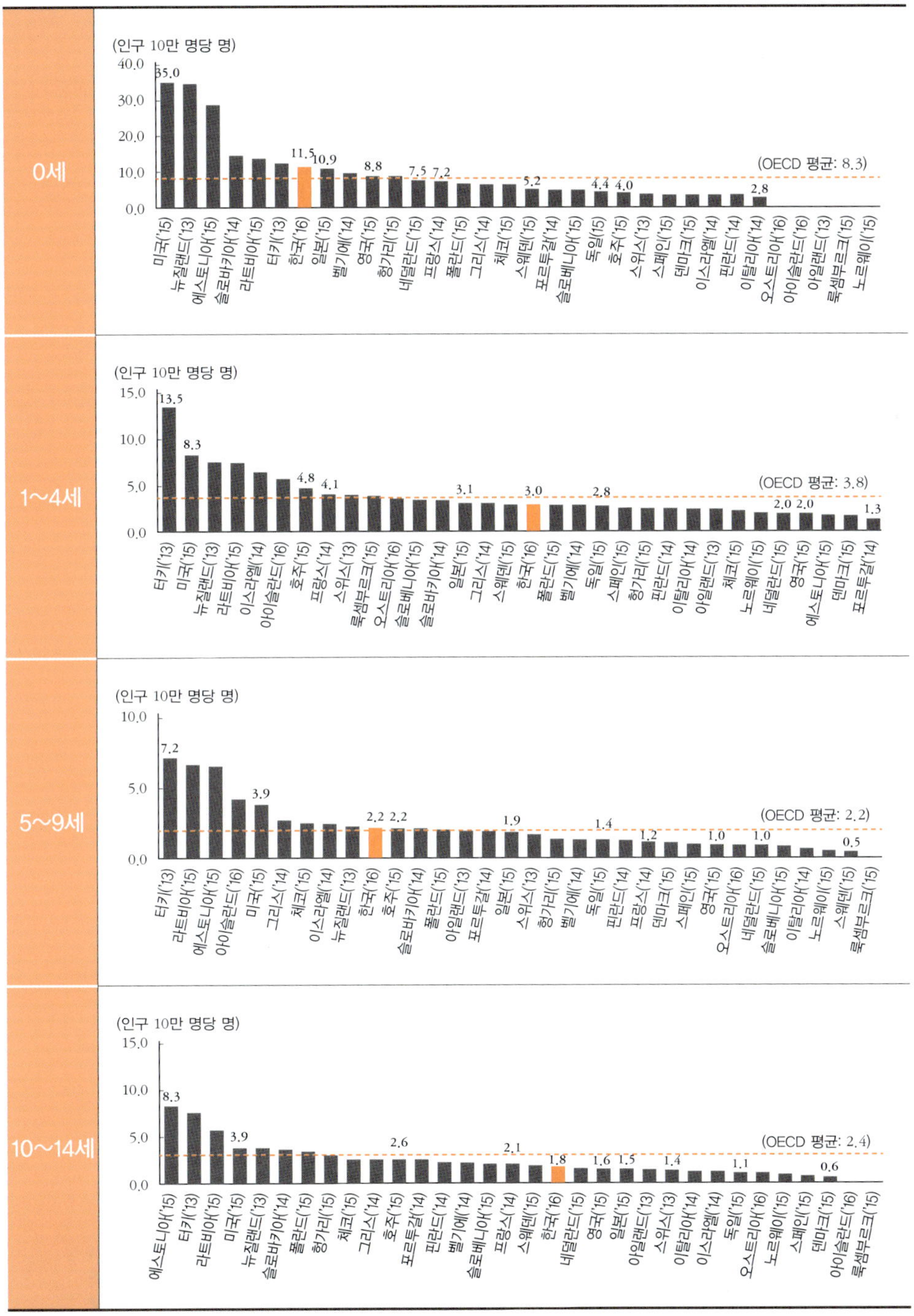

[그림 2-4] 연령별 OECD 국가 아동안전사고 사망률(2015년(또는 최근년도) 기준)

출처: 통계청(2018). '사고에 의한 어린이 사망(1996-2016)' 보도자료.

(2) 교통사고

아동은 성인에 비해 몸집이 작고 시야가 상대적으로 좁아서 외부에서 교통사고의 위험에 노출될 가능성이 상대적으로 높다.

2014부터 2016년까지 3년간 아동 교통사고 사망자는 총 270명으로 인구 10만 명당 사망률은 1.3명인 것으로 나타났다. 성별로 사망률을 살펴보면 남자 아동이 1.6명으로 여자 아동(0.9명)보다 2배 가까이 높았다. 연령별로는 1~4세 연령대가 1.5명으로 가장 높았고, 10~14세 연령대가 0.9명으로 사망률이 가장 낮았다. 10년 전인 2004년부터 2006년까지의 사망률과 비교해 보면 1~4세 연령대에서 사망률이 5.8명에서 1.5명으로 감소하여 가장 높은 감소율을 보였다.

아동 교통사고 사망자의 유형은 보행자가 가장 많았고(43.7%), 그 다음으로는 차량 탑승자(20.4%), 자전거 탑승자(5.9%) 등의 순으로 나타났다. 요일별로 살펴보면 금요일부터 일요일 사이에 아동 교통사고 사망의 50.4%가 발생한 것으로 나타났다. 시간대로는 오후 4시부터 오후 8시, 오전 8시에 가장 많이 발생하는 것으로 나타났다.

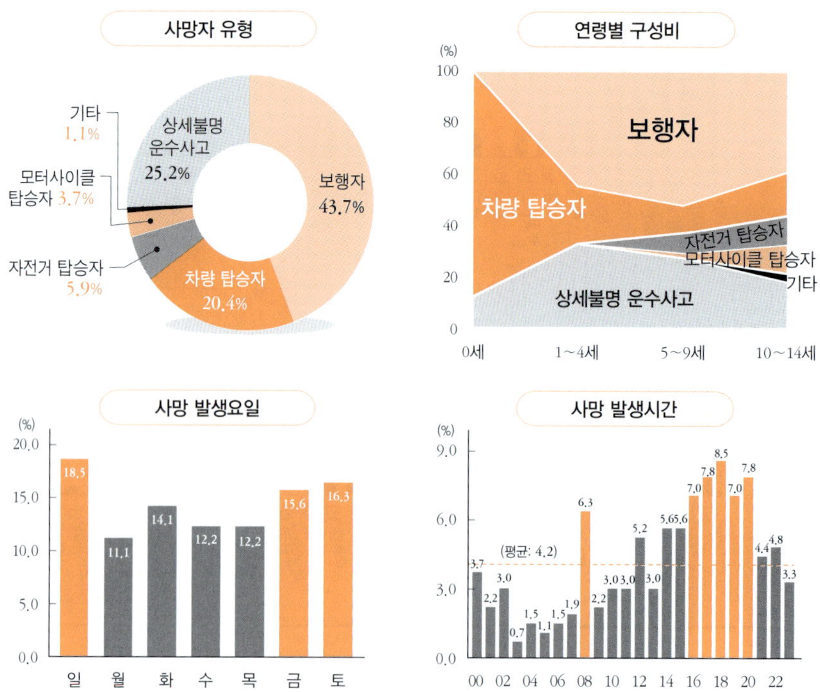

[그림 2-5] 아동 교통사고 사망 특성(2014-2016년 3개년 합산)

출처: 통계청(2018). '사고에 의한 어린이 사망(1996-2016)' 보도자료.

OECD 가입국들의 아동 교통사고 사망률 현황을 살펴보면 2015년을 기준으로 룩셈부르크가 0명으로 가장 낮았고, 아이슬란드가 3.0명으로 가장 많은 것으로 나타났다. OECD 평균 아동 교통사고 사망률은 0.9명인 것으로 나타났다. 우리나라의 아동 교통사고 사망률은 1.2명으로 OECD 가입국 평균보다 상대적으로 높았다.

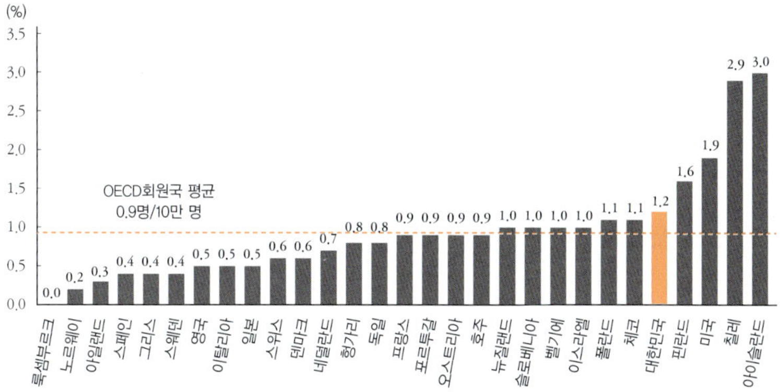

[그림 2-6] OECD 가입국 아동 교통사고 사망률 현황

출처: 도로교통공단(2017). 2015년 OECD 회원국 교통사고 비교.

(3) 질식사고

2014년부터 2016년까지 3년간 아동 질식사고 사망자는 총 114명으로 사망률은 인구 10만 명당 0.5명인 것으로 나타났다. 연령별로는 0세 아동의 사망률이 6.5명으로 매우 높은 것으로 나타났고, 그 이후 연령대에서는 상대적으로 낮아지는 것으로 나타났다.

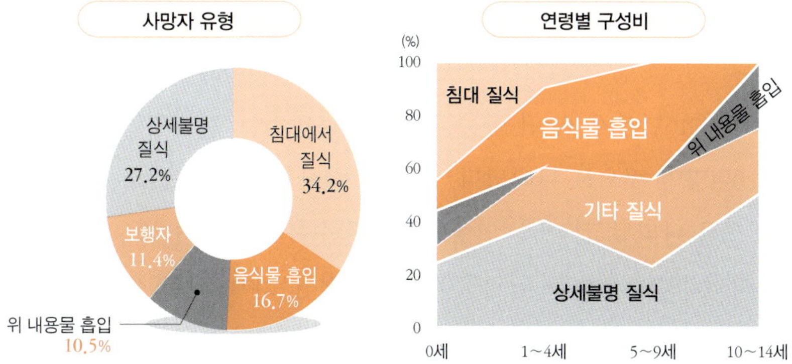

[그림 2-7] 아동 질식사고 사망 특성(2014-2016년 3개년 합산)

출처: 통계청(2018). '사고에 의한 어린이 사망(1996-2016)' 보도자료.

(4) 익사사고

2014년부터 2016년까지 3년간 아동 익사사고 사망자는 총 92명으로 사망률은 인구 10만 명당 0.4명인 것으로 나타났다. 성별로 사망률을 살펴보면 남자 아동이 0.6명으로 여자 아동(0.2명)보다 3배 가까이 높았다. 연령별로는 0~9세까지가 0.4명인 것으로 나타났으나 10~14세 연령대에서는 0.5명으로 사망률이 상대적으로 높았다.

아동 익사사고 사망자 유형은 냇가나 강 등의 자연수에서 가장 많이 발생하고, 목욕통과 수영장이 그 다음으로 많이 발생하는 것으로 나타났다. 5세 미만 아동의 익사사고는 목욕통에서 가장 많이 발생하고, 그 이후 연령부터는 자연수에서 가장 많이 발생하는 것으로 나타났다.

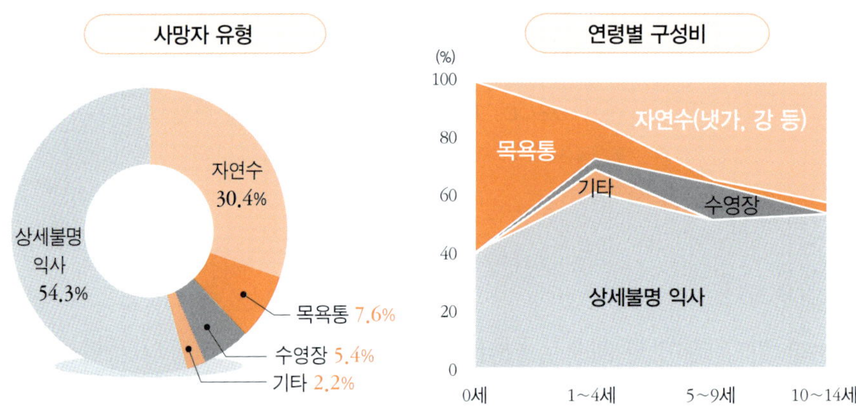

[그림 2-8] 아동 익사사고 사망 특성(2014-2016년 3개년 합산)

출처: 통계청(2018). '사고에 의한 어린이 사망(1996-2016)' 보도자료.

(5) 추락사고

2014년부터 2016년까지 3년간 아동 추락사고 사망자는 총 78명으로 사망률은 인구 10만 명당 0.4명인 것으로 나타났다. 아동 추락사고 사망률은 0세가 0.9명으로 가장 높은 것으로 나타났고, 이후 연령이 높아질수록 감소하여 10~14세 연령대에서는 사망률이 0.2명인 것으로 나타났다. 10년 전인 2004년부터 2006년까지의 추락사고 사망률과 비교하면 0세 아동은 사망률이 1.0명이나 감소한 것으로 나타났다.

아동 추락사고 사망 유형은 건물(아파트, 빌딩 등) 추락이 56.4%로 가장 많았고, 침대 낙상도 7.7%인 것으로 나타났다. 연령대별로 추락사고 사망원인을 살펴보면 0세의 경우 침대 낙상(45.5%)이 가장 많았으며, 1~14세 연령대는 건물에서의 추락이 대부분인 것으로 나타났다.

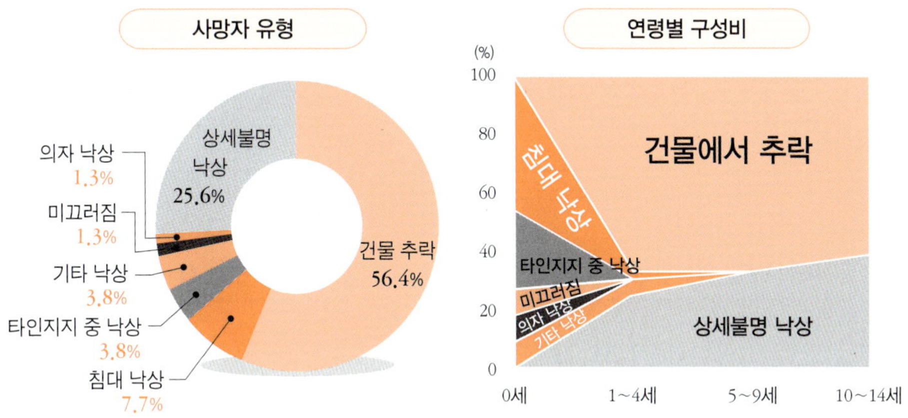

[그림 2-9] 아동 추락사고 사망 특성(2014-2016년 3개년 합산)

출처: 통계청(2018). '사고에 의한 어린이 사망(1996-2016)' 보도자료.

2 아동안전사고 실태와 특성

1) 일반적인 아동안전사고 실태

통계청 자료에 따르면 어떤 해에는 이전 연도보다 약간 늘어난 적도 있지만 대체적으로 아동안전사고 사망률은 최근까지 전반적으로 감소하고 있는 추세로 2016년 기준 2.8명인 것으로 나타났다. 한편, 한국소비자원 CISS(Consumer Injury Surveillance System, 소비자위해감시시스템)을 통해 수집된 14세 이하 아동의 안전사고 건수는 2015년 25,152건, 2016년 22,545건, 2017년 25,699건 등인 것으로 나타났다.

아동안전사고 사망률이 매년 줄어들고 있는 추세와는 달리 아동안전사고 발생 건수는 지속적으로 증가하고 있는 것으로 나타났다. 아동안전사고 발생 건수가 늘

어남에도 사망하는 아동의 수가 줄어드는 까닭은 사망에 이르는 위험도가 높은 사고는 감소하고 있는 추세이기 때문인 것으로 파악된다.

〈표 2-2〉 아동안전사고 사망자 현황

	2011년	2012년	2013년	2014년	2015년	2016년
14세 이하 인구(천 명)	7,643	7,624	7,433	7,337	7,151	6,981
아동안전사고 사망자 수	322	326	287	215	225	196
아동안전사고 사망률	4.2	4.3	3.9	2.9	3.2	2.8

출처: 통계청, 사망원인통계, 국가승인통계 제10154호.

〈표 2-3〉 최근 3년간 아동안전사고 현황 (CISS에 접수된 사고, 단위: 건, %)

구분	2015년	2016년	2017년	합계
전체 안전사고	68,002	69,018	71,000	208,020
아동안전사고	25,152	22,545	25,699	73,396
비율	37.0	32.7	36.2	35.3

출처: 한국소비자원(2018), 2017년 어린이 안전사고 동향 분석.

발달단계별로 아동안전사고 발생 현황을 살펴보면, 안전사고가 가장 많이 발생하는 것은 1~3세 연령대로 전체 사고의 절반 가까이가 이 시기의 아동에게 발생하는 것으로 나타났다. 이 시기는 운동능력이 향상되는 시기이지만 균형 감각이 아직 완전하지 못하고 신체의 민첩성이 떨어지기 때문에 안전사고에 취약한 것으로 파악된다.

〈표 2-4〉 발달단계별 현황 (단위: 건, %)

구분		2015년		2016년		2017년	
취학전	영아기(0세)	2,237	(8.9)	2,219	(9.8)	2,340	(9.1)
	걸음마기(1~3세)	12,534	(49.8)	11,081	(49.2)	12,186	(47.4)
	유아기(4~6세)	5,482	(21.8)	4,924	(21.8)	5,907	(23.0)
소계		20,253	(80.5)	18,224	(80.8)	20,433	(79.5)
학령기(7~14세)		4,899	(19.5)	4,321	(19.2)	5,266	(20.5)
합계		25,152	(100.0)	22,545	(100.0)	25,699	(100.0)

출처: 한국소비자원(2018), 2017년 어린이 안전사고 동향 분석.

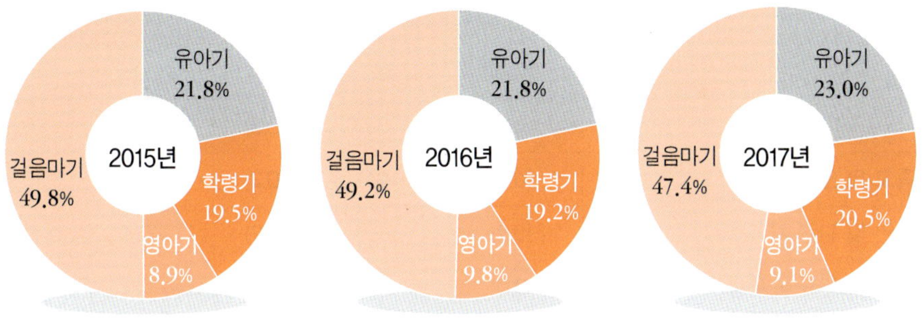

[그림 2-10] 발달단계별 아동안전사고 발생 현황

출처: 한국소비자원(2018). 어린이 안전사고 동향 분석.

아동안전사고는 주로 주택(가정)에서 발생하는 것으로 나타났다. 주택, 곧 가정은 상대적으로 안전한 공간으로 여겨지는 곳이지만 아동의 경우 가정에서 보내는 시간이 다른 연령층에 비해 많다보니 아동안전사고 발생 비율도 상대적으로 높은 것으로 분석된다. 주택 다음으로는 교육시설, 여가 문화 및 놀이 시설, 도로 및 인도 등에서 상대적으로 많은 아동안전사고가 발생하는 것으로 나타났다.

아동안전사고를 예방하기 위해서는 사고를 유발할 수 있는 실내 환경의 개선과 안전사고 발생 가능성이 높은 물품에 대한 관리에 주의를 기울이는 등 안전관리의 강화와 함께 아동이 스스로 안전을 지킬 수 있도록 장소별 안전유형 및 예방법 등에 관한 안전교육을 실시해야 한다.

〈표 2-5〉 아동안전사고 장소별 현황 (CISS에 접수된 사고, 단위: 건, %)

장소(대분류)	2015년		2016년		2017년	
주택	17,763	(70.6)	15,836	(70.2)	17,605	(68.5)
교육시설	1,433	(5.7)	1,157	(5.1)	1,492	(5.8)
여가 · 문화 및 놀이 시설	1,479	(5.9)	1,177	(5.2)	1,395	(5.4)
도로 및 인도	1,146	(4.6)	868	(3.9)	1,132	(4.4)
숙박 및 음식점	558	(2.2)	530	(2.4)	812	(3.2)
스포츠/레저시설	499	(2.0)	440	(2.0)	540	(2.1)
쇼핑시설	360	(1.4)	277	(1.2)	302	(1.2)
기타 상업시설*	136	(0.6)	123	(0.6)	103	(0.4)

장소(대분류)	2015년		2016년		2017년	
교통시설	111	(0.4)	95	(0.4)	105	(0.4)
의료서비스시설	70	(0.3)	65	(0.3)	87	(0.3)
종교 및 문화 시설	79	(0.3)	40	(0.2)	62	(0.2)
자연 및 관련 시설	43	(0.2)	49	(0.2)	24	(0.1)
복지 및 노인요양 시설	10	(0.0)	2	(0.0)	10	(0.1)
농 · 수 · 축산업지역	7	(0.0)	2	(0.0)	4	(0.0)
공공시설	2	(0.0)	5	(0.0)	2	(0.0)
그 외 또는 미상	1,456	(5.8)	1,879	(8.3)	2,024	(7.9)
합계	25,152	(100.0)	22,545	(100.0)	25,699	(100.0)

* 주유소, 세차장, 편의점, 제과점, 이 · 미용실 등

출처: 한국소비자원(2018). 어린이 안전사고 동향 분석.

주택에서 발생한 아동안전사고의 유형을 살펴보면 '물리적 충격'이 53.5%로 가장 많은 것으로 나타났으며, 그 다음으로 많은 것은 '상품 및 이물질(17.7%)', '제품관련(13.9%)' 등인 것으로 나타났다.

〈표 2-6〉 사고 유형별 가정안전사고 현황(2016년) (단위: %)

구분	물리 충격	상품 및 이물질	제품 관련	화재, 발연 과열, 가스	피부 관련	전기 및 화학물질 관련	의료시술 및 약물	기타
(%)	53.5	17.7	13.9	6.6	3.8	1.0	0.6	2.9

출처: 한국소비자원 CISS(2017). 2017 어린이 안전사고 동향분석.

2) 어린이집 안전사고 현황

2015년도에 어린이집안전공제회로 청구된 19,483건의 안전사고 통계를 바탕으로 어린이집 안전사고 현황을 분석하면 다음과 같다.

(1) 사고 연령 및 성별

어린이집 안전사고는 영아(0~2세)보다 유아(3~5세)에게 1.4배 정도 더 많이 발생하는 것으로 나타났다. 어린이집을 이용하는 아동들 중 영아의 비율이 유아보다 높은 것을 감안하면 유아의 사고발생률은 더 높다고 할 수 있다. 좀 더 구체적으로 살펴보면 2~3세 연령대 아동의 안전사고는 어린이집 전체 안전사고의 절반 가까이를 차지하는 것으로 나타났다. 성별로는 여아(38.0%)보다 남아(62.0%)의 사고 발생이 훨씬 더 많은 것으로 나타났다.

〈표 2-7〉 연령 및 성별 아동안전사고 현황 (단위: 명, %)

연령		남아	여아	계
영아(만 0~2세)	0세	76(0.6)	48(0.6)	124(0.6)
	1세	1,371(11.4)	889(12.0)	2,260(11.6)
	2세	3,025(25.1)	1,971(26.6)	4,996(25.6)
	소계	4,472(37.0)	2,908(39.2)	7,380(37.9)
유아(만 3~5세)	3세	2,925(24.2)	1,739(23.5)	4,664(23.9)
	4세	2,277(18.9)	1,248(16.8)	3,525(18.1)
	5세	1,488(12.3)	943(12.7)	2,431(12.5)
	소계	6,690(55.4)	3,930(53.0)	10,620(54.5)
만 6세 이상		909(7.5)	574(7.7)	1,483(7.6)
계		12,071(62.0)	7,412(38.0)	19,483(100.0)

출처: 어린이집안전공제회(2017). 2017 어린이집 보육교직원 안전교육.

(2) 발생 장소

어린이집에서의 안전사고는 어린이집 내 실내 공간에서의 사고가 75.8%, 어린이집 외 사고가 24.2%로 실내에서의 사고발생이 실외에서 보다 3배 이상 많은 것으로 나타났다.

〈표 2-8〉 발생 장소별 아동안전사고 현황

(단위: 명, %)

어린이집 실내(75.8%)		어린이집 실외(24.2%)	
장소	건(%)	장소	건(%)
보육실	10,665(72.3)	놀이터 및 마당	2,788(59.0)
유희실(강당)	2,231(15.1)	견학장소 · 공원	1,184(25.1)
복도 및 계단	841(5.7)	길(등하원 및 이동 중)	345(7.3)
화장실	555(3.8)	실내놀이터	262(5.5)
현관	294(2.0)	기타	145(3.1)
식당 및 조리실	103(0.7)		
기타	70(0.5)		
계	14,759(100)	계	4,724(100)

출처: 어린이집안전공제회(2017). 어린이집 보육교직원 안전교육.

(3) 교육 활동별

안전사고 발생 당시의 어린집 활동 상황으로는 실내 자유선택활동이 가장 많은 것으로 나타났고, 그 다음으로는 현장학습(실외활동, 견학, 나들이 등)인 것으로 나타났다. 특히, 만 0세의 경우 실내 자유선택활동을 제외하면 다른 연령대 아동들에 비해 식사 및 간식(12.9%)이나 낮잠(10.5%) 중에 사고가 발생하는 비율이 더 높은 것으로 나타났다.

〈표 2-9〉 교육활동별 아동안전사고 현황

(단위: 명, %)

교육활동별 사고 현황	건(%)		
	영아(0~2세)	유아(3~5세)	6세 이상
실내 자유선택활동	3,274(44.4)	3,544(33.4)	440(29.7)
현장학습(실외활동, 견학, 나들이 등)	1,058(14.3)	2,446(23.0)	428(28.9)
정리정돈 및 전이(활동)	590(8.0)	901(8.5)	111(7.5)
(대소)집단 활동	471(6.4)	949(8.9)	160(10.8)
식사 및 간식	637(8.6)	712(6.7)	86(5.8)
등원 및 귀가	507(6.9)	771(7.3)	81(5.5)
화장실가기 및 손 씻기, 양치하기	504(6.8)	555(5.2)	53(3.6)
특별활동	80(1.1)	477(4.5)	112(7.6)
낮잠	237(3.2)	254(2.4)	6(0.4)
기타	22(0.3)	11(0.1)	6(0.4)
계	7,380(100)	10,620(100)	1,483(100)

출처: 어린이집안전공제회(2017). 어린이집 보육교직원 안전교육.

(4) 사고 유형별

어린이집에서 발생한 아동안전사고 유형은 '넘어짐'과 '부딪힘'이 가장 많은 것으로 나타났다. 영아의 경우 그보다 나이가 많은 아동에 비해 '꼬집음과 할큄', '물림-사람', '화상' 등에 의한 사고 비율이 상대적으로 더 높은 것으로 나타났다.

〈표 2-10〉 **사고유형별 아동안전사고 현황** (단위: 명, %)

사고 유형	건(%)		
	영아(0~2세)	유아(3~5세)	6세 이상
넘어짐	2,392(32.4)	3,423(32.2)	436(29.4)
부딪힘	2,058(27.9)	3,627(34.2)	556(37.5)
꼬집음, 할큄	588(8.0)	478(4.5)	33(2.2)
긁힘	265(3.6)	408(3.8)	57(3.8)
당김	31(4.2)	337(3.2)	17(1.1)
끼임	22(3.1)	249(2.3)	30(2.0)
떨어짐	178(2.4)	260(2.4)	34(2.3)
찔림	88(1.2)	313(2.9)	63(4.2)
미끄러짐	161(2.2)	227(2.1)	42(2.8)
화상	221(3.0)	175(1.6)	31(2.1)
물림-사람	320(4.3)	88(0.8)	4(0.3)
눌림(압박)	128(1.7)	240(2.3)	39(2.6)
이물질 삼킴(삽입) 및 흡입	65(0.9)	273(2.3)	30(2.0)
물림-벌레, 동물	52(0.7)	134(1.3)	29(2.0)
베임	65(0.9)	105(1.0)	23(1.6)
음식물 섭취	27(0.4)	87(0.8)	23(1.6)
기타	234(3.2)	226(2.1)	36(2.4)
계	7,380(100)	12,103(100)	1,483(100.0)

출처: 어린이집안전공제회(2017). 어린이집 보육교직원 안전교육.

Chapter 03

영유아 발달특성과 안전사고

Chapter 03

영유아 발달특성과 안전사고

인간은 위험을 피하고 자신을 보호하며 편리함을 누리는 생활환경을 스스로 만들 수 있는 능력이 있다. 하지만 인간은 미숙한 상태로 태어나는데다 스스로 위험을 피하고 자신을 보호할 수 있는 상태가 되기까지 성장 · 발달하는 데 필요한 시간이 길고 그 기간 동안 전적인 돌봄과 보호가 필요하다.

각종 통계자료에 따르면 영유아기 아동은 안전사고로 인해 다치거나 사망하는 비율이 다른 연령대의 사람에 비해 상대적으로 높다. 영유아기 아동은 아직 발달상태가 미성숙하고 지식과 경험이 부족하기 때문에 스스로 위험을 피하고 자신을 보호하기 어렵기 때문이다. 따라서 영유아기 아동을 돌보는 이들은 사고의 위험으로부터 아동을 보호하여 안전사고를 예방하는 것이 무엇보다 중요하다.

발달단계에 따라 영유아기 아동에게 발생할 수 있는 안전사고의 유형이나 발생요인은 달라진다. 따라서 아동을 안전하게 보호하기 위해서는 발달단계에 따른 안전사고 유형과 발생요인 등 특성을 아는 것이 필요하다. 이 장에서는 이들 영유아기 아동의 발달특성 및 이와 관련한 안전사고에 대해 알아보도록 한다.

1 영아의 발달특성과 안전사고

1) 0~1세 영아기 발달특성과 안전사고

출생 이후 영아기는 아동의 성장과 발달이 급격히 시작되는 시기이다. 이 시기의 아동은 일반적으로 목을 가누는 것부터 시작하여 앉기, 기기, 걷기 등의 기본적인 대근육과 손뻗기, 잡기, 쥐기 등의 소근육이 발달한다. 뼈의 조직은 연골이 점차 경골화되어 단단해짐에 따라 점차 골격이 발달하고 내부 기관이 보호된다.

이 시기는 아동이 주 양육자와의 밀접한 상호작용을 통해 애착 형성을 하는 매우 중요한 시기이기도 하다. 신체의 협응 능력과 운동 능력이 매우 빨리 발달하게 되지만 완전한 상태가 아니기 때문에 신체 움직임이 아직 자유롭지 못하다. 따라서 아동의 안전사고 위험은 오히려 증가하게 되고 다른 연령대에서는 사소할 수도 있는 사고에도 중상이 발생할 수 있으므로 보호자들의 세심한 주의가 필요하다.

0세부터 1세까지의 영아기는 머리가 다른 신체부위보다 먼저 발달하고 팔과 다리에 비해 몸체가 먼저 발달하기 때문에 몸의 균형을 잡기가 어려워 쉽게 넘어지고 부딪힌다. 이 시기는 신체적 · 생리적 기능이 아직 불완전하여 반사운동에 의존하는 시기로 무엇이든 입으로 가져가 탐색하므로 작은 물체를 삼키거나 입에 넣는 일이 자주 발생하기도 한다.

이 시기의 아동은 주로 빨기나 뒤집기 등과 같은 본능을 가지고 있기 때문에 작은 물건을 삼키거나 푹신한 이불 등에 의해 질식하거나 침대 같은데서 추락하는 등의 사고 발생 위험이 높은 것이 특징이다. 또한 영아돌연사가 발생할 수 있는 시기이기 때문에 그에 대한 주의도 필요하다.

영아기 아동에게 발생한 안전사고들은 주로 가정(주택)에서 발생하는 것으로 나타났다. 통계자료에 따르면 가정은 다른 장소에 비해 안전사고가 압도적으로 많이 발생하는 것으로 나타났다. 이러한 까닭은 영아기 아동의 움직임이 자유롭지 못해 활동범위가 좁고 대부분의 시간을 가정에서 보내는 경우가 많기 때문인 것으로 파악된다.

〈표 3-1〉 영아기 안전사고 발생 장소별 현황 (단위: 건, %)

발생장소	2015년		2016년		2017년	
주택	2,063	(92.2)	1,985	(89.4)	2,066	(88.3)
숙박 및 음식점	25	(1.1)	24	(1.1)	41	(1.8)
도로 및 인도	37	(1.7)	27	(1.2)	32	(1.4)
의료서비스시설	10	(0.5)	11	(0.5)	26	(1.1)
쇼핑시설	15	(0.7)	15	(0.7)	13	(0.6)
여가 · 문화 및 놀이 시설	10	(0.5)	13	(0.6)	8	(0.3)
교육시설	4	(0.1)	4	(0.2)	7	(0.3)
교통시설	3	(0.1)	2	(0.1)	5	(0.2)
기타상업시설*	16	(0.7)	2	(0.1)	3	(0.1)
기타 및 미상	54	(2.4)	136	(6.1)	139	(5.9)
합계	2,237	(100.0)	2,219	(100.0)	2,340	(100.0)

* 주유소, 세차장, 편의점, 제과점, 이 · 미용실 등

출처: 한국소비자원(2018). 2017년 어린이 안전사고 동향분석.

이 시기 아동의 안전사고는 침대나 소파, 유모차, 유아용 침대 등에서 추락하는 사고가 가장 많은 것으로 나타났고, 그 비율은 전체의 절반 가까이에 달했다. 그 다음으로는 거실장 및 TV장, 침대, 테이블 등에 부딪히는 사고와 바닥재, 유모차, 침대 등에서 미끄러지거나 넘어지는 사고 등이 상대적으로 발생 비율이 높은 사고로 나타났다.

〈표 3-2〉 영아기 안전사고 발생 유형별 현황 (단위: 건, %)

순위	위해유형	주요 원인품목(소분류)	건수	비율
1	추락	침대, 소파, 유모차, 유아용 침대 등	1,143	48.9
2	부딪힘	거실장 및 TV장, 침대, 테이블 등	314	13.4
3	미끄러짐 · 넘어짐	바닥재, 유모차, 침대 등	212	9.1
4	식품섭취로 인한 위해	분유류, 치즈류, 달걀 등	139	5.9
5	고온물질에 의한 위해	커피포트, 전기밥솥 등	134	5.7
6	이물질 삼킴/흡인	스티커, 건전지, 살충제 등	113	4.8
7	눌림 · 끼임	문, 옷장 등	111	4.7

순위	위해유형	주요 원인품목(소분류)	건수	비율
8	베임 · 찔림	옷걸이, 손톱깎이, 완구류 등	76	3.3
9	충돌, 추돌 등 물리적 충격	선풍기, 가습기 등	28	1.2
10	약물 부작용	예방접종 등	24	1.0
기타			46	2.0
합계			2,340	100.0

출처: 한국소비자원(2018). 2017년 어린이 안전사고 동향분석.

2) 2~3세 걸음마기 발달특성과 안전사고

이 시기의 아동은 이전 시기에 비해 뛰기, 계단 오르기 등 운동능력이 향상되고 전체 신장 중 머리의 비중이 작아지며 신체균형이 발달하고 안정적인 자세를 유지하면서, 신체를 스스로 조절할 수 있는 능력이 발달한다. 또한 언어와 상징을 사용하여 사고하며 분류 능력의 발달로 단순한 사물을 분류할 수 있고 자아개념이 발달하기 시작한다.

이 시기에는 활동 반경이 넓어지고 호기심이 커지면서 주변의 사물을 탐색하는 과정에서 안전사고 발생 위험이 매우 커지게 되어 보호자의 각별한 주의가 필요하다. 이 시기에는 안전사고가 눈 깜짝할 사이에 발생하기도 한다. 또한 걷기, 빨리 걷기, 달리기 등을 하다가 자주 넘어지거나 부딪히는 일이 많아지기도 한다. 침대나 소파에서의 추락, 목욕탕에서의 미끄러짐이나 익사 등의 위험도 크기 때문에 각별한 주의가 필요하다.

이 시기의 아동은 그 이전 시기에 비해 지각능력이나 운동능력이 상대적으로 발달했지만 아직 외부의 위험한 상황에 대처하거나 반응하는 것이 익숙하지 않은 상태이다. 또한 모방이나 탐색하고자 하는 의욕이 어느 시기보다 왕성하여 끊임없이 움직이므로 칼이나 가위 등 위험한 도구에 다치는 경우가 자주 발생하기도 한다.

안전사고 발생 장소를 살펴보면 가장 많이 발생한 장소는 이 시기도 가정이 제일 많은 것으로 나타나 이전 시기와 비슷한 경향을 보였으나, 그 비중이 상대적으로 낮아졌다. 또한 여가 · 문화 및 놀이 시설과 교육시설이 그 다음으로 많이 발생한 장소로 나타나 그 이전 시기에 비해 아동의 활동 범위가 점차 집 밖으로 넓어지면서 나타난 현상으로 분석된다.

〈표 3-3〉 걸음마기 안전사고 발생 장소별 현황 (단위: 건, %)

발생 장소	2015년		2016년		2017년	
주택	10,163	(81.1)	8,901	(80.3)	9,657	(79.3)
여가 · 문화 및 놀이시설	434	(3.5)	365	(3.3)	467	(3.8)
교육시설	378	(3.0)	319	(2.9)	382	(3.1)
숙박 및 음식점	304	(2.4)	255	(2.3)	368	(3.0)
도로 및 인도	244	(1.9)	193	(1.7)	245	(2.0)
쇼핑시설	202	(1.6)	142	(1.3)	152	(1.3)
기타상업시설*	59	(0.5)	59	(0.5)	46	(0.4)
스포츠/레저시설	55	(0.4)	45	(0.4)	45	(0.4)
의료서비스시설	39	(0.3)	38	(0.3)	42	(0.3)
교통시설	49	(0.4)	40	(0.4)	39	(0.3)
종교 및 문화시설	36	(0.3)	11	(0.1)	20	(0.2)
자연 및 관련시설	12	(0.1)	12	(0.1)	4	(0.0)
복지 및 노인요양시설	4	(0.0)	2	(0.0)	3	(0.0)
기타 및 미상	555	(4.5)	699	(6.4)	716	(5.9)
합계	12,534	(100.0)	11,081	(100.0)	12,186	(100.0)

* 주유소, 세차장, 편의점, 제과점, 이 · 미용실 등

출처: 한국소비자원(2018). 2017년 어린이 안전사고 동향분석.

이 시기의 아동에게 주로 발생하는 안전사고 유형을 살펴보면, 침대, 책상, 식탁 등에서 부딪히는 사고와 바닥재나 계단 등에서 미끄러지거나 넘어지는 사고, 침대, 소파, 의자 등에서 추락하는 사고 등이 많은 것으로 나타났다. 주변을 끊임없이 탐색하려는 호기심이 강한 아동이 아직 위험 상황에 대한 인지능력이 부족하기 때문에 대처가 잘 되지 않아 이러한 유형의 안전사고들이 발생할 가능성이 높다.

〈표 3-4〉 걸음마기 안전사고 발생 유형별 현황 (단위: 건, %)

순위	위해유형	주요 원인품목(소분류)	건수	비율
1	부딪힘	침대, 책상, 식탁 등	3,339	27.4
2	미끄러짐 · 넘어짐	바닥재, 계단 등	3,154	25.9
3	추락	침대, 소파, 의자 등	1,981	16.3
4	눌림 · 끼임	문, 기타 승용물, 금속문 등	943	7.7
5	이물질 삼킴/흡인	구슬, 콩, 완구 등	890	7.3
6	베임 · 찔림	칼, 가위 등	527	4.3
7	고온물질에 의한 위해	정수기, 전기밥솥, 다리미 등	447	3.7
8	식품 섭취로 인한 위해	우유, 달걀, 캔디 등	394	3.2
9	충돌, 추돌 등 물리적 충격	거울, 서랍장, 행거 등	204	1.7
10	동물에 의한 상해	애완견	106	0.9
기타			201	1.6
합계			12,186	100.0

출처: 한국소비자원(2018). 2017년 어린이 안전사고 동향분석.

2 유아의 발달특성과 안전사고

4~6세 유아기 아동은 대근육의 발달과 함께 신체균형이 잡히고 움직임이 활발해진다. 이전 시기에 비해 신체가 더욱 안정되고 유연해지며 운동능력이 향상되어 활동 범위가 넓어진다. 이 시기의 아동은 소근육 조절능력이 발달하여 양손을 이용한 활동을 할 수 있게 되고 보다 활동적인 놀이를 즐기게 되어 유치원, 놀이터, 키즈카페 등 외부 활동이 증가하는 경우가 많다. 구체적인 사물이나 행동이 제시되지 않아도 상상하거나 추측하여 행동하는 것이 부분적으로 가능해지기도 한다.

하지만 유아기 아동도 아직 위험상황을 쉽게 인지하기 어렵다. 따라서 보호자는 아동 혼자서 위험한 상황이나 환경에 놓이지 않도록 해야 한다.

유아기 아동에게 발생하기 쉬운 안전사고는 이동 중에 물건을 밟거나 걸려서 넘어지거나 부딪히는 사고이다. 이로 인한 충돌사고, 놀이사고, 스포츠사고 및 교통사고 등이 이 시기에는 증가한다. 이 시기의 아동은 자기중심적인 사고로 자신의 관점에서 상황을 파악하고자 하나 성인과 같은 논리적인 사고가 부족하기 때문에 위험을 정확히 인지하는 것이 쉽지 않다.

유아기 아동의 안전사고 발생 장소를 살펴보면 이 시기에도 안전사고가 가장 많이 발생한 장소는 가정인 것으로 나타났으나 그 비중은 이전 시기보다 더 낮아졌다. 안전사고 발생 장소 중 여가 · 문화 및 놀이 시설과 교육시설의 비중과 도로 및 인도의 비중이 그 이전 시기에 비해 상대적으로 증가한 것으로 나타났다.

〈표 3-5〉 **유아기 안전사고 발생 장소별 현황** (단위: 건, %)

발생 장소	2015년		2016년		2017년	
주택	3,479	(63.5)	3,014	(61.2)	3,668	(62.1)
여가 · 문화 및 놀이 시설	496	(9.0)	437	(8.9)	511	(8.7)
교육시설	406	(7.4)	316	(6.4)	409	(6.9)
도로 및 인도	271	(4.9)	244	(5.0)	309	(5.2)
숙박 및 음식점	144	(2.6)	127	(2.6)	188	(3.2)
스포츠/레저시설	114	(2.1)	118	(2.4)	127	(2.1)
쇼핑시설	97	(1.8)	86	(1.7)	90	(1.5)
교통시설	39	(0.7)	36	(0.7)	39	(0.7)
기타상업시설*	27	(0.5)	32	(0.7)	20	(0.3)
종교 및 문화 시설	21	(0.4)	16	(0.3)	24	(0.4)
자연 및 관련 시설	10	(0.2)	15	(0.3)	9	(0.2)
의료서비스시설	7	(0.1)	9	(0.2)	7	(0.1)
복지 및 노인요양 시설	3	(0.1)	–	–	4	(0.1)
기타 및 미상	368	(6.7)	474	(9.6)	502	(8.5)
합계	5,482	(100.0)	4,924	(100.0)	5,907	(100.0)

* 주유소, 세차장, 편의점, 제과점, 이 · 미용실 등

출처: 한국소비자원(2018). 2017년 어린이 안전사고 동향분석.

유아기 아동의 안전사고는 바닥재나 킥보드, 계단 등에서 미끄러지거나 넘어지는 사고와 침대, 책상, 식탁 등에서 부딪히는 사고, 침대, 미끄럼틀, 소파 등에서 추락하는 사고 등이 많은 것으로 나타났다.

〈표 3-6〉 **유아기 안전사고 발생 유형별 현황** (단위: 건, %)

순위	위해유형	주요 원인품목(소분류)	건수	비율
1	미끄러짐 · 넘어짐	바닥재, 킥보드, 계단 등	1,815	30.7
2	부딪힘	침대, 책상, 식탁 등	1,441	24.4
3	추락	침대, 미끄럼틀, 소파 등	878	14.9
4	눌림 · 끼임	목재문, 기타 승용물, 금속문 등	442	7.5
5	이물질 삼킴/흡인	블록, 구슬, 장난감 총 등	363	6.1
6	식품 섭취에 의한 위해	조리식품, 고기류, 치킨 등	305	5.2
7	베임 · 찔림	가위, 칼 등	300	5.1
8	충돌, 추돌 등 물리적 충격	트램폴린, 그네 등	104	1.8
9	고온물질에 의한 위해	글루건, 화로 등	89	1.5
10	동물에 의한 상해	애완견 등	71	1.2
기타			99	1.7
합계			5,907	100.0

출처: 한국소비자원(2018). 2017년 어린이 안전사고 동향분석.

Chapter 04

영유아 교육기관 관련 안전법규와 안전관리

Chapter 04

영유아 교육기관 관련 안전법규와 안전관리

우리나라는 유치원과 어린이집에서의 안전사고를 예방하고, 안전사고로 입은 피해를 보상하기 위한 법령과 시행령을 수시로 개정하고 있다. 영유아기 대상의 안전에 대한 대표적인 법령으로는 「아동복지법」, 「영유아보육법」, 「학교안전사고 예방 및 보상에 관한 법률(약칭: 학교안전법)」, 「어린이집 안전공제사업」이 있으며, 이에 대해 자세히 살펴보도록 하자.

1 아동복지법

「아동복지법」의 목적은 아동이 건강하게 출생하여 행복하고 안전하게 자랄 수 있도록 아동의 복지를 보장하는 것이다. 2017년 9월 19일(시행 2017년 12월 20일) 및 2017년 10월 24일(시행 2018년 4월 25일) 일부 개정된 「아동복지법」의 주요 개정 내용에는 아동 · 청소년의 성보호 및 아동학대에 대한 법률이 강화되었다. 또한 제12조, 제26조, 제29조, 제46조에 걸쳐 아동학대에 대한 신고의무자의 교육 및 범죄전력자 취업 여부의 점검 · 확인이 강화되었다.

「아동복지법」 및 「아동복지법 시행령」에 명시된 영유아기 안전에 관련된 법규에서 어린이집과 유치원 관련 내용을 중심으로 알아보도록 하자.

구분	아동복지법		아동복지법 시행령
공포번호	제14887호	제14925호	제28822호
일부개정	2017.09.19	2017.10.24	2018.04.24
시행일자	2017.12.20	2018.04.25	2018.04.25
주요내용	제3장 아동에 대한 보호서비스 및 아동학대의 예방 및 방지 제2절 아동학대의 예방 및 방지 제22조의2 학생등에 대한 학대 예방 및 지원 제4장 아동에 대한 안전 및 건강지원 제1절 아동안전 및 건강지원 제30조 안전기준의 설정 제31조 아동의 안전에 대한 교육 제32조 아동보호구역에서의 영상정보처리 기기 설치 등 제33조 아동안전 보호인력의 배치 등		제27조 아동복지시설 및 아동용품의 안전기준 제28조 아동의 안전에 대한 교육

법 제22조의2(학생등에 대한 학대 예방 및 지원 등)

① 국가와 지방자치단체는 「유아교육법」에 따른 유치원의 유아 및 「초ㆍ중등교육법」에 따른 학교의 학생(이하 이 조에서 "학생등"이라 한다)에 대한 아동학대의 조기 발견 체계 및 제45조에 따른 지역아동보호전문기관(이하 "지역아동보호전문기관"이라 한다) 등 관련 기관과의 연계 체계를 구축하고, 학대피해 학생등이 유치원 또는 학교에 안정적으로 적응할 수 있도록 지원하여야 한다.

② 교육부장관은 아동학대의 조기 발견과 신속한 보호조치를 위하여 대통령령으로 정하는 바에 따라 장기결석 학생등의 정보 등을 보건복지부장관과 공유하여야 한다. (이하 생략)

법 제26조(아동학대 신고의무자에 대한 교육)

① 관계 중앙행정기관의 장은 「아동학대범죄의 처벌 등에 관한 특례법」 제10조제2항 각 호의 어느 하나에 해당하는 사람(이하 "아동학대 신고의무자"라 한다)의 자격 취득 과정이나 보수교육 과정에 아동학대 예방 및 신고의무와 관련된 교육 내용을 포함하도록 하여

야 한다.

② 관계 중앙행정기관의 장 및 시 · 도지사는 아동학대 신고의무자에게 본인이 아동학대 신고의무자라는 사실을 고지할 수 있고, 아동학대 예방 및 신고의무와 관련한 교육(이하 이 조에서 "신고의무 교육"이라 한다)을 실시할 수 있다.

③ 아동학대 신고의무자가 소속된 기관 · 시설 등의 장은 소속 아동학대 신고의무자에게 신고의무 교육을 실시하고, 그 결과를 관계 중앙행정기관의 장에게 제출하여야 한다.

「아동학대범죄의 처벌 등에 관한 특례법」 제10조제2항

3장 아동학대범죄의 처리절차에 관한 특례

제10조(아동학대범죄 신고의무와 절차)

① 누구든지 아동학대범죄를 알게 된 경우나 그 의심이 있는 경우에는 아동보호전문기관 또는 수사기관에 신고할 수 있다.

② 다음 각 호의 어느 하나에 해당하는 사람이 직무를 수행하면서 아동학대범죄를 알게 된 경우나 그 의심이 있는 경우에는 아동보호전문기관 또는 수사기관에 즉시 신고하여야 한다. 〈개정 2016. 5. 29.〉

(영유아보육 및 교육관련 종사자에 한한 내용만 발췌함)

3. 「아동복지법」 제13조에 따른 아동복지전담공무원
12. 「영유아보육법」 제7조에 따른 육아종합지원센터의 장과 그 종사자 및 제10조에 따른 어린이집의 원장 등 보육교직원
13. 「유아교육법」 제20조에 따른 교직원 및 같은 법 제23조에 따른 강사 등

법 제30조 안전기준의 설정

국가는 대통령령으로 정하는 바에 따라 아동복지시설과 아동용품에 대한 안전기준을 정하고 아동용품을 제작 · 설치 · 관리하는 자에게 이를 준수하도록 하여야 한다.

「시행령」 제27조(아동복지시설 및 아동용품의 안전기준)

법 제30조에 따른 아동복지시설의 안전기준은 별표 1과 같고, 아동용품의 안전기준은 별표 2와 같다.

별표 1 아동복지시설의 안전기준(제27조 관련)

1. 주요 시설물은 피난시설 및 화재방지시설을 갖추어야 한다.
2. 다치거나 병든 사람에 대한 응급조치를 할 수 있는 비상약품, 구호설비 · 기구 등을 갖추어야 한다.
3. 위험한 장소에는 위험표지물 등 안내문을 설치하여야 한다.
4. 안전사고나 응급환자 발생 등에 대비하여 긴급수송대책을 마련하여야 한다.
5. 비상 시의 대피경로를 잘 볼 수 있는 장소에 안내문을 게시하여야 한다.
6. 아동복지시설 종사자에 대하여 정기적으로 안전교육을 하여야 한다.
7. 사고 발생 후에는 사고 발생 요인을 분석하여 이에 대한 시정조치계획 등 재발 방지대책을 마련하여야 한다.

별표 2 아동용품의 안전기준(제27조 관련)

구분	안전기준
1. 아동을 위한 제품	가. 제품의 성분 · 함량 · 구조 등에 대한 정보를 제공하여야 한다. 나. 제품 사용 적정 연령을 표시하여야 하며, 연령에 따른 주의사항을 명확하게 표시하여야 한다. 다. 제품의 사용 방법 및 안전사고와 관련된 정보를 제공하여야 한다. 라. 그 밖에 위해(危害) 방지를 위하여 필요한 사항을 표시하여야 한다.
2. 아동이 이용하는 놀이시설물	가. 놀이시설물의 어떠한 부분에도 아동의 살을 베거나 찌를 수 있는 날카로운 부분, 모서리, 뾰족한 부분이 없도록 하여야 한다. 나. 놀이시설물의 돌출 부분인 볼트와 너트는 위로 튀어나오지 않도록 하여야 하며, 볼트와 너트가 위를 향하고 있는 경우에는 그 높이가 3.2밀리미터를 넘지 않도록 하여야 한다. 다. 아동이 추락할 가능성이 있는 놀이시설물 아래와 주변의 공간(안전지대)은 충격을 흡수할 수 있도록 하여야 하며, 아동이 걸려 넘어지거나 부딪칠 수 있는 방해물이 없도록 하여야 한다. 라. 움직이는 부분들이 서로 맞물리는 놀이시설물의 경우 아동의 신체 일부분이 끼지 않도록 그 맞물림의 형태 및 힘을 점검하여야 한다. 마. 놀이시설물에 구멍이나 틈이 있는 경우 주의 깊게 디자인하여 아동의 몸이 빠지거나 끼는 사고가 없도록 하여야 한다. 바. 놀이시설물 사이에 연결되거나 바닥과 놀이시설물에 45° 이내로 연결된 줄은 아동이 많이 다니는 곳에 설치하지 말아야 한다. 사. 놀이시설물은 안전하게 설치하여야 하며, 제조업자의 취급설명서에 따라 설치하여야 한다. 아. 안전사고 예방을 위하여 관리인은 각 놀이시설물에 대한 적절한 점검 일정을 세우고 이를 지켜야 하며, 안전관리를 위하여 한 모든 행위는 기록으로 보관하여야 한다.

법 제31조(아동의 안전에 대한 교육)

① 아동복지시설의 장, 「영유아보육법」에 따른 어린이집의 원장, 「유아교육법」에 따른 유치원의 원장 및 「초 · 중등교육법」에 따른 학교의 장은 교육대상 아동의 연령을 고려하여 대통령령으로 정하는 바에 따라 매년 다음 각 호의 사항에 관한 교육계획을 수립하여 교육을 실시하여야 한다. 〈개정 2015.12.29.〉

「시행령」 제28조(아동의 안전에 대한 교육)

① 아동복지시설의 장, 「영유아보육법」에 따른 어린이집의 원장, 「유아교육법」에 따른 유치원의 원장 및 「초 · 중등교육법」에 따른 학교의 장은 법 제31조제1항에 따라 교육계획을 수립하여 교육을 실시할 때는 별표 3의 교육기준에 따라야 한다.

별표 3 교육기준(제28조제1항 관련)

구분		성폭력 및 아동학대 예방교육	실종 · 유괴의 예방 · 방지 교육	감염병 및 약물의 오용 · 남용 예방 등 보건위생관리 교육	재난대비 안전교육	교통안전교육
실시 주기 (총 시간)		6개월에 1회 이상 (연간 8시간 이상)	3개월에 1회 이상 (연간 10시간 이상)	3개월에 1회 이상 (연간 10시간 이상)	6개월에 1회 이상 (연간 6시간 이상)	2개월에 1회 이상 (연간 10시간 이상)
교육 내용	초등학교 취학 전	1. 내 몸의 소중함 2. 내 몸의 정확한 명칭 3. 좋은 느낌과 싫은 느낌 4. 성폭력 예방법과 대처법	1. 길을 잃을 수 있는 상황 이해하기 2. 미아 및 유괴 발생 시 대처방법 3. 유괴범에 대한 개념 4. 유인 · 유괴 행동에 대한 이해 및 유괴 예방법	1. 감염병 예방을 위한 개인위생 실천 습관 2. 예방접종의 이해 3. 몸에 해로운 약물 위험성 알기 4. 생활 주변의 해로운 약물 · 화학제품 그림으로 구별하기 5. 모르면 먼저 어른에게 물어보기 6. 가정용 화학제품 만지거나 먹지 않기 7. 어린이 약도 함부로 많이 먹지 않기	1. 화재의 원인과 예방법 2. 뜨거운 물건 이해하기 3. 옷에 불이 붙었을 때 대처법 4. 화재 시 대처법 5. 자연재난의 개념과 안전한 행동 알기	1. 차도, 보도 및 신호등의 의미 알기 2. 안전한 도로 횡단법 3. 안전한 통학버스 이용법 4. 날씨와 보행 안전 5. 어른과 손잡고 걷기

교육 방법	1. 전문가 또는 담당자 강의 2. 장소 · 상황별 역할극 실시 3. 시청각 교육 4. 사례 분석	1. 전문가 또는 담당자 강의 2. 장소 · 상황별 역할극 실시 3. 시청각 교육 4. 사례 분석	1. 전문가 또는 담당자 강의 2. 시청각 교육 3. 사례 분석	1. 전문가 또는 담당자 강의 2. 시청각 교육 3. 실습교육 또는 현장학습 4. 사례 분석	1. 전문가 또는 담당자 강의 2. 시청각 교육 3. 실습교육 또는 현장학습 4. 일상생활을 통한 반복지도 및 부모 교육

법 제32조(아동보호구역에서의 영상정보처리기기 설치 등)

① 국가와 지방자치단체는 유괴 등 범죄의 위험으로부터 아동을 보호하기 위하여 필요하다고 인정하는 경우에는 다음 각 호의 어느 하나에 해당되는 시설의 주변구역을 아동보호구역으로 지정하여 범죄의 예방을 위한 순찰 및 아동지도 업무 등 필요한 조치를 할 수 있다. 〈개정 2012.10.22.〉

1. 「도시공원 및 녹지 등에 관한 법률」 제15조에 따른 도시공원
2. 「영유아보육법」 제10조에 따른 어린이집
3. 「초 · 중등교육법」 제38조 따른 초등학교 및 같은 법 제55조에 따른 특수학교
4. 「유아교육법」 제2조에 따른 유치원

② 제1항에 따른 아동보호구역의 지정 기준 및 절차 등에 필요한 사항은 대통령령으로 정한다.

③ 국가와 지방자치단체는 제1항에 따라 지정된 아동보호구역에 「개인정보 보호법」 제2조 제7호에 따른 영상정보처리기기를 설치하여야 한다. 〈신설 2012.10.22.〉 (이하 생략)

법 제33조(아동안전 보호인력의 배치 등)

① 국가와 지방자치단체는 실종 및 유괴 등 아동에 대한 범죄의 예방을 위하여 순찰활동 및 아동지도 업무 등을 수행하는 아동안전 보호인력을 배치 · 활용할 수 있다. (중간 생략)

② 국가와 지방자치단체는 아동안전 보호인력으로 배치하고자 하는 사람에 대하여 본인의 동의를 받아 범죄경력을 확인하여야 한다. (이하 생략)

2 영유아보육법

「영유아보육법」의 목적은 영유아의 심신을 보호하고 건전하게 교육하여 건강한 사회 구성원으로 육성함과 아울러 보호자의 경제적 · 사회적 활동이 원활하게 이루어지도록 함으로써 영유아 및 가정의 복지 증진에 이바지하는 것이다.

「영유아보육법」 및 「영유아보육법 시행규칙」에 명시된 영유아기 안전관리와 관련된 법규에 대해 자세히 알아보도록 하자.

구 분	영유아보육법	영유아보육법 시행규칙
공포번호	제14597호	보건복지부령 제541호
일부개정	2017.03.14	2017.12.12
시행일자	2017.09.15	2018.06.13
주요내용	제15조 어린이집 설치기준 제15조의2 놀이터 설치 제15조의3 비상재해대비시설 제15조의4 폐쇄회로 텔레비전의 설치 등 제15조의5 영상정보의 열람금지 등 제31조 건강관리 및 응급조치 제31조의2 어린이집 안전공제사업 등 제31조의3 예방접종 여부의 확인 제32조 치료 및 예방조치 제33조 급식관리	제9조 어린이집의 설치기준 [별표1] 어린이집의 설치 기준 제23조 어린이집의 운영기준 [별표8] 어린이집의 운영기준 제33조 건강진단 제34조 급식관리

법 제15조(어린이집 설치기준)

어린이집을 설치 · 운영하려는 자는 보건복지부령으로 정하는 설치기준을 갖추어야 한다.

「영유아보육법 시행규칙」 제9조(어린이집의 설치기준 등)

① 법 제15조에 따른 어린이집의 설치기준(법 제15조의2부터 법 제15조의4까지에 따른 놀이터, 비상재해대비시설 및 폐쇄회로 텔레비전의 설치기준을 포함한다)은 별표 4와 같다.

별표 4 어린이집의 설치기준(제9조 관련)(개정 2017. 12. 12.)

1. 어린이집의 입지조건

가. 어린이집은 보육수요 · 보건 · 위생 · 급수 · 안전 · 교통 · 환경 및 교통편의 등을 충분히 고려하여 쾌적한 환경을 갖춘 부지를 선정하여야 한다.

나. 어린이집은 위험시설로부터 50m 이상 떨어진 곳에 위치하여야 한다. (이하 생략)

(※안전관리 관련 부분만을 발췌함) 3. 어린이집 구조 및 설비기준

③ 영유아 1명당 2.64제곱미터 이상의 공간을 확보하여야 하며, 전체 정원 및 면적 산정 시에는 보육실, 거실, 공동놀이실을 포함하여 산정한다.

④ 보육실에는 침구, 놀이기구 및 쌓기놀이활동, 소꿉놀이활동, 미술활동, 언어활동, 수학 · 과학활동, 음률활동 등에 필요한 교재 · 교구를 갖추어야 한다.

⑤ 어린이집은 환기 · 채광 · 조명 · 온도 및 습도가 적절히 유지 · 관리되도록 하여야 한다.

⑥ 보육실은 바닥난방시설을 갖추어야 한다. (이하 생략)

• 조리실

① 조리실은 채광이 잘 되도록 하고, 기계 환기시설을 하여 청정한 실내 환경을 유지하도록 하며, 창문에는 방충망을 설치하여야 한다.

② 식기를 소독하고 위생적으로 취사 및 조리할 수 있는 설비를 갖추어야 한다.

③ 공공기관이나 사회복지관 안에 설치된 어린이집의 경우에는 같은 건물에 있는 조리실을 함께 사용할 수 있으며, 유치원과 같은 건물에 설치된 어린이집은 유치원의 조리실을 함께 사용할 수 있다.

• 화장실

① 바닥은 미끄럼 방지장치를 하여야 한다.

② 세정장치와 수도꼭지 등은 냉온수의 온도를 조정 및 고정할 수 있어야 한다.

③ 화장실은 수세식 유아용 변기를 설치하고, 보육실과 같은 층의 인접한 공간에 설치하여야 한다. 다만, 어린이집의 경우 성인용 변기에 디딤판과 탈부착식 유아용 변기를 설치하고 이동식 유아용 변기를 갖춘 경우에는 유아용 변기를 설치하지 아니할 수 있다.

• 놀이터

① 보육 정원 50명 이상인 어린이집(12개월 미만의 영아만을 보육하는 어린이집은 제외한다)은 영유아 1명당 3.5제곱미터 이상의 규모로 옥외놀이터를 설치하는 것을 원칙으로 한다. 다만, 보건복지부장관이 어린이집 규모(정원)에 따라 같은 시간대에 놀이 활동에 참여하는 최대 영유아 수 및 면적의 기준을 정하는 경우에는 그 기준에 따라 놀이터를 설치할 수 있다.

② 옥외놀이터에는 모래밭(천연 및 인공 잔디, 고무매트, 폐타이어 블록 또는 「어린이놀이시설 안전

관리법」에서 정하는 기준에 적합한 것을 포함한다)에 6세 미만의 영유아가 이용할 수 있는 대근육활동을 위한 놀이기구 1종 이상을 포함하여 놀이기구 3종 이상이 설치된 옥외놀이터를 설치하여야 한다. 다만, 사업주가 직장어린이집을 설치하는 경우 및 업무용시설 밀집지역 등 지역적 특수성에 따라 옥외놀이터를 설치하는 것이 불가능한 경우에는 옥내놀이터를 설치하거나(다만, 지하층에는 설치할 수 없다) 「어린이놀이시설 안전관리법」에 따라 설치 · 관리되는 인근의 놀이터(놀이터 관리주체의 사용 승낙을 받고, 6세 미만의 영유아가 이용할 수 있는 놀이기구가 3종 이상 설치되어 있는 경우로 한정한다)를 활용할 수 있다.

③ 옥내놀이터는 다음과 같이 설치한다.

- 옥내놀이터는 놀이터로 사용하는 공간 및 그 주변에 소음 · 분진 · 폭발 · 화재의 위험이 없어야 하며, 실내공간을 활용하는 경우 조명 · 채광 · 환기 · 온도 · 습도가 적정하여야 한다.
- 옥내놀이터를 어린이집으로 사용하는 건물 내의 실외공간에 설치하는 경우에는 울타리나 보호난간을 최소 1.5미터 이상으로 설치하되 놀이기구의 높이 등에 맞춰 안전을 확보할 수 있는 높이로 설치하여야 하고, 그 밖에 안전에 필요한 장비를 구비하여야 한다. 이 경우 울타리나 보호난간의 재질은 부식 · 파손의 위험이 없어야 하며, 영유아가 잡거나 짚고 올라갈 수 없는 구조로 설치하되, 난간 사이에 간격이 있는 경우 그 안치수는 80밀리미터 이하로 하여야 한다.
- 옥내놀이터를 어린이집의 최상층 바닥면에 설치하는 경우, 울타리나 보호난간은 바닥면 최하단으로부터 1.2미터까지는 콘크리트 · 조적(벽돌 등) 또는 강화유리 등으로 설치하여야 하고, 고정식 놀이기구는 해당 층 바닥이 설치하고자 하는 놀이시설의 하중을 견딜 수 있도록 건축되어 있고, 「어린이놀이시설 안전관리법」에서 정한 기준에 적합한 경우에 설치할 수 있다.
- 건물 2층 이상에 옥내놀이터를 설치하는 경우, 영유아보육법령에서 정하는 비상재해 대비시설을 갖추어야 한다.

④ 어린이집의 놀이터, 놀이기구 및 어린이용품은 「전기용품 및 생활용품 안전관리법」, 「어린이놀이시설 안전관리법」 및 「환경보건법」에서 정한 기준을 준수하여야 한다. (이하 생략)

아) 비상재해대비시설

① 소화용 기구를 갖춰 두고 비상구를 설치하는 등 비상재해에 대비한 시설을 갖추어야 한다. 이 경우 비상구는 상단에 비상구 유도등을 달고 잠금장치를 문 안쪽에 설치하여야 한다.

② 어린이집은 비상 시 양 방향으로 피난할 수 있어야 하며, 각 층별 출구 및 피난시설 등은 다음의 구분에 따른다.

(ⅰ) 어린이집이 건물 1층인 경우: 주 출입구 외에 도로 등 안전한 외부 지상과 연결이 가능한 1개 이상의 출구[비상구 또는 유사시 사람의 출입이 가능한 창 또는 개구부(開口部)]를 어린이집 주 출입구의 반대방향에 설치하거나 장변길이의 2분의 1 이상을 이격하여 설치하되, 출구의 규격은 유효 폭 0.75미터 이상 유효높이 1.75미터 이상이고, 출구의 최하단은 안전한 외부 지표면부터 1.2미터 이하이어야 하며, 「화재예방, 소방시설 설치 · 유지 및 안전관리에 관한 법률

시행령」 별표 6에 따라 면제되는 경우를 제외하고는 「화재예방, 소방시설 설치 · 유지 및 안전관리에 관한 법률」 제9조제1항에 따라 소방청장이 정하여 고시하는 단독경보형 감지기의 화재안전기준에 따른 단독경보형 감지기를 설치할 것

(ii) 어린이집이 2층과 3층인 경우: 비상계단 또는 대피용 미끄럼대를 영유아용으로 설치하고, 「화재예방, 소방시설 설치 · 유지 및 안전관리에 관한 법률 시행령」 별표 6에 따라 면제되는 경우를 제외하고는 「화재예방, 소방시설 설치 · 유지 및 안전관리에 관한 법률」 제9조제1항에 따라 소방청장이 정하여 고시하는 단독경보형 감지기의 화재안전기준에 따른 단독경보형 감지기를 설치하여야 하며, 그 밖에 안전사고 및 비상재해에 대비한 피난시설, 장비 등을 구비할 것. 다만, 「건축법 시행령」 제34조제2항에 따라 어린이집 내부에 직통계단을 2개소 이상 설치하거나, 「화재예방, 소방시설 설치 · 유지 및 안전관리에 관한 법률 시행령」 별표 1에 따른 스프링클러설비(간이스프링클러설비를 포함한다)를 「스프링클러설비의 화재안전기준(NFSC 103)」 또는 「간이스프링클러설비의 화재안전기준(NFSC 103A)」 등 관련 기준에 따라 건물 전체에 걸쳐 유효하게 설치하고, 「화재예방, 소방시설 설치 · 유지 및 안전관리에 관한 법률」 제9조제1항에 따라 소방청장이 정하여 고시하는 피난기구의 화재안전기준에 따른 피난기구를 「화재예방, 소방시설 설치 · 유지 및 안전관리에 관한 법률 시행령」 별표 5에 따라 설치한 경우에는 비상계단 또는 대피용 미끄럼대를 설치하지 아니할 수 있다.

(iii) 어린이집이 4층과 5층인 경우: 「화재예방, 소방시설 설치 · 유지 및 안전관리에 관한 법률 시행령」 별표 1에 따른 스프링클러설비 및 자동화재탐지설비를 「스프링클러설비의 화재안전기준(NFSC 103)」 및 「자동화재탐지설비 및 시각경보장치의 화재안전기준(NFSC 203)」에 따라 건물 전체에 걸쳐 유효하게 설치하고, 건물 내에 양방향 피난이 가능한 2개소 이상의 직통계단을 설치하며(2개 이상의 직통계단 설치가 곤란한 경우에는 직통계단 1개소는 건물 외부에 비상계단을 설치하여 이에 갈음할 수 있다), 보육실의 주출입구는 직통계단 또는 비상계단까지의 보행거리가 30m 이내가 되도록 설치하고, 건물의 천장 · 바닥과 벽체 등의 내부마감재는 불연재로 설치하며, 벽체 등에는 가연성 장식물을 부착하지 아니하고, 조리실은 내화구조로 된 바닥, 벽 및 「건축법 시행령」 제64조에 따른 방화문으로 외부와 구획하며, 「화재예방, 소방시설 설치 · 유지 및 안전관리에 관한 법률 시행규칙」 제7조에 따른 연소우려가 있는 건축물의 구조가 아니어야 하고, 2급 이상의 소방안전관리자를 고용(직원 중 소방안전관리자로 선임할 수 있는 자격증을 가진 자가 있을 경우에는 그러하지 아니하다)하여 방화관리를 할 것

(이하 생략)

자) 폐쇄회로 텔레비전

① 폐쇄회로 텔레비전은 「개인정보 보호법 시행령」 제3조제1호에 따른 장치로서 보육실 등을 촬영하고 모니터를 통하여 그 영상을 구현할 수 있으며, 그 영상정보를 녹화 · 저장할 수 있는 기능을 갖추어야 한다.

② 폐쇄회로 텔레비전은 각 보육실, 공동놀이실, 놀이터(인근놀이터를 제외한다) 및 식당(별도로 구획된 공간으로 마련되어 있는 경우에 한정한다), 강당(별도로 구획된 공간으로 마련되어 있는 경우에 한정한다)에 1대 이상씩 설치하되 사각지대의 발생을 최소화할 수 있도록 설치되어야 한다.

③ 폐쇄회로 텔레비전은 보육실 등 일정한 장소에 일정한 방향을 지속적으로 촬영할 수 있도록 설치되어야 한다.

④ 폐쇄회로 텔레비전은 임의로 조작이 가능하거나 녹음기능이 있도록 설치되어서는 아니 된다.

⑤ 폐쇄회로 텔레비전은 화면 속 인물의 행동 등이 용이하게 식별될 수 있도록 고해상도[HD(High Definition)]급 이상(보건복지부장관이 정하여 고시하는 해상도 이상을 말한다)의 성능을 보유하여야 한다.

⑥ 저장장치는 영상정보를 폐쇄회로 텔레비전의 화질 기준 이상의 화질로 60일 이상 저장할 수 있는 용량을 갖춘 것으로 하여야 한다.

⑦ 어린이집을 설치 · 운영하는 자는 출입구 등 잘 보이는 곳에 다음의 사항이 포함된 안내판을 설치하여야 한다.

(ⅰ) 폐쇄회로 텔레비전 설치 목적

(ⅱ) 폐쇄회로 텔레비전 설치 장소, 촬영 범위 및 촬영 시간

(ⅲ) 관리책임자의 성명 및 연락처

⑧ 폐쇄회로 텔레비전의 설치와 관련하여 이 규칙에 규정하고 있지 아니한 사항은 「개인정보 보호법」 및 「정보통신공사업법」의 관련 내용을 준용한다.

차) 그 밖에 실내설비는 다음의 기준을 갖추어야 한다.

① 영유아가 접근할 수 없는 안전한 장소에 응급조치를 위한 비상약품 및 간이 의료기구 등을 갖춰 두어야 한다.

② 비상구를 제외한 모든 출입문 및 창문은 안쪽에서 잠길 우려가 없어야 하고, 밖에서 쉽게 열 수 있어야 하며, 출입문 및 창문의 가장자리에는 영유아의 손이 끼지 아니하도록 손끼임 방지 고무 패킹이나 완충장치를 설치하여야 한다.

③ 돌출형 방열기(라디에이터)는 영유아의 신체가 직접 닿지 아니하도록 울타리를 설치하여야 하며, 이와 유사한 온열기를 사용하는 경우에는 영유아가 직접 온열기에 닿지 아니하도록 적절한 보호장치를 설치하여야 한다.

④ 책상, 의자 등 가구의 모서리는 둥글고 표면이 매끄럽게 처리된 것이나, 고무 등으로 모서리에 보호장치를 설치하여야 한다.

⑤ 보육실에 설치된 교구장, 수납장 등은 안전을 위하여 아래 부분에 무거운 비품을 보관하여야 하고, 선반을 설치하는 경우에는 물건이 떨어지지 아니하도록 지지대를 설치하여야 하며, 무거운 물건은 너무 많이 쌓아 놓아서는 아니 된다.

⑥ 보일러 설비, 퓨즈박스(두꺼비집), 화기, 소독수, 살충제, 조리실의 칼 · 가위 · 포크 · 랩 등은 영

유아의 손이 닿지 아니하는 위치에 배치되어야 한다.

⑦ 어린이집 내부(벽, 천장 등)의 마감재료는 「건축법 시행령」 제2조에 따른 불연재료, 준불연재료 또는 난연재료를 사용하여야 하며, 보육실은 「환경보건법 시행령」 제16조에 따른 환경안전관리 기준을 준수하여 설치하여야 한다. 실내장식물과 창문에 설치하는 커튼류 및 카펫 등 「화재예방, 소방시설 설치 · 유지 및 안전관리에 관한 법률」 제12조에 따른 방염대상물품은 화재예방, 소방시설 설치 · 유지 및 안전관리에 관한 법령에 따른 방염성능이 있는 것으로 설치하여야 한다.

나. 장애아 12명 이상을 보육할 수 있는 시설을 갖춘 장애아전문어린이집을 설치하는 경우에는 「장애인 · 노인 · 임산부 등의 편의증진보장에 관한 법률」에서 정한 시설 및 설비 외에 다음의 설비를 갖추어야 한다.

법 제15조의2(놀이터 설치)

① 어린이집을 설치 · 운영하는 자는 놀이터를 설치하여야 하며 설치에 관한 기준은 보건복지부령으로 정한다.
  1. 보육 정원 50명 미만인 어린이집
  2. 100미터 이내에 보건복지부령으로 정하는 기준을 충족하는 놀이터가 설치되어 있는 어린이집

법 제15조의3(비상재해대비시설)

① 어린이집을 설치 · 운영하는 자는 반드시 1층과 2층 이상 등 종류별 비상재해대비시설을 설치하여야 하며 설치에 관한 기준은 보건복지부령으로 정한다. (이하 생략)

법 제15조의4(폐쇄회로 텔레비전의 설치 등)

① 어린이집을 설치 · 운영하는 자는 아동학대 방지 등 영유아의 안전과 어린이집의 보안을 위하여 「개인정보 보호법」 및 관련 법령에 따른 폐쇄회로 텔레비전(이하 "폐쇄회로 텔레비전"이라 한다)을 설치 · 관리하여야 한다.

② 제1항에 따라 폐쇄회로 텔레비전을 설치 · 관리하는 자는 영유아 및 보육교직원 등 정보주체의 권리가 침해되지 아니하도록 다음 각 호의 사항을 준수하여야 한다.
  1. 아동학대 방지 등 영유아의 안전과 어린이집의 보안을 위하여 최소한의 영상정보만을 적법하고 정당하게 수집하고, 목적 외의 용도로 활용하지 아니하도록 할 것
  2. 영유아 및 보육교직원 등 정보주체의 권리가 침해받을 가능성과 그 위험 정도를 고

려하여 영상정보를 안전하게 관리할 것

3. 영유아 및 보육교직원 등 정보주체의 사생활 침해를 최소화하는 방법으로 영상정보를 처리할 것

③ 어린이집을 설치 · 운영하는 자는 폐쇄회로 텔레비전에 기록된 영상정보를 60일 이상 보관하여야 한다.

법 제15조의5(영상정보의 열람금지 등)

① 폐쇄회로 텔레비전을 설치 · 관리하는 자는 다음 각 호의 어느 하나에 해당하는 경우를 제외하고는 제15조의4제1항의 영상정보를 열람하게 하여서는 아니 된다.

1. 보호자가 자녀 또는 보호아동의 안전을 확인할 목적으로 열람시기 · 절차 및 방법 등 보건복지부령으로 정하는 바에 따라 요청하는 경우
2. 「개인정보 보호법」 제2조제6호가목에 따른 공공기관이 제42조 또는 「아동복지법」 제66조 등 법령에서 정하는 영유아의 안전업무 수행을 위하여 요청하는 경우
3. 범죄의 수사와 공소의 제기 및 유지, 법원의 재판업무 수행을 위하여 필요한 경우
4. 그 밖에 보육관련 안전업무를 수행하는 기관으로서 보건복지부령으로 정하는 자가 업무의 수행을 위하여 열람시기 · 절차 및 방법 등 보건복지부령으로 정하는 바에 따라 요청하는 경우

② 어린이집을 설치 · 운영하는 자는 다음 각 호의 어느 하나에 해당하는 행위를 하여서는 아니 된다.

1. 제15조의4제1항의 설치 목적과 다른 목적으로 폐쇄회로 텔레비전을 임의로 조작하거나 다른 곳을 비추는 행위
2. 녹음기능을 사용하거나 보건복지부령으로 정하는 저장장치 이외의 장치 또는 기기에 영상정보를 저장하는 행위

③ 어린이집을 설치 · 운영하는 자는 제15조의4제1항의 영상정보가 분실 · 도난 · 유출 · 변조 또는 훼손되지 아니하도록 내부 관리계획의 수립, 접속기록 보관 등 대통령령으로 정하는 바에 따라 안전성 확보에 필요한 기술적 · 관리적 및 물리적 조치를 하여야 한다.

④ 국가 및 지방자치단체는 어린이집에 설치한 폐쇄회로 텔레비전의 설치 · 관리와 그 영상정보의 열람으로 영유아 및 보육교직원 등 정보주체의 권리가 침해되지 아니하도록 설치 · 관리 및 열람 실태를 보건복지부령으로 정하는 바에 따라 매년 1회 이상 조사 · 점검하여야 한다.

⑤ 폐쇄회로 텔레비전의 설치 · 관리와 그 영상정보의 열람에 관하여 이 법에서 규정된 것

을 제외하고는 「개인정보 보호법」(제25조는 제외한다)을 적용한다.

「영유아보육법 시행규칙」 제9조의3(영상정보의 보관기준 및 보관기간 등)

① 폐쇄회로 텔레비전을 설치 · 관리하는 자는 법 제15조의4제3항에 따라 60일 이상 보관하고 있는 폐쇄회로 텔레비전에 기록된 영상정보를 「영유아보육법 시행령」(이하 "영"이라 한다) 제20조의8제1항제3호에 따른 내부 관리계획에서 정한 주기에 따라 삭제하여야 한다.

② 제1항에도 불구하고 폐쇄회로 텔레비전을 설치 · 관리하는 자는 폐쇄회로 텔레비전에 기록된 영상정보를 보관하고 있는 기간이 60일이 되기 전에 법 제15조의5제1항 각 호의 어느 하나에 해당하여 영상정보에 대한 열람을 요청받은 경우에는 법 제15조의4제3항에 따른 보관기간이 지나더라도 해당 영상을 삭제해서는 아니 된다.

「영유아보육법 시행규칙」 제9조의4(보호자의 영상정보의 열람시기 · 절차 및 방법 등)

① 보호자는 법 제15조의5제1항제1호에 따라 자녀 또는 보호아동이 아동학대, 안전사고 등으로 정신적 피해 또는 신체적 피해를 입었다고 의심되는 등의 경우에는 폐쇄회로 텔레비전을 설치 · 관리하는 자에게 영상정보 열람요청서나 의사소견서를 제출하여 영상정보의 열람을 요청할 수 있다.

② 제1항에 따른 열람 요청을 받은 폐쇄회로 텔레비전을 설치 · 관리하는 자는 제3항에 따라 열람 요청을 거부할 수 있는 경우가 아니면 열람 요청을 받은 날부터 10일 이내에 열람 장소와 시간을 정하여 보호자에게 통지하여야 한다.

③ 제1항에 따른 열람 요청을 받은 폐쇄회로 텔레비전을 설치 · 관리하는 자는 다음 각 호의 어느 하나에 해당하는 경우에는 열람 요청을 거부할 수 있다. 이 경우 거부 사유를 열람 요청을 받은 날부터 10일 이내에 서면으로 보호자에게 통지하여야 한다.

법 제31조의2(어린이집 안전공제사업 등)

① 어린이집 상호 간의 협동조직을 통하여 어린이집의 안전사고를 예방하고 어린이집 안전사고로 인하여 생명 · 신체 또는 재산상의 피해를 입은 영유아 및 보육교직원 등에 대한 보상을 하기 위하여 보건복지부장관의 허가를 받아 어린이집 안전공제사업(이하 "공제사업"이라 한다)을 할 수 있다. (이하 생략)

법 제31조의3(예방접종 여부의 확인)

① 어린이집의 원장은 영유아에 대하여 최초로 보육을 실시한 날부터 30일 이내에 특별자

치도지사 · 시장 · 군수 · 구청장 또는 영유아의 보호자로부터 「감염병의 예방 및 관리에 관한 법률」 제27조에 따라 특별자치도지사 · 시장 · 군수 · 구청장 또는 예방접종을 한 자가 발급한 예방접종증명서 또는 그 밖에 이에 준하는 증명자료를 제출받아 영유아의 예방접종에 관한 사실을 확인할 수 있다.

② 어린이집의 원장은 제1항에 따른 확인 결과 예방접종을 받지 아니한 영유아에게는 필요한 예방접종을 받도록 보호자를 지도할 수 있으며, 필요한 경우 관할 보건소장에게 예방접종 지원 등의 협조를 요청할 수 있다.

③ 어린이집의 원장은 영유아의 예방접종 여부 확인 및 관리를 위하여 제29조의2에 따른 어린이집 생활기록에 예방접종 여부 및 내역에 관한 사항을 기록하여 관리하여야 한다.

법 제32조(치료 및 예방조치)

① 어린이집의 원장은 제31조에 따른 건강진단 결과 질병에 감염되었거나 감염될 우려가 있는 영유아에 대하여 그 보호자와 협의하여 질병의 치료와 예방에 필요한 조치를 하여야 한다.

② 어린이집의 원장은 제31조에 따른 건강진단의 결과나 그 밖에 의사의 진단 결과 감염병에 감염 또는 감염된 것으로 의심되거나 감염될 우려가 있는 영유아, 어린이집 거주자 및 보육교직원을 보건복지부령으로 정하는 바에 따라 어린이집으로부터 격리시키는 등 필요한 조치를 할 수 있다. (이하 생략)

법 제33조(급식 관리)

어린이집의 원장은 영유아에게 보건복지부령으로 정하는 바에 따라 균형 있고 위생적이며 안전한 급식을 하여야 한다.

법 제33조의2(어린이집 차량안전관리)

어린이집의 원장은 영유아의 통학을 위하여 차량을 운영하는 경우 「도로교통법」 제52조에 따라 미리 어린이통학버스로 관할 경찰서장에게 신고하여야 한다.

「영유아보육법 시행규칙」 제23조(어린이집의 운영기준)

법 제24조제1항에 따른 어린이집의 운영기준은 별표 5와 같다.

별표 5 어린이집의 운영기준(제23조 및 제34조 관련)

3. 안전 · 급식 및 위생관리

가. 안전관리

1) 어린이집의 원장은 통합안전점검표 양식에 따라 일정기간별로 시설의 안전점검을 시행하여 화재 · 상해 등의 위험발생 요인을 사전에 제거하여야 한다.
2) 각 놀이시설물에 대하여 적절한 점검 일정을 세워 점검하여야 한다. 이 경우 놀이시설물의 볼트 · 너트 등 이음장치, 울타리, 구조물의 부식 여부 등은 매일 점검하고, 움직이는 부분들이 서로 맞물리는 놀이시설물의 경우 영유아의 신체 일부분이 놀이기구에 끼지 아니하도록 맞물림의 형태 등을 점검하여야 한다.
3) 어린이집의 원장은 소방계획을 작성하고 매월 소방훈련을 하여야 한다.
4) 어린이집의 원장은 「아동복지법」 제31조제1항에 따라 매년 안전교육계획을 수립하여 보육 영유아에 대하여 안전교육을 실시한 후, 그 사실을 특별자치도지사 · 시장 · 군수 · 구청장에게 보고하여야 하며 보육교직원에게도 안전교육을 하여야 한다.
5) 어린이집의 원장은 보호자와의 비상연락망을 확보하고, 사고에 대비하여 보육 영유아에 대한 응급처치 동의서를 받아 갖춰 두어야 한다.
6) 어린이집의 원장은 영유아에 대한 사고가 발생한 경우에는 즉시 영유아의 보호자에게 알리고, 사고가 중대한 경우 특별자치도지사 · 시장 · 군수 · 구청장에게 보고하여야 하며, 사고보고서를 작성하여 갖춰 두어야 한다.
7) 보육교직원는 영유아에게서 아동학대의 징후 등을 발견하였을 때는 「아동학대범죄의 처벌 등에 관한 특례법」 제10조제2항에 따라 즉시 아동보호전문기관 또는 수사기관에 신고하여야 한다.

나. 급식관리

1) 어린이집의 원장 및 어린이집에서 급식을 조리 · 제공하는 보육교직원(이하 이 목에서 "원장등"이라 한다)은 어린이집에서 식중독 환자가 발생하지 않도록 위생관리를 철저히 하여야 한다.
2) 원장등은 영유아가 필요한 영양을 섭취할 수 있도록 영양사가 작성한 식단에 따라 급식을 공급하여야 한다. 이 경우 영양사(5개 이내의 어린이집이 공동으로 두는 영양사를 포함한다)를 두고 있지 아니한 100명 미만의 영유아를 보육하고 있는 어린이집은 육아종합지원센터, 보건소 및 「어린이 식생활안전관리 특별법」 제21조에 따른 어린이집 급식관리지원센터 등에서 근무하는 영양사의 지도를 받아 식단을 작성하여야 한다.
3) 원장등은 영유아에 대한 급식을 어린이집에서 직접 조리하여 제공하여야 한다. 다만, 공공기관이나 사회복지관 안에 설치된 어린이집의 경우에는 같은 건물에 있는 조리실을 사용하여 급식을 제공할 수 있다.
4) 원장등은 식기, 도마, 칼, 행주, 그 밖에 주방용구를 정기적으로 세척 · 살균 및 소독하는 등 항상 청결하게 유지 · 관리하여야 하며, 어류 · 육류 · 채소류를 취급하는 칼 · 도마는 각각 구분하여

사용하여야 한다.

5) 원장등은 유통기한이 지나거나 상한 원료 또는 완제품을 조리할 목적으로 보관하거나 이를 음식물의 조리에 사용하여서는 아니 되며 이미 급식에 제공되었던 음식물을 재사용하여서는 아니 된다.

6) 원장등은 식품등의 원료 및 제품 중 부패 · 변질이 되기 쉬운 것은 냉동 · 냉장시설에 보관 · 관리하여야 한다.

7) 조리원 등 음식물의 조리에 직접 종사하는 보육교직원은 위생복 · 앞치마 · 위생모를 착용하는 등 개인위생관리를 철저히 하여야 한다.

다. 위생관리

1) 조리실, 식품 등의 원료 · 제품 보관실, 화장실 및 침구 등을 정기적으로 소독하고, 항상 청결하게 관리하여야 한다.

2) 어린이집의 음용수는 상수도 및 간이상수도를 사용하는 경우에는 물을 끓여 사용하는 것을 원칙으로 하고, 정수장치를 설치하는 경우에는 정기적인 필터 교환 등으로 수질을 관리하여야 하며, 음용수로 지하수를 사용하는 경우에는 「먹는물 수질기준 및 검사 등에 관한 규칙」 제3조에 따라 수질검사를 신청하여야 하며, 수질검사기관으로부터 발급받은 먹는물 수질검사성적서를 갖춰 두어야 한다.

3) 보육교직원은 영유아의 위생에 영향을 미치는 감기, 독감, 홍역 등 유행성질환 감염 여부, 영유아의 피부, 머리, 손톱 · 발톱, 치아상태, 어린이집의 청소상태, 침구 및 기저귀 등의 위생상태, 욕실 및 화장실의 청결상태, 세면도구 등의 위생상태 등에 대하여 수시로 점검하여야 한다.

4) 동물을 두는 때는 미리 부모에게 그 사실을 알리고, 동물로부터 영유아가 알레르기 및 질병, 상해를 입지 아니하도록 정기적으로 수의사를 통해 면역조치 등을 받아야 하며, 동물 · 곤충 또는 배설물 등을 접촉한 경우에는 접촉 부위를 씻어야 한다.

5) 어린이집 내부의 쾌적한 공기질을 유지하기 위하여 수시로 환기 및 청소 등을 하여야 한다.

라. 차량안전관리(차량을 운영하는 경우)

1) 차량은 9인승 이상 자동차로 한정하며 「도로교통법」 제52조에 따라 미리 어린이통학버스로 관할 경찰서장에게 신고하고 신고필증을 발급받아야 한다.

2) 운전기사는 채용 시 건강진단서를 제출하여야 한다.

3) 어린이집에서 운행 중인 모든 차량에는 차량 내에 안전수칙을 부착하고, 차량용 소화기 및 구급상자를 갖추어야 하며, 통합안전점검표에 의한 안전점검을 하여야 한다.

4) 차량 운행 시 보육교사 등 영유아를 보호할 수 있는 사람이 동승하여야 하고, 36개월 미만 영아를 탑승시키는 경우에는 보호자가 동반하거나 보호 장구를 착용하도록 하여야 한다.

5) 교사와 영유아는 차량 운행이 시작되기 전에 안전벨트를 착용하여야 한다.

6) 운전자는 음주, 휴대전화 또는 이어폰 사용 등 운전 판단 능력에 영향을 미치는 행위를 하여서는

아니 된다.

7) 등원 · 퇴원 차량 운행 시 운전기사와 보육교사 등 차량에 동승하는 사람은 영유아가 안전하게 담당 보육교사나 부모 등 보호자에게 인도될 수 있도록 조치하여야 하고, 모든 영유아가 안전하게 인도되었는지 여부를 확인하여야 한다.

법 제5장 건강 · 영양 및 안전

법 제31조(건강관리 및 응급조치)

① 어린이집의 원장은 영유아와 보육교직원에 대하여 정기적으로 건강진단을 실시하고, 영유아의 건강진단 실시여부를 제29조의2에 따른 어린이집 생활기록부에 기록하여 관리하는 등 건강관리를 하여야 한다. 다만, 보호자가 별도로 건강검진을 실시하고 그 검진결과 통보서를 제출한 영유아에 대해서는 건강진단을 생략할 수 있다.

② 어린이집의 원장은 영유아에게 질병 · 사고 또는 재해 등으로 인하여 위급 상태가 발생한 경우 즉시 응급의료기관에 이송하여야 한다.

「영유아보육법 시행규칙」 제33조(건강진단)

① 법 제31조제1항에 따라 어린이집의 원장은 보육하고 있는 영유아 및 보육교직원에 대하여 1년에 한 번 이상 건강진단을 실시하여야 한다.

② 제1항에 따른 영유아 및 보육교직원에 대한 건강진단 항목은 「국민건강보험법」 제52조, 같은 법 시행령 제25조제7항 및 「의료급여법」 제14조제2항에 따라 보건복지부장관이 고시하는 기준에 따르되, 보육교직원의 건강진단 항목에는 결핵 등 전염성 질환에 관한 항목이 포함되어야 한다.

④ 어린이집의 원장은 제1항에 따라 건강진단을 실시한 결과 치료가 필요한 영유아에 대해서는 그 보호자와 협의하여 필요한 조치를 하여야 한다.

⑤ 어린이집의 원장은 제1항에 따른 건강진단을 실시한 결과 전염성 질환에 감염된 것으로 밝혀지거나 의심되는 영유아 및 어린이집 거주자를 어린이집으로부터 격리시키고, 전염성 질환에 감염된 것으로 밝혀지거나 의심되는 보육교직원을 즉시 휴직시키거나 면직시키는 등의 조치를 하여야 한다.

3 학교안전사고 예방 및 보상에 관한 법률 (약칭: 학교안전법)

「학교안전사고 예방 및 보상에 관한 법률」(이하 「학교안전법」으로 한다)의 목적은 학교안전사고를 예방하고, 학생 · 교직원 및 교육활동참여자가 학교안전사고로 인하여 입은 피해를 신속 · 적정하게 보상하기 위한 학교안전사고보상공제 사업의 실시에 관하여 필요한 사항을 규정하는 것이다.

여기에서 '학교'는 「동법」 제2조에서 살펴보면, 「유아교육법」 제2조제2호의 규정에 따른 유치원을 포함하며, "교육활동"은 「동법」 제2조의 4항에 따라 '학교의 교육과정 또는 학교의 장(이하 "학교장"이라 한다)이 정하는 교육계획 및 교육방침에 따라 학교의 안팎에서 학교장의 관리 · 감독하에 행하여지는 수업 · 특별활동 · 재량활동 · 과외활동 · 수련활동 · 수학여행 등 현장체험활동 또는 체육대회 등의 활동과 등 · 하교 및 학교장이 인정하는 각종 행사 또는 대회 등에 참가하여 행하는 활동을 말한다. 또한 '학교 안전 사고'라는 것은 「동법」 제2조제6항에 따라 '교육활동 중에 발생한 사고로서 학생 · 교직원 또는 교육활동 참여자에게 발생하는 질병으로서 대통령이 정하는 것'으로 한다.

「학교안전법」에 명시된 유아기 안전에 관련된 법규에 대해 자세히 알아보도록 하자.

구분	학교안전사고 예방 및 보상에 관한 법률	시행규칙
공포번호	제13947호	교육부령 제96호
일부개정	2016.02.03	2016.04.20
시행일자	2016.02.03	2016.04.20
주요내용	제2장 학교안전사고 예방 제4조 학교안전사고 예방계획의 수립 · 시행 제5조 학교안전사고의 예방에 관한 책무 제6조 학교시설에 대한 안전점검 제7조 학교시설안전관리기준 제8조 학교안전교육의 실시 제9조 명예학교안전요원 위촉 제10조의2 학교안전사고 예방활동 단체에 대한 지원	제2조 학교안전교육의 실시

제4조(학교안전사고 예방계획의 수립 · 시행)

① 교육부장관은 3년마다 학교안전사고 예방에 관한 기본계획(이하 "기본계획"이라 한다)을 수립 · 시행하여야 한다.

② 기본계획에는 다음 각 호의 사항이 포함되어야 한다.

1. 학교 안팎의 안전사고 예방정책의 기본방향 및 목표
2. 학교안전사고를 예방하기 위한 학교 안팎의 교육활동 운영의 기본지침에 관한 사항
3. 학교안전사고 예방 및 재난대비 훈련 등 학교안전교육에 관한 사항
4. 학교시설 안전점검 · 관리 및 안전조치에 관한 사항
5. 학교 안전문화 확산에 관한 사항
6. 그 밖에 학교안전사고 예방을 위하여 필요한 사항 (이하 생략)

제5조(학교안전사고의 예방에 관한 책무)

① 교육부장관, 특별시 · 광역시 · 특별자치시 · 도 및 특별자치도(이하 "시 · 도"라 한다. 이하 같다)의 교육감(이하 "교육감"이라 한다), 학교장 및 「사립학교법」의 규정에 따라 사립학교를 설치 · 경영하는 자(이하 "학교장등"이라 한다)는 학교안전사고를 예방하고 학교시설을 안전하게 관리 · 유지하기 위하여 노력하여야 한다. 〈개정 2008.2.29., 2012.1.26., 2013.3.23.〉

② 교육부장관 및 교육감은 학교안전사고의 예방을 위하여 필요한 시설물을 설치하고 학교안전사고의 발생 위험성이 있는 시설물을 보수 · 관리하는 데 필요한 예산을 우선 지원하는 등 학교안전사고의 예방을 위하여 필요한 조치를 하여야 한다. 〈개정 2008.2.29., 2013.3.23.〉

제6조(학교시설에 대한 안전점검)

① 교육감 및 학교장등은 「재난 및 안전관리기본법」 제22조의 규정에 따른 교육부 소관 국가안전관리기본계획에 따라 연 2회 이상 학교시설에 대한 안전점검을 실시하여야 한다. 이 경우 교육감 및 학교장등은 안전점검을 실시한 결과 시설물의 재해 및 재난 예방과 안전성 확보 등을 위하여 필요하다고 인정하는 때에는 시설물 안전점검 전문기관에 위탁하여 정밀안전진단을 실시하여야 한다. 〈개정 2008.2.29., 2013.3.23.〉

② 제1항에 따른 안전점검을 실시할 때에는 학부모와 학교운영위원회가 추천하는 시설물 안전점검 전문가를 참여하게 할 수 있다. 〈신설 2016.2.3.〉

③ 교육감 및 학교장등은 제1항에 따른 안전점검 및 정밀안전진단 실시결과를 대통령령으로 정하는 바에 따라 공개하여야 한다. 〈개정 2015.1.20., 2016.2.3.〉 (이하 생략)

제7조(학교시설안전관리기준)

① 교육부장관은 학교시설의 안전관리에 필요한 학교시설안전관리기준을 작성하여 이를 교육감 및 학교장등에게 통보하여야 한다. 〈개정 2008.2.29., 2013.3.23.〉

② 교육감 및 학교장등은 제1항의 규정에 따라 학교시설안전관리기준을 통보받은 경우에는 소관 학교시설 등을 설치 · 유지 또는 관리하는 데 있어 이를 준수하여야 하며, 학교장은 학교시설안전관리기준에 따른 점검결과를 연 1회 이상 교육감에게 보고하여야 한다. (이하 생략)

제8조(학교안전교육의 실시)

① 학교장은 학교안전사고를 예방하기 위하여 교육부령이 정하는 바에 따라 학생 · 교직원 및 교육활동참여자에게 학교안전사고 예방 등에 관한 다음 각 호의 교육(이하 "안전교육"이라 한다)을 실시하고 그 결과를 학기별로 교육감에게 보고하여야 한다. 〈개정 2008.2.29., 2013.3.23., 2015.1.20., 2016.2.3.〉

1. 「아동복지법」 제31조에 따른 교통안전교육, 감염병 및 약물의 오남용 예방 등 보건위생관리교육 및 재난대비 안전교육
2. 「학교폭력 예방 및 대책에 관한 법률」 제15조에 따른 학교폭력 예방교육
3. 「성폭력방지 및 피해자보호 등에 관한 법률」 제5조에 따른 성폭력 예방에 필요한 교육
4. 「성매매방지 및 피해자보호 등에 관한 법률」 제5조에 따른 성매매 예방교육 (이하 생략)

「학교안전사고 예방 및 보상에 관한 법률 시행규칙」 제2조(학교안전교육의 실시)

① 학교의 장(이하 "학교장"이라 한다)은 「학교안전사고 예방 및 보상에 관한 법률」(이하 "법"이라 한다) 제8조제1항에 따라 학생 · 교직원 및 교육활동참여자를 대상으로 다음 각 호의 교육을 하여야 한다.

1. 일상생활에서 발생할 수 있는 안전사고 예방을 위한 생활안전교육
2. 교통수단 등으로 발생할 수 있는 안전사고 예방을 위한 교통안전교육
3. 폭력예방 및 신변보호를 위한 안전교육
4. 약물 및 사이버 중독 예방을 위한 안전교육
5. 화재 · 재난 등의 예방 및 대비를 위한 재난안전교육
6. 일터에서 발생할 수 있는 안전사고 예방을 위한 직업안전교육
7. 응급처치에 관한 교육
8. 그 밖에 안전사고 예방을 위하여 필요한 교육 (이하 생략)

제9조(명예학교안전요원 위촉)

학교장은 학부모 또는 지역 주민 등을 명예학교안전요원으로 위촉하여 학교안전사고의 예방을 위한 순찰, 교통지도 등의 활동을 하게 할 수 있다.

제10조(안전조치 및 안전사고관리 지침 등)

① 교육감 또는 학교장등은 학생 · 교직원 및 교육활동참여자 등의 안전을 확보하기 위하여 학교시설이 다음 각 호의 어느 하나에 해당하는 때에는 해당 학교시설의 사용을 제한하고 대체시설을 확보하는 등 필요한 조치를 하여야 한다. 〈개정 2015.1.20.〉 (이하 생략)

제10조의2(학교안전사고 예방활동 단체에 대한 지원)

① 교육부장관 및 교육감은 「비영리민간단체 지원법」 제4조제1항에 따라 등록된 비영리민간단체 중 학생의 등교 · 하교 시 교통지도활동 등 학교안전사고 예방활동에 참여하는 비영리민간단체(이하 이 조에서 "단체"라 한다)에 대하여 그 활동에 필요한 예산을 지원할 수 있다. 〈개정 2013.3.23., 2015.1.20.〉 (이하 생략)

Chapter 05

교육과정에서의 안전교육

Chapter 05

교육과정에서의 안전교육

'누리과정'은 유치원과 어린이집으로 이원화되어 있는 교육 및 보육 과정을 통합하여 유아기 단계에서 교육의 질을 제고하고, 생애 초기 출발점의 평등을 보장하고자 도입하게 되었다. 2012년 3월부터는 어린이집과 유치원에 다니는 만 5세 모든 유아에게 '5세 누리과정' 교육과정을 적용하였고, 2013년 3월부터는 '만 3~5세 누리과정'이 시행되어 어린이집에서는 0~2세 표준보육과정과 3~5세 누리과정을, 유치원에서는 만 3~5세 누리과정으로 운영되고 있다. 이에 안전교육과 관련한 교육과정 내용을 살펴보고자 한다. 또한 유치원 평가 및 어린이집에서의 평가인증에서 안전과 관련된 사항들을 알아보고자 한다.

1 교육과정에서의 안전교육 내용

기본생활 영역에서의 '안전하게 생활하기'는 안전사고 예방 및 대처 능력의 향상을 강조하며, 영아가 안전하게 놀이하는 방법과 위험한 상황을 알고, 위험한 상황에 처하게 되었을 때 침착하고 적절하게 대처할 수 있는 안전생활을 습관화하도록 하는 데 그 목표가 있다. 신체운동 · 건강 영역에서의 '안전하게 생활하기' 역시 생활 속에서 안전교육을 반복 · 지도함으로써 유아가 안전하게 놀이하는 것은 물론 교통안전 규칙 지키기를 실천할 수 있도록 하며, 일상생활에서 경험하는 잠재적 위험 요소를 인식하고 비상 시 적절히 대처할 수 있는 능력과 태도를 기르는 데 중점을 둔다. 〈표 5-1〉은 표준보육과정 및 누리과정에서의 안전교육과 관련된 내용을 연령별로 나타낸 표이다. 안전교육과 관련된 교육과정의 영역은 '기본생활'과 '신체운동 · 건강'이고, 영역에 따른 내용범주 및 내용은 〈표 5-2〉, 〈표 5-3〉과 같다.

〈표 5-1〉 교육과정에서의 연령별 안전교육

<table>
<tr><th>구분</th><th>0~1세</th><th>2세</th><th>3~5세</th></tr>
<tr><td>영 역</td><td colspan="2">기본생활</td><td>신체운동 · 건강</td></tr>
<tr><td>내용범주</td><td colspan="3">안전하게 생활하기</td></tr>
<tr><td>내 용</td><td>• 안전하게 지내기
• 위험한 상황에 반응하기</td><td>• 안전하게 놀이하기
• 교통안전 알기
• 위험한 상황 알기</td><td>• 안전하게 놀이하기
• 교통안전규칙 지키기
• 비상 시 적절히 대처하기</td></tr>
</table>

표준보육과정과 누리과정의 구성체계는 '영역 〉 내용범주 〉 내용 〉 세부내용'으로, 이 중 '세부내용'을 0~2세는 수준별로, 3~5세는 연령별로 구분하여 살펴볼 수 있다. 표준보육과정과 누리과정의 세부내용을 통해 안전교육 내용을 알아보도록 하자.

〈표 5-2〉 표준보육과정에서의 영아 안전교육 세부내용

<table>
<tr><th rowspan="3">내용
범주</th><th rowspan="3">내용</th><th colspan="4">0~1세</th><th rowspan="3">내용</th><th colspan="2">2세</th></tr>
<tr><th colspan="4">세부내용</th><th colspan="2">세부내용</th></tr>
<tr><th>1수준</th><th>2수준</th><th>3수준</th><th>4수준</th><th>1수준</th><th>2수준</th></tr>
<tr><td rowspan="5">안전
하게
생활
하기</td><td rowspan="3">안전
하게
지내기</td><td colspan="3">안전하게 상황에서
놀이한다.</td><td>놀잇감을
안전하게
사용한다.</td><td rowspan="2">안전하게
놀이하기</td><td colspan="2">놀이기구나 놀잇감을
안전하게 사용한다.</td></tr>
<tr><td colspan="4">안전한 장소에서 놀이한다.</td><td colspan="2">안전한 장소에서 놀이한다.</td></tr>
<tr><td colspan="4">차량 승하차 시 안전 장구를 착용한다.</td><td>교통
안전
알기</td><td>교통수단의
위험을 안다.</td><td>교통수단의
위험을 알고
조심한다.</td></tr>
<tr><td rowspan="2">위험한
상황에
반응
하기</td><td rowspan="2"></td><td rowspan="2">위험
하다는
말에
반응을
보인다.</td><td colspan="2" rowspan="2">위험하다고
알려주면
주의한다.</td><td rowspan="2">위험한
상황
알기</td><td>위험한 상황과
위험한 것을 안다.</td><td>위험한 상황과
위험한 것을 알고
조심한다.</td></tr>
<tr><td colspan="2">위험한 상황 시 어른의
지시에 따른다.</td></tr>
</table>

누리과정 역시 구성체계는 '영역 〉 내용범주 〉 내용 〉 세부내용'이다. 누리과정의 '세부내용'은 연령별 세부내용으로 살펴볼 수 있다. 세부내용을 연령별로 살펴보면, 연령별 발달 상태 및 안전교육의 방향에 대해 알 수 있다.

〈표 5-3〉 누리과정에서의 유아 안전교육 세부내용

<table>
<tr><th rowspan="2">내용범주</th><th rowspan="2">내용</th><th>3세</th><th>4세</th><th>5세</th></tr>
<tr><th colspan="3">세부내용</th></tr>
<tr><td rowspan="2">건강하게 생활하기</td><td rowspan="2">질병 예방하기</td><td>질병의 위험을 알고 주의한다.</td><td colspan="2">질병을 예방하는 방법을 알고 실천한다.</td></tr>
<tr><td>날씨에 맞게 옷을 입는다.</td><td colspan="2">날씨와 상황에 알맞게 옷을 입는다.</td></tr>
<tr><td rowspan="7">안전하게 생활하기</td><td rowspan="3">안전하게 놀이하기</td><td colspan="2">놀이기구나 놀잇감, 도구를 안전하게 사용한다.</td><td>놀이기구나 놀잇감, 도구의 바른 사용법을 알고 안전하게 사용한다.</td></tr>
<tr><td>안전한 놀이 장소를 안다.</td><td colspan="2">안전한 장소를 알고 안전하게 놀이한다.</td></tr>
<tr><td>TV, 인터넷, 통신기기 등을 바르게 사용한다.</td><td colspan="2">TV, 인터넷, 통신기기 등의 위해성을 알고, 바르게 사용한다.</td></tr>
<tr><td rowspan="2">교통안전 규칙 지키기</td><td>교통안전 규칙을 안다.</td><td colspan="2">교통안전 규칙을 알고 지킨다.</td></tr>
<tr><td colspan="3">교통수단을 안전하게 이용한다.</td></tr>
<tr><td rowspan="2">비상 시 적절히 대처하기</td><td>학대, 성폭력, 실종, 유괴상황을 알고 도움을 요청한다.</td><td colspan="2">학대, 성폭력, 실종, 유괴상황 시 도움을 요청하는 방법을 알고 행동한다.</td></tr>
<tr><td>재난 및 사고 등 비상 시 적절하게 대처하는 방법을 안다.</td><td colspan="2">재난 및 사고 등 비상 시 적절하게 대처하는 방법을 알고 행동한다.</td></tr>
</table>

표준보육과정과 누리과정에서 안전교육과 관련된 내용을 살펴보았는데 이에 따른 교사 지침을 연령별로 알아보도록 하자.

연령	교사지침
0~1세	• 안전점검표에 따라 정기적으로 보육실의 위험요인을 점검하여 위험요소를 제거하거나 안전 장치를 하여 안전한 보육환경을 조성한다. • 놀이 중 안전사고를 예방하기 위하여 지속적으로 영아를 관찰하고 영아가 위험한 상황에 놓이지 않도록 한다. • 영아에게 응급상황이 발생하였을 때 가족과 관련 기관에 재빨리 연락하고 적절한 조치를 취한다.
2세	• 안전점검표에 따라 정기적으로 실내 · 외 시설물과 물품의 위험요인을 점검하고 위험요소를 제거하거나 안전 장치를 하여 안전한 보육환경을 조성한다. • 놀이 중 안전사고를 예방하기 위하여 주의 깊게 영아를 관찰하고 놀이의 규칙을 알려주어 영아가 위험한 행동을 하지 않도록 한다. • 영아가 길을 잃거나 낯선 사람을 따라가지 않도록 하고 자신의 몸을 소중히 여기도록 지도한다. • 정기적으로 소방훈련, 교통안전교육, 실종 · 유괴 예방교육, 약물 오남용 예방교육, 재난대비 안전교육, 성폭력 예방교육 등을 실시한다. • 영아에게 응급상황이 발생했을 때 부모와 관련 기관에 재빨리 연락하고 적절한 조치를 한다.
3~5세	• 놀잇감이나 놀이기구의 사용법을 올바르게 인식하여 목적에 맞도록 사용하고 다른 사람의 안전을 고려한 행동을 실천하도록 격려한다. • 유아 전자미디어의 순기능뿐 아니라 역기능에 대해 인식하고 이를 바탕으로 자기 조절능력을 가지고 올바르게 사용하도록 지도한다. • 교통수단 이용에 따른 위험을 알고 안전하게 이용할 수 있는 방법에 대해 의논하고 문제점을 찾아보면서 자율적으로 교통수단을 안전하게 이용할 수 있도록 지도한다. • 학대, 성폭력, 실종, 유괴상황과 재난 및 사고 등의 상황을 알고 적절한 대처방법을 알도록 한다. • 정기적으로 교통안전, 약물오남용 예방, 화재가 났을 때 대피, 재난 방지 등에 대한 안전교육의 중요성을 알고 교육에 적극적으로 참여하도록 격려한다. • 응급상황이 발생했을 때 부모와 관련 기관에 재빨리 연락하여 적절한 조치를 한다.

2 어린이집 평가인증에서의 안전

우리나라는 2017년 11월부터 유치원과 어린이집의 통합평가체계 적용 등을 위해 '통합지표'로 기관평가가 이루어진다. 평가인증은 영유아에게 전문적인 보호와 수준 높은 보육서비스를 제공하기 위해 평가인증지표를 기준으로 어린이집의 현재

수준을 점검하고 개선한 후 국가가 평가하여 인증을 부여하는 제도이다.

기관에 대한 평가는 어린이집과 유치원의 질을 상호 비교할 수 있도록 각각의 평가체계를 바탕으로 평가의 객관성과 일관성을 강화하는 데 목적을 두고 추진되었으며, 어린이집은 2005년 시범 운영을 거쳐 2006년도부터 평가인증제도를 본격적으로 확대 시행하였고, 2015년 시범사업을 거쳐 2016년 6월 '유치원 · 어린이집 평가체계 통합 방안'이 발표되어 2017년 11월부터 부처별로 평가인증이 시행되게 되었다. 제3차 어린이집 평가인증(통합지표)은 국무조정실 유보통합추진단의 「유치원 · 어린이집 평가체계 통합방안」을 기초로 어린이집 특성화지표를 반영하여 4영역 21개 지표, 79개 평가항목으로 구성하고, 영아 및 소규모 어린이집 등 어린이집 특성에 맞게 세부 평정기준을 조정하였다. 통합지표는 평가영역, 평가지표, 평가항목, 평가요소 순으로 구성되는데 '보육과정 및 상호작용, 보육환경 및 운영관리, 건강 · 안전, 교직원'의 4영역 중 평가요소는 3영역인 '건강 · 안전' 영역에만 제시되어 있다. 안전관리와 관련하여 '건강 · 안전' 영역의 지표를 중심으로 살펴보도록 하자.

〈표 5-4〉 평가인증에서의 '건강 · 안전' 영역

평가지표	평가항목
3-1. 실내 · 외 공간의 청결 및 안전	3-1-1 실내 · 외 공간을 청결하고 쾌적하게 관리하고 있다. 3-1-2 실내 · 외 공간을 영유아의 안전을 위해 위험요인 없이 관리하고 있다. 3-1-3 실내 · 외 놀잇감을 안전하고, 위험한 물건을 안전하게 보관 · 관리하고 있다. 3-1-4 안전시설 및 설비를 비상 시 효율적으로 사용할 수 있도록 관리하고 있다.
3-2. 급 · 간식	3-2-1 영양의 균형을 고려한 급 · 간식을 제공하고 있다. 3-2-2 식자재의 구입 · 보관 및 조리공간을 위생적으로 관리하고 있다. 3-2-3 조리 및 배식과정을 청결하고 위생적이고 관리하고 있다.
3-3. 건강 증진을 위한 교육 및 관리	3-3-1 손 씻기, 양치질 등 청결한 위생습관을 실천한다. 3-3-2 교사는 영유아의 건강 상태를 살펴보고 적절하게 지원한다. 3-3-3 영유아와 교직원의 건강 증진을 위한 예방관리와 교육을 실시한다.
3-4. 등 · 하원의 안전	3-4-1 영유아는 등원부터 하원까지 성인의 보호하에 있다. 3-4-2 등 · 하원 차량을 운행할 경우 안전요건을 갖추어 관리한다.
3-5. 안전교육 및 사고 대책	3-5-1 영유아를 대상으로 안전교육을 지속적으로 실시하고 있다. 3-5-2 교직원은 안전교육을 받고 영유아 학대 예방 지침을 준수한다. 3-5-3 영유아, 교직원 및 시설 보험에 모두 적합하게 가입하고 있다.

평가인증에 따른 평가항목의 세부 평정기준을 살펴보면 〈표 5-5〉의 〈평가지표 1〉~〈평가지표 5〉와 같다. 평정기준 중 설명이 필요한 부분은 항목마다 아래에 지침 등을 기술하였다.

〈표 5-5〉 **평가지표별 평가항목과 평가요소**

〈평가지표 1〉 실내 · 외 공간의 청결 및 안전

1	실내 · 외 공간을 청결하고 쾌적하게 관리하고 있다. (실내 · 외 공간 및 놀잇감을 청결하며 녹이 슬지 않는 등 관리가 잘 유지되도록 관리하며, 기저귀 가는 공간은 별도로 마련하고 청결하게 유지하도록 한다. 실내공간의 온도는 18~28℃, 습도는 30~80%, 채광(창문의 2/3 이상 선팅지 부착 금지), 조명을 적정하게 유지하도록 한다)
	① 실내 · 외 공간을 청결하게 유지한다. ② 실내 · 외 놀잇감을 청결하게 유지한다. ③ 개별 침구를 청결하게 유지한다. ④ 환기를 자주하여 실내 공기를 쾌적하게 유지한다. (연면적 430m² 이상 어린이집은 실내 공기 질 측정 결과기록이 있어야 하며, 연 1회 이상 실시하고 측정 결과가 '양호'에 해당될 수 있도록 관리한다) ⑤ 실내공간의 온도, 습도, 채광, 조명을 적정하게 유지한다.
2	실내 · 외 공간을 영유아의 안전을 위해 위험요인 없이 관리하고 있다.
	① 출입문, 창문, 천장, 바닥, 벽면 등이 안전하여 위험요인이 없다. ② 전기설비 및 전선줄 등이 안전하여 위험요인이 없다. ③ 고정식 및 이동식 시설 · 설비가 안전하여 위험요인이 없다. ④ 세면대, 정수기 등에 온수 조절장치가 적절하여 위험요인이 없다. ⑤ 성인이 주로 사용하는 실내 · 외 공간에 영유아가 출입하지 않는다.
3	실내 · 외 놀잇감이 안전하고, 위험한 물건을 안정하게 보관 · 관리한다.
	① 보육실 내 놀잇감에 파손된 부분이 없다. ② 실내 · 외 공간에 비치된 놀잇감에 파손된 부분이 없다. ③ 보육실 내의 위험한 물건을 안전하게 보관 · 관리한다. ④ 실내 · 외 공간의 위험한 물건을 안전하게 보관 · 관리하고 있다.
4	안전시설 및 설비를 비상 시 효율적으로 사용할 수 있도록 관리하고 있다. (비상사태를 대비한 안전시설-비상계단, 영유아용 미끄럼대, 비상구, 비상대피로 등-은 비상 시 원활히 대피할 수 있도록 관리되고 있어야 한다. 비상사태를 대비한 설비로-피난구, 유도등, 소화기, 가스누설경보기 등-은 비상 시 제대로 작동되어야 한다)

〈평가지표 2〉 급 · 간식

1	영양의 균형을 고려한 급 · 간식을 제공하고 있다.
	① 영유아의 연령 및 영양 균형을 맞춘 식단이 수립되어 있고, 식단에 따른 급 · 간식을 제공한다. ② 인스턴트 식품보다 자연식품 위주로 급 · 간식을 제공한다. ③ 영유아의 연령 특성을 고려한 급 · 간식(크기, 맛, 조리형태 등)을 제공한다. ④ 충분한 양의 급 · 간식을 제공한다. ⑤ 식품 알레르기 질환에 대한 지침을 마련하여 실행한다.
2	식자재의 구입 · 보관 및 조리공간을 위생적으로 관리하고 있다.
	① 신선한 식자재를 구입하여 사용한다. ② 유통기한을 경과한 식자재가 없다. ③ 식자재를 위생적으로 보관한다. ④ 조리실 공간(바닥, 벽, 천장 등)을 청결하게 유지한다. ⑤ 조리실 내 시설 · 설비(개수대, 조리대, 식기 수납장, 가스레인지, 후드, 환풍기, 주방가전 등)를 청결하게 유지한다.
3	조리 및 배식 과정을 청결하고 위생적으로 관리하고 있다. (식기류–컵 등–와 조리실 비품–조리도구, 행주 등–을 위생적으로 관리–식기류 건조 보관–한다. 1회 조리된 음식은 당일 소모하고 재배식하지 않으며 전량 폐기한다)
	① 조리 시 앞치마, 머릿수건, 조리실 전용 신발이나 위생화를 착용한다. ② 조리가 위생적으로 이루어진다. (조리원–조리사–은 조리 전 비누를 사용하여 손을 씻는다. 식재료 준비는 조리대를 사용하며, 모든 식재료는 전처리 작업으로 청결하게 진행한다. 조리 중이거나 조리된 식품을 맨손으로 취급하지 않는다. 맛보기 시에는 맛보기 숟가락을 별도로 사용하도록 한다) ③ 식기류(컵 등)와 조리실 비품(조리도구, 행주 등)을 위생적으로 관리한다. ④ 1회 조리된 음식은 당일 소모하고 재배식하지 않는다. ⑤ 배식과정이 위생적으로 이루어진다. (교사는 급 · 간식 전후에 행주로 식탁–책상–을 꼭 닦고, 음식별로 위생적인 개별 배식기도구인 집게 등을 사용하도록 한다. 영유아는 개인별로 식기를 사용한다) ⑥ 마실 물, 우유 등을 위생적으로 관리한다.

〈평가지표 3〉 건강 증진을 위한 교육 및 관리

1	손씻기, 양치질 등 청결한 위생습관을 실천한다.
2	교사는 영유아의 건강상태를 살펴보고 적절하게 지원한다.
	① 아프거나 다친 영유아에 대해 지침을 마련하고 있다. ② 교사는 일과 중 영유아의 건강상태를 주의 깊게 살펴보고 적절히 조치한다. ③ 투약의뢰서를 관리하고, 부모에게 투약보고를 한다. (투약의뢰 시에는 약의 종류, 용량, 시간과 횟수, 의뢰자가 기재되어야 하고 투약보고 시에는 투약 여부, 투약자 및 확인–이 기재되어 있어야 한다)

	④ 비상약품이 용도별(실내활동용, 실외활동용)로 구비되어 있고, 비상약품을 유효기간 내로 관리하고 있다.
3	영유아 교직원의 건강 증진을 위한 예방관리와 교육을 실시한다.
	① 개별 영유아의 건강검진 서류, 응급처치동의서를 작성 · 관리하고 있다. ② 영유아 및 교직원을 대상으로 다양한 건강 및 영양 교육을 실시한다. ③ 교직원의 건강검진이 정기적으로 이루어진다. ④ 영유아 및 교직원에 대한 감염병 관리수칙을 수립하여 실천한다. ⑤ 교직원의 직무스트레스(정신건강)를 예방하고 관리할 수 있는 서비스를 안내하거나 제공한다.

〈평가지표 4〉 등 · 하원의 안전

1	영유아는 등원부터 하원까지 성인의 보호하에 있다.
	① 영유아의 인계과정에 대한 규정이 있고, 규정에 따라 안전하게 이루어진다. ② 영유아의 보호자에게 받은 귀가동의서를 구비하고 있다. ③ 교직원은 영유아의 안전을 위해 항상 전체 상황을 주시한다. ④ 영유아를 두고 자리를 비울 때에는 책임 있는 성인에게 인계한다.
2	등 · 하원 차량을 운행할 경우 안전요건을 갖추어 관리한다.
	① 차량 내부에 안전수칙을 게시하고, 영아용 보호장구, 차량용 소화기, 구급상자를 구비하고 있다. (영아, 즉 36개월 미만의 영아는 영아용 보호장구를 사용하되 안전인증마크, 인증번호 부착을 하고, 탑승 영유아 인원수만큼 보호장구를 구비하도록 한다. 차량용 소화기는 정기적으로 점검하여 정상범위에 있어야 하며, 구급상자는 항상 약품의 유효기간을 확인하여 구비하도록 한다) ② 매일 차량 안전점검을 실시한다. ③ 차량 운행 시 성인이 동승한다. ④ 차량기사와 차량에 동승한 성인은 영유아를 안전하게 보호한다. (탑승교사는 차량 출발 전 반드시 안전띠를 착용하도록 하고, 운전자는 음주 및 휴대전화 등을 하지 않는다. 또한 차량 탑승 성인은 마지막에 모든 영유아의 하차를 반드시 확인하도록 한다)

〈평가지표 5〉 안전교육 및 사고대책

1	영유아를 대상으로 안전교육을 지속적으로 실시하고 있다.
	① 영유아를 대상으로 발달에 적합한 안전교육을 정기적으로 실시한다. (영아의 경우 소집단이나 개별활동으로 진행하며 만 2세반 위주로 평정한다) ② 영유아가 정기 소방대피훈련에 참여한다. ③ 영유아가 놀이기구와 놀잇감을 안전하게 사용하도록 지도한다. ④ 계절 및 날씨 관련 놀이 안전수칙을 준수한다.
2	교직원은 안전교육을 받고 영유아 학대 예방 지침을 준수한다. (영유아 학대 예방지침에는 필수기재사항인 영유아 정의와 유형, 신고의무 등이 포함된다)

	① 교직원을 대상으로 기본적인 안전교육을 정기적으로 실시한다(영유아 학대 예방교육 포함). ② 교직원은 안전관리 시설 및 설비(소화기 등)의 사용법을 숙지하고 있다. ③ 비상 시 교직원의 대처방안과 업무 분장이 체계적으로 수립되어 있고, 교직원은 자신의 역할을 숙지하고 있다. (교직원의 대처방안의 마련을 위해 '교직원의 역할 분담표, 비상대피도, 대피요령' 등을 게시하고, 숙지하도록 한다) ④ 교직원 중에 응급처치(심폐 소생술) 관련 교육에 참여한 직원이 있다. ⑤ 영유아 학대 예방 지침(체벌 금지 포함)을 준수한다.
3	영유아, 교직원 및 시설이 보험에 모두 적합하게 가입되어 있다.

3 유치원 평가에서의 안전

유치원 평가는 기관으로서 유치원의 제반 구조와 요인이 유치원 교육 목표와 달성 및 새로운 교육적 가치 창출을 위해 구체적으로 어떻게 기능하고 있는가에 대한 점검을 통하여 유치원 교육의 질을 제고하고 유치원의 경영 개선을 위한 정보를 제공하기 위한 것이다(이경옥, 2011). 유치원 평가에서 안전과 관련된 항목으로는 '실내 · 외 공간의 청결 및 안전, 급 · 간식, 건강증진을 위한 교육 및 관리, 등 · 하원의 안전, 안전교육 및 사고 대책'이 있다. 각 항목에 대해 자세히 살펴보도록 하자.

1) 실내 · 외 공간의 청결 및 안전

(1) 실내 · 외 공간의 청결

- 청결하고 쾌적한 환경 조성은 유아의 신체적 건강은 물론 전인적 발달을 지원하기 위한 기본 조건이다.
- 유아는 면역력이 약해 질병이나 감염에 취약하므로 유아가 하루의 많은 시간을 보내는 실내 · 외 공간, 놀잇감의 위생과 청결을 유지하는 것이 중요하다.

(2) 실내 · 외 시설 및 설비의 안전

- 사고나 위험으로부터 유아를 보호할 수 있는 안전한 환경은 유아로 하여금 활동에 자유롭게 참여하도록 하여 건강한 신체와 심리적 안정감을 발달시킬 수 있도록 도와주며 안전한 탐색활동을 지원하는 것이다.
- 유아의 보호자가 유치원에 우선적으로 바라는 것은 자녀가 안전하게 보호받는 것이다. 이를 위해서 유치원에서는 유아가 생활하는 실내 · 외 시설과 설비, 놀잇감 등을 안전하게 설치하고, 상시점검을 통해 위험요인 발견 시에는 즉시 수리 보완하여 위험요인을 제거해야 한다. 또한 비상사태가 발생할 경우에 대비한 안전시설 및 설비를 설치하고 이를 효율적으로 사용할 수 있도록 관리할 필요가 있다.

실내 · 외 공간을 청결하고 쾌적하게 관리하고 있다.

- 교실의 청소 상태는 양호하고 놀잇감과 개별 침구가 청결하며, 교실의 공기, 온도, 습도, 채광, 조도가 적정하여 쾌적하다.
- 교실외 실내공간(화장실, 세면장, 현관과 복도, 유희실, 교사실, 자료실, 식당, 계단 등), 실외공간(옥상 및 옥외놀이터), 실내 · 외 놀잇감이 청결하고 실내공기가 쾌적하며, 온도, 습도, 채광, 조도가 적정하다.

실내 · 외 공간을 유아의 안전을 위해 위험요인 없이 관리하고 있다.

실내 · 외 공간의 출입문과 창문, 천장과 바닥, 벽면, 전기설비와 전선줄, 고정식 및 이동식 시설과 설비, 세면대, 정수기 등을 위험요인이 없도록 관리한다. 아울러 성인이 주로 사용하는 실내 · 외 공간도 위험요인이 없도록 관리한다.

실내 · 외 놀잇감이 안전하고, 위험한 물건을 안전하게 보관 · 관리하고 있다.

실내 · 외 놀잇감은 위험요인이 없어 유아가 안전하게 사용할 수 있어야 하며, 위험한 물건은 유아의 손에 닿지 않도록 철저히 보관 · 관리한다. 유아는 호기심이 강하여 위험한 물건임에도 이를 인지하고 건드려 보거나 놀이대상으로 삼기 쉬우므로 위험한 물건이 유아의 손에 닿지 않도록 보관 · 관리한다.

안전시설 및 설비를 비상 시 효율적으로 사용할 수 있도록 관리하고 있다.

- 비상사태를 대비한 안전시설: 비상계단, 유아용 미끄럼대, 비상구, 비상대피로 등은 비상 시 원활히 대피할 수 있게 관리되고 있음
- 비상사태를 대비한 설비: 피난구 유도등, 소화기, 가스 누설 경보기 등은 비상 시 제대로 작동하도록 관리되고 있음

※ 유도등, 소화기, 가스 누설 경보기 등이 한 개라도 없거나 관리되지 않으면 인정하지 않음

2) 급 · 간식

- 유아기는 급속한 성장과 발달이 이루어지는 시기이므로 신체발달단계와 영양적 요구를 고려한 급 · 간식을 제공하여 유아의 원활한 성장을 도모하고 건강을 유지할 수 있도록 지원하는 것이 필요하다.
- 유아의 급 · 간식은 양질의 신선한 식자재를 사용하여 위생적으로 조리하고 제공되어야 한다.

영양의 균형을 고려한 급 · 간식을 제공하고 있다.

유아에게 연령 특성에 맞고 영양 균형을 맞춘 식단에 따라 자연식품 위주의 급 · 간식을 제공한다. 또한 유아에게 간식으로 신선한 과일, 채소, 우유 등을 충분히 제공하며 아울러 충분한 양의 급 · 간식을 유아에게 적절한 형태(크기, 맛, 조리형태)로 제공하도록 하여 유아의 영양균형과 건강증진에 도움이 되도록 한다. 또한 식품 알레르기 질환에 한 지침을 마련하여 특별한 요구가 있는 유아도 안전하고 건강하게 급 · 간식을 할 수 있도록 배려하는지 확인한다.

식자재의 구입 · 보관 및 조리공간을 위생적으로 관리하고 있다.

급 · 간식에 사용되는 모든 식자재는 반드시 신선한 것을 구입하여 유통기한 내 사용하며, 식자재보관 요령을 준수하여 그에 맞는 적절한 장소에 보관한다. 또한 조리실(또는 조리공간)은 유아의 식사와 간식이 준비되는 곳이므로 청결하고 위생적으로 관리하여 식중독과 질병을 예방한다.

※ 공립 병설유치원 또는 학교 급식실을 공동으로 사용하는 단설유치원의 경우 관련 평가요소를 해당 연도 학교급식시설의 점검 기록물로 확인 가능함

조리 및 배식 과정을 청결하고 위생적으로 관리하고 있다.

유아에게 청결하고 위생적인 음식을 제공하기 위해 급 · 간식의 조리과정이 위생적으로 이루어지도록 하여야 하며, 조리된 음식은 청결한 식기를 이용하여 깨끗하고 위생적인 절차로 배식되는지 확인한다. 또한 유아가 원할 때 언제나 물을 마실 수 있도록 이용하기 쉬운 곳에 마실 물을 준비해 두는지, 우유를 관리하는 과정도 위생적으로 이루어지는지 확인한다.

※ 공립 병설유치원 또는 학교 급식실을 공동으로 사용하는 단설유치원의 경우 관련 평가요소를 해당 연도 학교급식시설의 점검 기록물로 확인 가능함

3) 건강증진을 위한 교육 및 관리

- 유아 및 교직원이 개인위생습관을 생활화하고 예방관리, 건강교육을 지원함으로써 질병 감염을 최소화하고, 심신의 건강을 증진할 수 있다.
- 유아는 면역이 약해 질병에 걸리기 쉬우므로 유아를 대상으로 청결, 개인위생에 대한 교육 및 생활지도와 교육을 통해 질병을 예방하고 건강을 증진할 수 있도록 해야 하며, 유아는 물론 함께 생활하는 교직원의 건강관리가 함께 이루어져야 한다.

손 씻기, 양치질 등 청결한 위생습관을 실천한다.

- 유아와 교사는 손을 씻어야 하는 상황에서 반드시 손을 씻는다.
  (손을 씻어야 하는 상황: 급 · 간식 전, 화장실 다녀온 후, 바깥놀이 후)
- 유아는 점심식사 후 연령에 적합한 방법으로 이를 닦으며 칫솔과 양치컵을 사용 후 위생적으로 관리한다.
- 유아 배변 후 뒤처리를 위생적으로 한다.

교사는 유아의 건강 상태를 살펴보고 적절하게 지원한다.

교사는 아프거나 다친 유아가 있는지 주의 깊게 살펴보고, 아픈 유아 발견 시 지침에 따라 신속히 지원하고, 이를 위한 비상약품을 갖춘다.

유아와 교직원의 건강증진을 위한 예방관리와 교육을 실시한다.

유아기는 건강에 대한 기초가 형성되는 시기이므로 유아의 올바른 식습관 형성, 감염병 예방관리를 위한 건강교육을 실시하여 유아의 건강 증진을 도모한다. 아울러 양질의 교육서비스를 제공하기 위해서는 교직원의 건강도 중요하므로 정기적인 건강검진, 감염병 예방관리, 직무스트레스 예방관리 서비스 제공 등을 통하여 교직원의 건강증진을 지원한다.

4) 등 · 하원의 안전

- 유아는 성인의 안전한 보호하에 등 · 하원 및 일과를 즐겁게 경험함으로써 심신의 성장과 발달을 이루어나갈 수 있다.
- 유치원에서는 등원부터 하원까지 유아를 안전하게 보호할 책임이 있다. 등 · 하원 시 유치원과 보호자 간의 안전한 인계과정을 통해 실종, 유괴, 교통사고 등 각종 위험요인으로부터 유아를 보호해야 한다. 아울러 항상 유아가 교사

의 관리 감독하에 안전하게 활동하도록 주의를 기울여야 한다. 또한 어린이 통학버스를 운행할 경우에는 유아의 안전한 보호를 위해 안전요건을 갖추어 운영하도록 한다.

유아는 등 · 하원 시 성인의 보호하에 있다.

등 · 하원 시 유치원과 지정된 보호자 간에 유아의 인계가 안전하고 정확하게 이루어질 수 있도록 명확한 인계절차와 관련 규칙을 수립하여 보호자에게 안내하고, 이를 준수하도록 한다. 아울러 유아가 항상 교사의 보호하에 있도록 한다.

통학차량을 운행할 경우 안전요건을 갖추어 관리한다.

유치원에서는 가능한 한 차량을 운행하지 않는 것이 바람직하다. 부득이하게 차량을 운행할 경우(예: 등 · 하원이나 현장체험 등), 유아가 매일 안전점검이 이루어지는 어린이통학버스를 이용할 수 있도록 관리하고, 자격을 갖춘 운전자 및 책임 있는 성인이 유아를 안전하게 보호하는지 확인한다.

5) 안전교육 및 사고 대책

- 유아와 교직원 대상 안전교육을 통해 안전사고를 예방하고 적절하게 대처할 수 있는 능력이 길러진다면 유아는 안전한 환경에서 생활할 수 있다.
- 유아가 여러 가지 위험으로부터 자신을 보호할 수 있는 능력과 기술을 습득하고 평소 놀이나 활동을 할 때 안전사고를 당하지 않도록 지도함과 아울러 안전사고 발생에 대한 대처방안을 마련해 두어야 한다.

유아를 대상으로 안전교육을 지속적으로 실시하고 있다.

유아가 여러 가지 위험으로부터 자신의 안전을 보호할 수 있는 능력과 기술을 습득하도록 지도하여야 한다. 이를 위해 「아동복지법」, 「학교안전사고 예방 및 보상에 관한 법률」에 근거하여 안전교육계획을 수립하여 교육을 실시한다.

교직원은 안전교육을 받고 유아학대예방 지침을 준수한다.

유아를 보호할 책임이 있는 모든 교직원을 대상으로 다양하고 체계적인 안전교육을 실시하도록 하며, 특히 유치원에서 아동학대가 발생하지 않도록 관련 교육을 실시한다.

영유아, 교직원 및 시설 보험에 모두 적합하게 가입하고 있다.

기록 확인 자료는 학교안전공제회, 교육시설재난공제회, 교육기관종합보험, 상해보험, 화재보험, 배상책임보험, 가스배상책임보험, 통학버스 책임보험, 통학버스 종합보험 관련 자료이다.

※ 관련 법률

- 「학교안전사고 예방 및 보상에 관한 법률」 제12조(학교안전공제회 가입자),
- 「액화석유가스의 안전관리 및 사업법 시행규칙」 제52조(보험가입),
- 「어린이놀이시설 안전관리법」 제21조(보험가입) 및 「동법 시행령」 제13조(보험의 종류),
- 「자동차손해배상 보장법」 제5조(보험 등의 가입 의무),
- 「화재로 인한 재해보상과 보험가입에 관한 법률」 제4조(건물소유자 손해배상 책임), 제5조(보험가입 의무)

Chapter 06

영유아교육기관 시설 안전관리

Chapter 06

영유아교육기관 시설 안전관리

시설이란 특정한 기능과 목적을 수행하기 위해 건축되거나 설치된 것을 말한다(조성일 · 장선철, 2000). 교육시설이란 일정한 장소에서 계속적으로 교육활동을 영위하기 위하여 건축되거나 설치된 것으로 계획된 학습의 성과가 달성될 수 있도록 환경을 조성하여 최선의 교육활동을 지원하는 데 그 목적이 있다. 교육기관과 관련된 시설은 시설과 설비라는 개념을 구분하여 사용하기도 하는데, 시설은 토지에 고정되어 있는 것으로 유치원이나 어린이집 건물, 운동장, 수영장 등을 말하고 설비는 대개 시설의 의미와 따로 구분하여 사용할 때는 급수설비, 배수설비, 위생설비, 조명설비, 냉 · 난방 설비 등으로 구분하기도 하고(김영실 · 윤진주 · 김정주, 2011, 2016), 때로는 비교적 시설에 비해 작고 고정되지 않은 교구나 교육 행위를 위한 물건을 일컫기도 한다(정재춘, 2004). 영유아교육기관에서 영유아의 안전을 확보하기 위해서는 시설 및 설비를 계획하는 데서부터 안전기준을 고려하여야 하며, 영유아가 시설 및 설비를 안전하게 이용하고 위험한 상황에 처했을 때 적절히 대처할 수 있도록 습관화하는 지도를 해야 한다. 이 장에서는 영유아교육기관의 설치 기준, 실내 · 외 시설 및 설비의 안전에 대해 살펴보고자 한다.

1 영유아교육기관의 설치 기준

영유아교육기관의 시설과 설비는 영유아의 연령, 발달수준 등을 고려하여 마련되고 관리되어야 한다. 유치원은 「학교시설 · 설비 기준령」으로, 어린이집은 「영유아보육법」 및 「영유아보육법 시행령」, 「영유아보육법 시행규칙」에 설치기준이 마련되어 있다.

〈표 6-1〉 유치원 및 어린이집 설치기준

구분	설치기준
유치원	• 유치원은 1층에 설치하는 것이 바람직하며, 지상 3층을 초과해서 설치하지 말아야 한다. • 유치원이 2층 이상에 설치되는 경우 유치원보다 아래층에 공장, 음식점, 유흥주점, 페인트 판매점 등 화재 위험시설은 설치 불가하다.
어린이집	• 어린이집은 보육수요 · 보건 · 위생 · 급수 · 안전 · 교통 · 환경 및 교통편의 등을 충분히 고려하여 쾌적한 환경의 부지를 선정한다. • 영유아의 신체적 · 사회적 안전에 위험하다고 판단되는 시설(폐기물 처리시설, 유흥업소, 전염병원 등) 인근에 어린이집이 입지하지 않도록 인가를 제한할 수 있으며, 위험시설 또한 어린이집 인근에 입지하지 않도록 노력해야 한다. • 어린이집은 위험시설로부터 수평거리 50m 이상 떨어진 곳에 배치한다. • 어린이집은 1층 또는 건물 전체(5층 이하)에 설치하여야 한다. • 보육실은 건축물의 1층에 설치하며, 건물 전체가 어린이집인 경우 및 직장어린이집을 설치하는 경우, 1층부터 5층까지 보육실을 설치할 수 있다. 단, 영아반 보육실은 1층에 우선 배치한다. • 보육실을 포함한 시설면적(놀이터 면적 제외)은 영유아 1명당 4.29m^2 이상으로 한다. • 화장실은 보육실과 동일한 층의 인접한 공간에 설치하며(층간 설치 지양), 목욕실은 보육실과 인접한 공간에 설치한다(영유아보육법 시행규칙 제9조, 별표1).

2 시설 · 설비의 안전

영유아교육기관의 시설 · 설비에 의한 사고는 안전하지 못한 환경에서 시설 및 설비를 사용함으로써 생기는 사고와 영유아의 부주의로 인한 사고, 영유아가 안전

규칙을 지키지 않음으로써 생기는 사고 등으로 나타난다. 안전하게 영유아가 기관에서 생활하기 위하여 교사는 자주 발생하는 안전사고의 원인을 살펴보고, 사고 요인이 되는 부분을 제거하며, 사고 시 발생하는 대처방안에 대한 단계별 지침을 숙지하고 있어야 한다. 특히 정기적으로 안전점검 및 안전교육을 실시해야 할 것이다. 영유아교육기관 장소별 안전관리 지침을 살펴보도록 하자.

1) 현관

현관은 영유아의 등·하원 및 부모, 교사 등 다양한 사람이 만나고 헤어지는 장소로서 충분한 공간을 확보하도록 한다. 현관문은 손쉽게 열고 닫을 수 있도록 무겁지 않은 문으로 설치하도록 하며, 2/3 이상이 투명하거나 투시가 되도록 한다. 자동현관문일 경우, 손가락이 끼이지 않도록 자동으로 서서히 닫힐 수 있도록 하는 장치나 도어스토퍼(현관문을 열어 둔 채로 고정시키는 장치)를 설치할 수 있다. 어린이집의 현관문은 영유아가 성인의 보호 없이 나갈 수 없고, 외부인이 허가나 허락없이 출입하지 못하도록 개폐 장치 설치 및 관리를 철저히 한다. 비나 눈이 올 때, 현관 바닥에 미끄럼 방지용 발판이나 매트를 깔아 사고에 대비하도록 한다. 우산꽂이 등 쓰러지기 쉬운 물건은 고정시키거나 벽면 가까이 두도록 한다. 현관에 설치되어 있는 신발장이나 가구 모서리 등에 보호대를 설치하며, 신발장 위에는 영유아의 호기심을 자극할 수 있는 물건은 올려놓지 않도록 한다. 신발장은 여러 영유아가 사용하여 혼잡할 수 있으므로 가로로 넓고 낮게 설치하도록 하는 것이 좋다. 현관에서 교사는 날씨에 따라 물기가 생기면 수시로 제거하도록 하고, 신발을 신고 벗을 때 차례를 지킬 수 있도록 지도한다. 항상 가구나 벽 등에 못이나 볼트, 너트 등이 빠져 있는지 점검하도록 한다.

[그림 6-1] 현관에서 어린이집으로의 출입문에 손끼임방지 고무패킹 설치

[그림 6-2] 현관미끄럼 방지 카펫

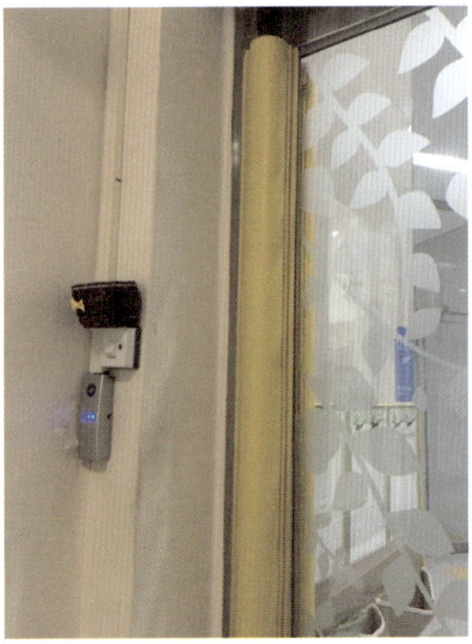

[그림 6-3] 출입문 자동잠금장치(자동잠금장치 및 센서가 아닌 영유아의 키보다 높은 곳에 터치식의 열림장치로 설치)

2) 교실(보육실)

교실(보육실)은 영유아가 가장 오랜시간 머무르는 장소로 가장 중요하고 세심하게 관리해야 하는 곳이다. 교실(보육실)에는 연령 및 발달에 따라 흥미영역의 배치, 교구의 수량 및 배열, 집단의 크기 등이 정해진다. 어린이집의 보육실은 거실 및 공동놀이실을 포함하여 영유아 1명당 2.64m² 이상으로 한다. 교실(보육실)에서 볼 수 있는 설비의 안전지침 등을 정리해 보면 다음 〈표 6-2〉와 같다.

〈표 6-2〉 교실(보육실) 설비의 안전지침

구분	안전지침
창문 및 교실문	• 영유아의 추락을 방지하기 위한 안전창 설치 • 빛을 조절할 수 있는 커텐이나 블라인드를 설치하되, 블라인드의 줄은 영유아의 손이 닿지 않도록 짧게 묶기 • 문을 여닫을 때 손끼임 방지를 위한 안전장치 설치하기 • 창문 하단의 높이가 바닥으로부터 120cm 이하인 보육실의 모든 창문(2층 이상)에는 영유아의 추락방지를 위해 창문 보호대 설치하기 • 영유아가 딛고 올라설 수 있는 의자 등을 창문 가까이에 두지 않기 • 유리는 안전유리를 설치해야 하고, 부딪침 방지를 위해 유리에 스티커나 스텐실 설치하기 • 방충망 설치하기 • 문의 가장자리에 손끼임 방지 고무패킹이나 완충장치 설치하기
바닥	• 문턱이나 돌출 부위가 없도록 하기 • 바닥재나 벽지, 커튼은 방염 처리된 것을 사용하기 • 전깃줄 등이 영유아의 발에 걸리거나 손이 닿지 않도록 하기 • 카펫은 안전매트로 깔거나 테이프 등을 부착하여 움직이지 않게 하기
흥미영역	• 영유아의 신체 크기, 수에 따라 충분한 공간 확보하기 • 책상, 교구장 등 뾰족한 부분은 모서리 보호대를 부착하기 • 쉽게 넘어지는 가벼운 의자나 교사용 물건 등은 영유아가 활동하는 공간에 두지 않기 • 무거운 교구는 교구장 아래 부분에 보관하기 • 영유아의 안전을 위협하는 놀잇감은 즉시 제거하기 • 놀잇감은 유해색소가 첨가되거나 유해색소로 표면이 도포되지 않은 제품, 안전검사를 받은 제품으로 제공하기 • 영유아가 삼킬 만한 작은 놀잇감(지름 3.5cm 이하)은 제공하지 않기 • 놀잇감은 무독성 처리된 것으로 사용하기 • 모든 전기 놀잇감은 반드시 안전검사에 합격한 것으로 사용하기 • 교구에 위험한 부품이나 쉽게 분리되는 부분이 있는지 확인하기 • 교사가 물건을 보관하는 등의 서랍장은 잠금장치 하기 • 영유아의 키에 맞는 교구장 사용하기 • 영역별 교구의 파손 부분 확인 후 즉시 보수하거나 제거하기

[그림 6-4] 전기줄 및 콘센트의 안전관리

[그림 6-5] 서랍장 잠금장치

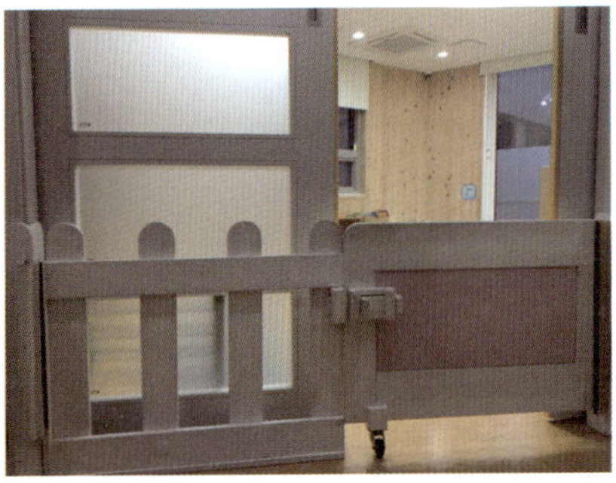

[그림 6-6] 영아반 안전문

[그림 6-7] 복도 벽면 보호대

[그림 6-8] 블라인드 줄 정리

[그림 6-9] 손끼임 방지

[그림 6-10] 영아반 돌출고리 보호

[그림 6-11] 책상 모서리 보호대

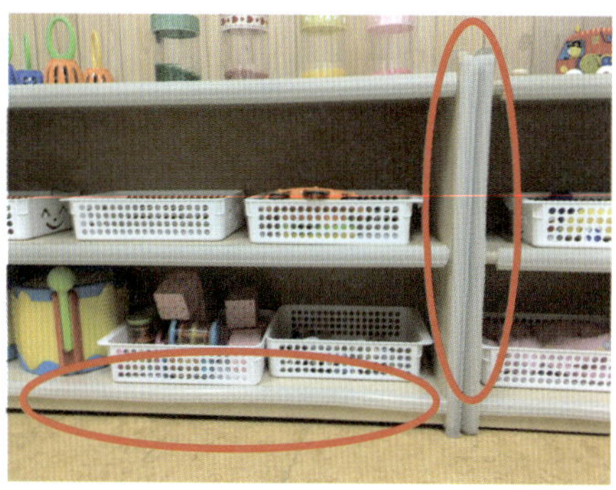

[그림 6-12] 교구장보호대

[그림 6-13] 교실의 미끄럼 방지 매트

3) 화장실

배변 훈련이 끝난 유아는 교사에게 허락받은 후 화장실에 다녀올 수 있다. 화장실은 안전사고가 발생하기 쉬운 장소로 교실 안에 화장실이 설치되었을 때보다 교실 밖 복도에 위치할 때 안전사고의 위험이 높다. 화장실에서 발생할 수 있는 안전사고를 예방하기 위해서는 영유아용 화장실 문은 안과 밖에서 다 열 수 있도록 설치하는 것이 좋다. 화장실 출입문의 높이는 교사가 비상 시 안을 들여다 볼 수 있는 높이로 설치하며, 문에 손끼임방지 장치를 설치하도록 한다. 화장실 사용 시 혼자 열고 닫을 수 있도록 적절한 높이에 손잡이를 설치하고, 바닥은 미끄럽지 않은 재질로 시공한다. 영유아의 신체 및 발달에 적합하도록 변기(양변기의 높이는 바닥으로부터 25~33cm, 소변기 높이는 30cm로 설치하기)와 세면대(폭은 60cm 정도, 높이는 바닥에서 50cm 정도 유지)를 설치하고, 수도꼭지에서 나오는 온수는 뜨겁지 않도록 일정한 온도(온수조절 장치 사용)를 유지하도록 한다. 샤워기는 영유아가 가지고 놀다가 신체에 감을 수 있기 때문에 잘 정리하여 고정하여 두고, 세탁기 등 위험한 물건은 화장실에 함께 설치하지 않도록 한다. 화장실 청소를 위해 사용하는 세제, 비누, 샴푸, 청소도구 등은 영유아의 손이 닿지 않는 곳에 두도록 한다. 영아의 경우에는 교사가 동행하여 소집단으로 화장실에 다녀올 수 있도록 지도하고, 영유아가 화장실에 간 경우 항상 주의하여 관찰하도록 한다.

[그림 6-14] 좌변기

[그림 6-15] 남아용 변기

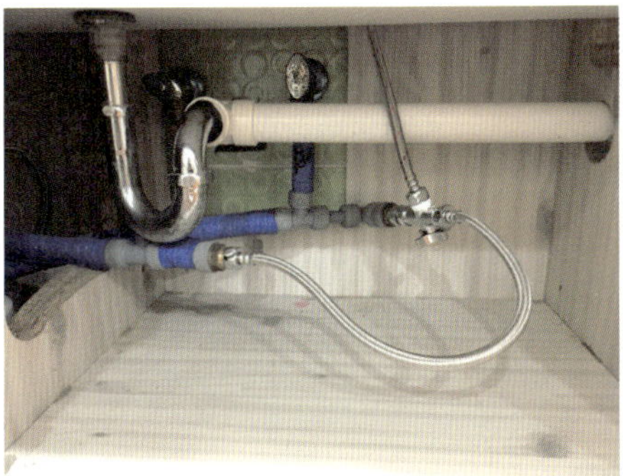

[그림 6-16] 온수자동조절장치

[그림 6-17] 영아용 세면대

4) 식당(조리실)

식당(조리실)은 채광은 물론, 환기가 잘 될 수 있는 공간이어야 한다. 영유아의 식사와 조리할 수 있는 공간은 분리되어 있어야 하며 조리실은 항상 위생적으로 관리되어야만 한다. 조리를 위하여 불을 사용하기 때문에 반드시 비상용 소화기를 비치하고, 냉장고, 싱크대, 서랍 등에는 잠금장치를 한다. 가전제품 주변에는 영유아가 딛고 올라설 수 있는 선반이나 의자를 두지 않는다. 조리실에는 영유아가 들어가지 못하도록 안전문을 설치해야 하며, 덤웨이터(요리 및 식기운반용 소형승강기) 등 위험요인이 있는 장소에는 영유아가 접근할 수 없도록 관리한다. 뜨거운 물과 음식은 화상 방지를 위해 미리 적절하게 온도를 낮추어 제공하도록 한다. 식사는 영유아가 먹기 쉽도록 적당한 크기로 준비하고, 영유아의 연령에 적절한 크기의 식사도구를 준비하도록 한다. 교사는 영유아에게 안전하고 즐거운 식사 및 간식 시간이 될 수 있도록 지도해야 한다.

[그림 6-18] **조리실 소화기 비치**

5) CCTV의 설치 및 관리

영유아교육기관의 원장은 영유아에 대한 물리적 환경과 인적 환경에 대한 안전 확보를 위해 시설 및 환경을 조성하고 관리해야 하며, 교사는 영유아의 실내 · 외

활동을 할 때 안전을 위해 영유아를 보호 · 감독해야 한다. CCTV란 'Closed Circuit Television'의 약자로, 주변에서 일어나는 상황이나 행동 등을 감시하기 위해 설계된 감시 공학 기기를 말한다. 2015년 어린이집의 CCTV 설치가 의무화됨에 따라 어린이집 내 안전사고 예방, 아동학대 등 아동의 인권보호의 목적으로 설치하되, 아동과 보육교직원의 '사생활의 비밀과 자유' 등 인권침해를 최소화하는 범위 내에서 설치하도록 하였다.

CCTV는 각 보육실, 공동 놀이실, 놀이터 및 주방, 강당 등에 각 1대 이상씩 설치하여 사각지대의 안전사고 발생을 최소화할 수 있도록 설치한다. 또한 모니터를 통하여 그 영상을 구현할 수 있으며, 영상정보를 녹화 · 저장할 수 있는 기능을 갖추어야 한다. 또한 화면 속 인물의 행동 등이 식별될 수 있도록 고해상도급(HD) 이상의 성능으로 설치하고, 영상정보를 60일 이상 저장할 수 있는 용량을 갖춰야 한다. 설치목적, 설치장소, 촬영범위 및 시간, 관리책임자의 성명 및 연락처를 포함한 안내판을 출입구 등 잘 보이는 곳에 설치하도록 한다. CCTV의 관리책임자는 어린이집 원장이 된다. 단, 지정된 직원(관리자)에게 CCTV의 일상적인 관리를 하게 할 수 있고, 관리자로 지정된 직원은 장비를 정기적으로 확인하고 적절히 유지하도록 하여야 한다. 목적 외의 용도로 수집된 정보를 활용하지 않도록 한다.

CCTV의 설치 목적은 '영유아의 보호'이다. 하지만, 영유아의 보호라는 목적에 아동과 보육 교직원의 사생활 비밀이 보장되지 않거나 자유를 침해해서는 안 될 것이다. CCTV가 설치되어 있음에도 불구하고 여전히 교육기관에서의 아동학대 사건을 접하고 있다. 이에 모든 교직원은 아동인권 보호 및 아동의 건강한 성장을 위해 책임감을 갖어야 함은 물론, 아동학대에 대한 경각심을 갖어야 하겠다.

■ CCTV 관련 과태료 및 법규

■ 벌칙 및 과태료(「영유아보육법」 제54조, 제56조)

- 과태료 300만원 이하
  - 폐쇄회로 텔레비전을 설치하지 아니하거나 설치 · 관리 의무를 위반한 자
- 3년 이하 징역 또는 3천만원 이하의 벌금
  - 폐쇄회로 텔레비전의 설치 목적과 다른 목적으로 폐쇄회로 텔레비전을 임의로 조작하거나 다른 곳을 비추는 행위를 한 자

■ **관련 법규 및 규정**

- 「영유아보육법」 제15조의4, 제54조, 제56조
- 「영유아보육법 시행규칙」 제9조, 별표1

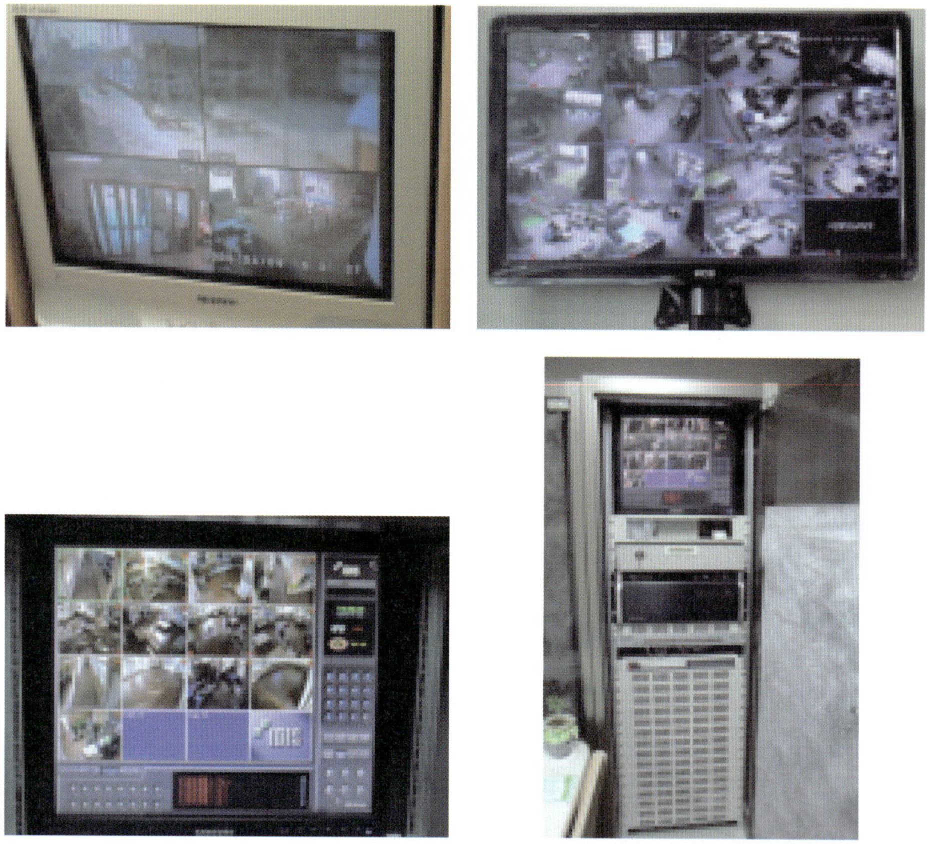

[그림 6-19] CCTV 카메라와 모니터

출처: 어린이집안전공제회(2015). 어린이집 안전관리백과 실내 · 외 보육환경. pp.11-12.

6) 실내 공기 질 관리

영유아 교육기관 실내 공기의 질은 오랜시간 기관에서 생활하는 영유아 건강에 큰 영향을 미친다. 교사는 실내 공기 오염 여부를 주기적으로 측정하고 발생 원인별로 개선방안을 마련해야 한다.

실내 공기 중 복합적 화학물질에 지속적으로 노출될 경우 피로, 두통, 어지러움, 졸림과 피로, 감기와 같은 증상, 불규칙하거나 빠른 심장 박동 등 화학물질에 대한 과민반응 등이 나타나기도 한다. 신규 벽지 및 페인트 내 화학물질에 노출될 경우 두통, 눈, 코와 목의 따가움, 마른기침, 피부 건조와 가려움 등의 새집증후군이 나타날 수도 있다.

석면, 납, 수은, 포름알데히드, 라돈 등을 피하기 위해 친환경 재료를 사용하도록 하고, 오래된 건물일 경우 석면이 누출되는 건축자재는 확인하여 즉시 교환하도록 한다. 석면이란 지질작용에 의해 생성되는 섬유상 규산염 광물로 크기는 머리카락 굵기의 1/5,000 이하로 내마모성, 단열성, 전기 전열성 등의 특성이 있어 건축자재에서 자동차, 가전용품에 이르기까지 다양한 분야에서 이용('09년 1월부터 석면 및 관련 제품 제조 등 금지)되고 있다. 연면적 430m² 이상의 국공립 및 법인 · 직장 · 민간어린이집은 「석면안전관리법」(2011. 4.28 제정, 2012.4.29. 시행)에 따라 '건축물 석면조사 실시 및 결과 기록 및 보존(사용승인서를 받은 날부터 1년 이내)'을 해야 한다. 실내 공기질을 관리하기 위해 환기와 청소 및 소독이 중요한데, 자세한 방법을 살펴보도록 하자.

(1) 환기

- 창문과 환기시설 등을 이용하여 신선한 공기를 많이 공급하도록 한다.
- 영유아 등원 전, 식사 및 간식 시간, 낮잠 시간 후 등 자주 환기를 시키도록 한다.
- 조리실에서 조리 시에는 가스레인지 위 후드와 창문 등을 통한 자연환기를 병행하며, 조리가 끝난 후에도 30분 가량 후드와 창문 환기를 지속하도록 한다.
- 화장실 등에는 창문 및 환기팬을 설치하여 수시로 환기해 주고 살균 소독하도록 한다.
- 건물 신축이나 리모델링 시 많이 발생하는 휘발성 유기화학물, 폼알데히드 등 유해화학물질 제거를 위해 시공완료 후 베이크 아웃(bake out: 실내 공기의 온도를 높여주어 건축자재 등에서 방출되는 유해오염물질의 방출량을 일시적으로 증가시킨 후 환기를 하여 실내 오염물질을 제거하는 방법)을 실시한다. 실내 공기를 쾌적하게 유지하기 위해서

는 자주 환기시켜야 하나 '미세먼지예보'를 확인하고 나쁨인 경우 창문을 열기보다 물걸레질을 자주한다. 영아반의 경우, 영아 기저귀갈이 후 꼭 환기하며, 유희실도 보육실과 동일하게 환기 관리하도록 한다.

(2) 청소 및 소독

- 진드기, 곰팡이 등의 서식을 막기 위해 습도를 60% 이하로 유지하고, 진드기의 온상인 쿠션재, 담요 등은 뜨거운 물로 정기적으로 세탁하여 햇볕에 말린다.
- 높은 습도는 유기화학물이 다른 유기물과 화학작용을 일으키는 조건이 될 수 있기 때문에 물청소를 한 후에는 반드시 마른 걸레로 닦아주도록 한다.
- 공기청정기, 에어컨, 가습기 등은 가동 후 필터교체 및 내부 청소를 자주 실시하도록 한다(2주에 1회).
- 실내 온도는 20~25도, 습도는 40~60%를 유지한다.

[그림 6-20] **교실의 공기청정기**

(3) 친환경 제품 사용

- 환경마크, HB마크 등의 친환경 건축자재를 사용하도록 하고, 실내에서 사용하는 가구류와 교육용품 역시 환경마크 인증 제품을 사용하도록 한다.

〈표 6-3〉 **어린이집 안전점검표**(일별) (점검상태: 양호○, 보통△, 불량×)

구분	점검항목	점검결과 / 월	/ 화	/ 수	/ 목	/ 금	/ 토	조치사항
실외환경	• 어린이집 보호벽 및 주변의 관리 상태는 양호한가?							
	• 실외놀이 공간 주변의 돌, 유리조각, 요철, 녹이 슨 부분, 벗겨진 페인트, 돌출된 모서리가 방치되어 있지는 않은가?							
	• 놀이터 바닥에 오물, 방치된 물 웅덩이가 없는가?							
실내환경	• 문과 창문 등의 추락 위험은 없는가?							
	• 바닥에는 다칠 수 있거나 미끄러운 곳이 없는가?							
	• 복도, 계단, 비상계단, 미끄럼대 등에 방치된 물건이 없어 피난계단, 미끄럼대 등을 사용하기에 양호한가?							
	• 보육용품이나 비품 유리창 등에 날카로운 모서리 등이 없는가?							
놀잇감 및 놀이기구	• 망가져 날카롭고 위험한 것 또는 부품이 빠지거나 작은 볼트 등이 빠진 것은 없는가?							
	• 유해 색소가 칠해진 놀잇감은 없는가?							
	• 영유아가 삼킬만한 작은 놀잇감이나 부품은 없는가?							
	• 놀잇감 및 놀이기구의 수납 상태가 양호한가?							
화장실·세면대	• 화장실내 세제나 락스 등 위험한 물건이 영유아들의 손이 닿는 곳에 방치되어 있지 않는가?							
전기·화기·위험물	• 콘센트는 안전덮개로 보호되어 있는가?							
	• 화기에 의한 안전사고 위험은 없는가?							
	• 위험물에 의한 안전사고 위험은 없는가?							
	• 가스밸브와 가스중간밸브 잠금은 양호한가?							

〈표 6-4〉 **어린이집 안전점검표**(월별)

(점검상태: 양호○, 보통△, 불량×)

구분	점 검 항 목	점검결과 월	조치 시항
안전관리	• 안전관리의 책임 및 위기관리 체계가 적합한가?		
	• 일별 안전점검 체크리스트에 의해 관리되고 있는가?		
	• 응급전화번호 및 비상연락망 등이 잘 관리되고 있는가?		
실외환경	• 어린이집 주변에 감전 위험은 없는가?		
	• 위험한 적치물, 축대 붕괴, 맨홀 등에 대한 위험은 없는가?		
실내 환경	• 모든 설비는 움직이거나 떨어지지 않도록 바닥과 벽면에 단단히 고정되어 있는가?		
	• 창문, 방충망의 상태는 안전한가?		
현관 · 통로 · 계단 · 비상구	• 출입문, 현관문 등의 안전장치는 정상 작동하는가?		
	• 계단, 통로부분에 미끄럼 방지처리가 되어 있는가?		
	• 계단의 안전 상태는 양호한가?		
화장실 · 세면대	• 화장실 내 전기 콘센트 등 전기용품은 안전한가?		
	• 세면대의 고정 상태는 안전한가?		
실내 · 외놀이 기구 및 공간	• 모든 놀이기구가 바닥에 안전하게 고정되어 있는가?		
	• 놀이 시설물의 상태(틈새나 간격)가 영유아의 몸에 끼이지 않는 넓이인가?		
	• 기초대, 지지대 등 매설 부분이 노출되지 않았는가?		
	• 모든 놀이기구 아래와 주위(안전지대)의 충격흡수재 성능은 양호한가?		
	• 보수가 필요한 놀잇감 및 놀이 기구가 방치되어 있는가?		
	• 놀이기구의 높이가 영유아에게 적합한가?		
	• 어린이제품안전특별법, 품질경영 및 공산품 안전관리법 등에 의한 안전검사(KC 인증 등)를 필한 제품인가?		
전기 · 가스 · 위험물 안전관리	• 전선, 콘센트, 플러그 등 손상된 부분은 없는가?		
	• 한 개의 콘센트에 용량을 초과해 사용하고 있지 않은가?		
	• 분배전반 및 각종 전기기구의 노후 및 파손된 것은 없는가?		
	• 가스경보기의 설치상태가 양호한가?		
소방시설 관리	• 대피를 위한 대피도가 잘 관리되어 있는가?		
	• 소화기, 스프링쿨러 등 소화장비의 작동 및 관리상태는 양호한가?		
	• 자동화재 탐지설비의 설치상태가 양호한가?		
	• 옥내소화전의 관리 및 작동이 양호한가?		
비상대피 시설관리	• 비상계단 및 미끄럼대 등이 화재 등 유사 시 사용이 가능한가?		
	• 피난유도등 유도표지 등이 잘 갖추어져 있고 정상 작동하는가?		
	• 건물 내 대피경로에 장애가 되는 요소는 없는가?		

출처: 보건복지부(2017). 2017 보육사업 안내 부록.

3 실외 시설의 안전

실외 놀이 공간은 영유아에 매우 흥미롭고 즐거운 곳이며 교육적으로도 중요한 곳이기 때문에 실외 놀이를 위한 충분한 시설과 설비를 갖추도록 해야 한다. 실외 놀이 공간의 교육적 기능을 고려해 볼 때 영유아에게 이상적인 놀이 공간이 되기 위해 위치, 면적, 바닥의 재질, 통로의 구분, 실내와의 연결 등 시설 설비의 구비가 잘 이루어져야 한다. 실외 놀이 공간 구성 시 고려해야 할 점을 살펴보면 다음과 같다(Decker & Decker, 1976).

- 실외 놀이 공간은 실내 공간의 연장이므로 실내에서 이루어지는 유사한 활동이 이루어질 수 있도록 구성해야 한다.
- 실외 놀이 공간은 심리적 즐거움을 주는 공간으로 구성해야 한다.
- 실외 놀이 공간은 안전해야 한다.
- 실외 놀이 공간은 햇빛이 잘 들어오고 태풍, 돌풍, 강설, 폭우 등의 자연재해의 위험성이 적은 곳이어야 하고, 그 주위에 습기가 차지 않아야 한다.
- 지반이 견고해야 하고, 주위보다 적당히 높은 지대일 때 자연적 배수가 되므로 건물의 붕괴를 막을 수 있다.
- 근처에 급수시설이나 급수전을 준비해 두어 유아들이 필요시 물을 쉽게 먹을 수 있고, 화재 발생 시 소화시설을 손쉽게 활용할 수 있는 곳이어야 한다.
- 물빠짐이 좋은 흙으로 구성되어 있어야 하며, 그렇지 못한 경우 가장자리에 배수시설을 하거나 마사토로 흙을 교체하여 배수가 잘되게 해야 한다.
- 영유아의 안전을 위해 교사의 눈길이 미치지 못하는 부분이 없어야 한다.
- 건물 외부에 놓여 있는 에어컨 실외기, LPG 가스통 등은 영유아의 접근이 가능하지 않은 곳에 설치하거나, 자물쇠로 잠가 놓는다.
- 어린이집이 도로와 인접해 있거나 지형적으로 위험성이 있는 경우, 울타리나 담장을 설치하되, 영유아들이 딛고 올라설 수 없도록 하고, 울타리 아래로는 애완동물이 출입할 수 없도록 설치한다.

- 주변에 맨홀 뚜껑이 잘 덮여 있는지 확인하고, 웅덩이, 요철, 녹슨 부분, 감전 위험물 등을 없앤다.
- 위험요소가 발견되었다면 즉시 제거한다. 보수하는 동안 '접근불가' 또는 '수리중'으로 표시하여 영유아의 접근을 막는다.

1) 실외 놀이터

놀이터는 「영유아보육법」, 「어린이 놀이시설 안전관리법」, 「품질경영 및 공산품 안전관리법」, 「환경 보건법」 등에서 정한 기준을 준수하여 설치한다. 정원 50인 이상의 어린이집의 경우 영유아 1인당 3.5m² 이상 규모의 옥외놀이터 설치를 원칙으로 하나, 정원 규모에 따라 면적 기준은 다르게 적용할 수 있다.

어린이집 소유의 실외 놀이터가 있는 경우 어린이 놀이시설 설치자 및 관리주체는 「어린이 놀이 시설 안전 관리법」에 따라 시설 기준 및 기술 기준 적합성을 확인하기 위해 안전검사기관으로부터 어린이 놀이시설에 대해 2년에 1회 이상 정기시설 검사를 받아야 한다. 어린이집의 아동을 보호하기 위해 어린이집의 주변구역을 아동보호구역으로 지정하여 폐쇄회로 텔레비전을 설치하거나 그 밖의 필요한 조치를 할 수 있다(「아동복지법 시행령」 제29조). 100인 이상을 보육하는 시설은 해당시설의 외곽경계선(출입문)으로부터 500m 이내의 일정구역을 어린이 보호구역으로 지정 · 관리할 수 있다.

놀이터 설치와 관련된 기준을 2017년 9월 15일 개정된 「영유아보육법 시행령」 제15조의2, 「영유아보육법 시행령」 제9조 관련 〈별표 1〉을 통해 살펴보고자 한다.

■ 놀이터 설치 관련 기준: 「영유아보육법 시행규칙」 제9조 관련 〈별표 1〉

① 보육 정원 50명 이상인 어린이집(12개월 미만의 영아만을 보육하는 어린이집은 제외한다)은 영유아 1명당 3.5제곱미터 이상의 규모로 옥외놀이터를 설치하는 것을 원칙으로 한다. 다만, 보건복지부장관이 어린이집 규모(정원)에 따라 같은 시간대에 놀이 활동에 참여하는 최대 영유아 수 및 면적의 기준을 정하는 경우에는 그 기준에 따라 놀이터를 설치할 수 있다.

② 옥외놀이터에는 모래밭(천연 및 인공 잔디, 고무매트, 폐타이어 블록 또는 「어린이놀이시설 안전관리법」에서 정하는 기준에 적합한 것을 포함한다)에 6세 미만의 영유아가 이용할 수 있는 대근육활동을 위한 놀이기구 1종 이상을 포함하여 놀이기구 3종 이상이 설치된 옥외놀이터를 설치하여야 한다. 다만, 사업주가 직장어린이집을 설치하는 경우 및 업무용시설 밀집지역 등 지역적 특수성에 따라 옥외놀이터를 설치하는 것이 불가능한 경우에는 옥내놀이터를 설치하거나(다만, 지하층에는 설치할 수 없다) 「어린이놀이시설 안전관리법」에 따라 설치 · 관리되는 인근의 놀이터(놀이터 관리주체의 사용 승낙을 받고, 6세 미만의 영유아가 이용할 수 있는 놀이기구가 3종 이상 설치되어 있는 경우로 한정한다)를 활용할 수 있다.

③ 옥내놀이터는 다음과 같이 설치한다.

(ⅰ) 옥내놀이터는 놀이터로 사용하는 공간 및 그 주변에 소음 · 분진 · 폭발 · 화재의 위험이 없어야 하며, 실내공간을 활용하는 경우 조명 · 채광 · 환기 · 온도 · 습도가 적정하여야 한다.

(ⅱ) 어린이집에 엘리베이터가 설치되지 아니한 경우 옥내놀이터는 보육실로부터 5층 이내에 설치하며, 층 간 이동을 위하여 아동용 손잡이 레일을 설치하는 등 안전에 필요한 장비를 구비하여야 한다. 이 경우 아동용 손잡이 레일은 영유아가 잡거나 짚고 올라갈 수 없는 구조여야 하며, 영유아의 신체가 빠지거나 끼는 사고가 없도록 설치한다.

(ⅲ) 옥내놀이터를 어린이집으로 사용하는 건물 내의 실외공간에 설치하는 경우에는 울타리나 보호난간을 최소 1.5미터 이상으로 설치하되 놀이기구의 높이 등에 맞춰 안전을 확보할 수 있는 높이로 설치하여야 하고, 그 밖에 안전에 필요한 장비를 구비하여야 한다. 이 경우 울타리나 보호난간의 재질은 부식 · 파손의 위험이 없어야 하며, 영유아가 잡거나 짚고 올라갈 수 없는 구조로 설치하되, 난간 사이에 간격이 있는 경우 그 안치수는 80밀리미터 이하로 하여야 한다.

(ⅳ) 옥내놀이터를 어린이집의 최상층 바닥면에 설치하는 경우, 울타리나 보호난간은 바닥면 최하단으로부터 1.2미터까지는 콘크리트 · 조적(벽돌 등) 또는 강화유리 등으로 설치하여야 하고, 고정식 놀이기구는 해당 층 바닥이 설치하고자 하는 놀이시설의 하중을 견딜 수 있도록 건축되어 있고, 「어린이놀이시설 안전관리법」에서 정한 기준에 적합한 경우에 설치할 수 있다.

(ⅴ) 건물 2층 이상에 옥내놀이터를 설치하는 경우, 영유아보육법령에서 정하는 비상재해 대비시설을 갖추어야 한다.

④ 어린이집의 놀이터, 놀이기구 및 어린이용품은 「전기용품 및 생활용품 안전관리법」, 「어린이놀이시설 안전관리법」 및 「환경보건법」에서 정한 기준을 준수하여야 한다.

⑤ 그 밖에 놀이터 설치에 필요한 구체적인 기준은 보건복지부장관이 정한다.

2) 실외 놀이 기구 안전관리

실외 놀이 기구로는 그네, 시소, 미끄럼틀, 오르기 놀이 기구, 모래놀이, 모형 자동차 및 자전거, 물놀이 등이 있다.

(1) 오르기 기구

- 오르기 기구란 정글짐, 그물망 오르기, 계단 오르기, 사다리 오르기 등을 말한다.
- 영유아가 올라갈 때 흔들거림이 없이 단단하게 끈이 고정되어 있어야 한다.
- 혼자 힘으로 기구를 잡을 수 없는 영아는 사용하지 않도록 지도한다.
- 끈이 끊어져 발이 빠지는 곳이 없는지, 페인트가 벗겨진 부분이 없는지 등을 확인한다.
- 오르기 기구의 높이는 지면에서 2.5m 이상 되지 않게 설치하고, 만약의 추락 사고에 대비하여 충격 흡수용 바닥재를 설치한다.
- 지면에서 80cm 이상 높이의 오르기 기구에는 60cm 높이의 난간을 세운다. 난간 사이의 간격은 11cm 미만으로 하고 유아가 빠져나가거나 머리가 끼이는 사고를 예방하도록 한다.

(2) 복합놀이기구

- 복합놀이기구의 구름 사다리나 미끄럼 계단 사이의 공간의 크기가 영유아의 몸이 끼이지 않고, 빠져서 추락하는 일이 없도록 설치 기준에 적합한 것으로 사용한다.
- 복합놀이기구에 부착된 미끄럼틀, 오르는 기구, 건너는 기구 등 각 놀이 시설에 최소 공간의 기준을 적용시켜 마련한다.
- 복합놀이기구 주변은 움직임이 적은, 예를 들어 정글짐, 오르는 기구 등을 설치하도록 한다.

(3) 그네

- 5세 이하 유아는 앉아서 타는 그네가 안전하다.
- 그네는 벽으로부터 최소한 1.8m 떨어져야 하고, 양쪽 받침대에서 최소한 70cm 간격을 두고 매단다. 두 그네 사이의 간격은 70cm 정도 띄워두고, 땅바닥에서 그네 밑면까지의 높이는 40cm 정도로 한다.
- 그네는 다른 놀이기구와 274cm 이상 떨어져 설치하고, 벽이나 울타리, 보도, 기타 다른 놀이 영역과는 244cm이상 떨어지게 설치하도록 한다.
- 그네 받침대에는 2개 이상의 그네를 매달지 않도록 한다.
- 그네의 줄이 위쪽 받침대에 단단히 매어 있는지 수시로 점검해야 하며, S자 후크는 절대로 사용하지 않도록 한다. 그네줄의 고리는 유아의 손가락이 끼이지 않을 만큼 8mm 이하로 작게 한다.
- 타이어 그네일 경우, 타이어 밑쪽에 15cm 간격으로 구멍을 뚫어 물이 빠지도록 한다. 이때 타이어 속에 흰색 페인트칠을 하여 모기가 서식하지 않도록 한다.
- 그네의 착지점이나 낙하점 바닥에는 충격을 흡수할 수 있는 재료를 깔아준다.
- 앞뒤의 움직임이 크기 때문에 반드시 최소 공간을 확보하도록 한다.
- 영유아들이 순서를 기다리는 곳은 그네의 이동경로를 고려하여 지도하고 '안전'이라고 표시한다.

(4) 미끄럼틀

- 8세 이하 유아에게 안전한 미끄럼틀의 높이는 1.8m 이하로 한다.
- 그늘에 설치하는 것이 좋으며 미끄럼틀이 금속제일 경우에는 녹스는 것에 유의하도록 한다.
- 폭이 너무 좁지 않아야 하고, 경사가 31~33°인 것이 내려오는 속도로 인한 낙상의 위험이 적어 안전하다.
- 추락사고를 방지하기 위해서는 올라가는 계단, 내려오는 미끄럼판, 올라가서 기다리는 발판면의 설계를 안전하게 한다.

- 꼭대기에는 기다리는 유아를 위해 충분한 공간이 있어야 하며 추락을 방지하기 위한 보호벽을 마련한다.
- 미끄러지는 면의 양 옆에는 8~15cm 높이의 난간이 있어야 유아가 옆으로 떨어지는 것을 막을 수 있으며, 내려오는 속도를 줄이기 위해 끝부분의 밑판은 40cm 정도 평평하도록 설치한다.
- 착지지점 밑부분 바닥에는 25cm 이상의 깊이로 톱밥이나 모래를 설치하도록 한다.
- 미끄럼틀 판이 스테인리스인 경우, 여름철에는 복사열로 인해 뜨거워질 수 있기 때문에 교사는 유아들이 미끄럼틀 사용 전에 온도를 확인하고 필요하면 물을 뿌려 온도를 조절하도록 한다. 화상 우려가 있을 경우 사용하지 않는다.
- 미끄럼틀은 그늘에 설치하는 좋으며 활주판 방향은 눈부심 현상을 막기 위해 해를 등지고 배치해야 한다.
- 미끄럼틀에서 내려오는 유아와 놀이터 입구로 들어오는 유아들이 부딪히지 않도록 활강면을 입구로 향하지 않도록 배치한다.
- 미끄럼틀 계단에 오를 시 미끄럼틀 판으로 거꾸로 올라가는 일이 없도록 주의시킨다.
- 먼저 내려간 영유아와 부딪치지 않도록 간격을 두고 내려가도록 지도한다.

(5) 시소

- 12세 이상 연령의 유아는 시소로 위험한 놀이를 하기 때문에 12세 미만의 유아들만 사용하는 것이 안전하다.
- 시소는 무게 균형이 정확하게 잡히고 흔들거림이 없도록 안전하게 설치한다.
- 시소가 땅에 닿는 부분은 폐타이어를 묻어 시소를 탈 때 유아의 뇌나 척추에 충격이 가지 않도록 한다.
- 쇠로 된 시소는 녹슬지 않도록 주의하고, 페인트가 일어나면 즉시 벗겨내고 다시 칠하도록 한다.
- 나무 재질의 시소에는 갈라진 부분이 없어야 하고 썩은 부분이 있다면 즉시

교체하도록 한다.

- 손잡이를 반드시 부착하고 유아가 손잡이를 붙잡고 안전하게 탈 수 있도록 한다.
- 각 좌석에는 발판을 견고하게 고정되게 부착하도록 한다.

(6) 모래놀이

- 모래놀이 시설은 곰팡이 등의 세균 번식을 막기 위해 햇빛이 잘 드는 곳에 설치하는 것이 좋으며, 더운 날씨의 강한 햇빛을 막아 주기 위해서는 그늘 시설을 만들어 주는 것이 좋다.
- 모래에 이물질이 들어가는 것을 막기 위해 뚜껑으로 덮어주도록 한다.
- 모래는 수시로 체를 쳐서 유리조각이나 돌멩이 등의 위험물질을 골라낸다.
- 비가 온 후에 배수가 잘 되도록 모래놀이 시설의 맨 아래 바닥에는 자갈과 벽돌을 깔고 그 위에 모래를 넣어 준다.
- 모래가 부족하면 첨가해 주고 한 학기에 한 번 정도는 모래를 깨끗하게 세척하도록 한다.

모래 세척하기

① 모래밭 10m²를 세척 시 표백 용액 22mL와 물 18L를 준비하도록 한다.
② 먼저 9L 물에 11mL의 표백 용액을 잘 섞어서 모래밭에 골고루 뿌린다.
③ 조금 후에 나머지 9L 물에 11mL 표백 용액을 섞어서 모래밭에 뿌린다.
④ 모래밭 전면에 용액을 골고루 뿌린 후 속에 있는 모래와 골고루 섞어 준다.
⑤ 수도에 호스를 연결해서 모래밭에 물을 뿌려 용액이 밑으로 다 흘러가도록 한다.
⑥ 모래를 다시 섞은 뒤 다시 한 번 물을 뿌려 용액이 완전히 제거될 수 있도록 한다.

출처 이기숙 외(2011, 2016). 개정판 영유아 안전교육. 양서원. pp.114–115.

(7) 물놀이

- 물놀이대는 만 3세가 50~55cm 정도, 만 4세가 55~60cm 정도, 만 5세가

60~65cm 정도로 설치하되 높이가 70cm를 넘지 않도록 한다.

- 물이 빠르게 마르는 단단한 바닥으로 하고, 물놀이통 주변에는 미끄럼 방지를 위해 고무 매트를 깔아 두는 것이 안전하다.
- 물놀이는 여름철 가능한 오전 10~12시, 오후 3~5시에 하여 강한 햇빛을 피하도록 한다.
- 배수가 용이해야 하며 안전검사를 마친 물놀이 용품을 사용하도록 한다.
- 물놀이를 하다가 체온이 낮아지게 되면 물 밖으로 나와 몸을 따뜻하게 하고 쉴 수 있도록 한다.
- 물놀이 영역을 햇빛 강한 곳에 설치할 경우 유아들이 쉴 수 있도록 그늘을 근처에 마련하도록 한다.
- 수영하기 전 반드시 충분한 준비 운동을 할 수 있도록 한다.
- 눈병이나 수인성 전염병이 돌 때는 물놀이를 중단하도록 한다.

(8) 모형 자동차 및 자전거

- 자전거와 같이 바퀴 달린 탈 것은 바퀴의 상태와 연결 부위를 확인한다.
- 이탈행동이 빈번하거나 산만한 영유아는 다른 영유아와 부딪치지 않는지 더 주의하여 살피도록 한다.

(9) 창고

- 창고는 교사용 창고와 영유아용 창고로 분리하여 마련하도록 한다.
- 영유아용 창고는 쉽게 사용할 수 있는 장소에 두어 영유아가 스스로 정리정돈을 쉽게 할 수 있도록 하고, 교사용 창고는 후미진 곳에 두어 필요할 때 물건 등을 꺼내 쓸 수 있도록 한다.

Chapter 07

응급처치

Chapter 07

응급처치

교사가 영유아교육기관에서 아무리 주의를 기울여도 뜻밖의 사고가 일어날 수 있다. 지금 이 원고를 준비하면서 문득 과거 교사시절 응급상황이 벌어졌던 사고가 머리를 스치고 지나갔다. 한 사고는 유치원 교실에서 갑작스럽게 여자 유아 한 명이 의식을 잃고 바닥에 쓰러진 사고였고, 또다른 사고는 실외 놀이터 울타리를 연결한 못이 노후된 나머지 못의 뾰족한 부분이 살짝 튀어나온 것이 원인이 되어서 울타리에 걸려 넘어지는 사고였다. 교사인 나는 많이 당황스러웠지만 침착하게 그 상황을 대처해서 잘 마무리되었던 경험이 있다.

유아교육현장에서 교사를 대상으로 응급상황 인식, 응급처치교육, 방법 및 수행 자신감에 대한 연구(김미선 · 박미화 · 이효숙, 2006; 이선미 · 조민순, 2010; 황지영 · 오은순 · 조근자, 2016)가 출판되었다. 주로 교사는 출혈, 열상과 같이 흔히 일어나는 사고를 중심으로 교육을 받았으며, 사고시에 상태를 판정한다거나, 골절, 쇼크 등의 위급한 상황의 대처방법은 소홀하게 다룬 경향이 있고 응급처치 지식의 수준도 낮았으며, 곧 이는 응급처치에 대한 자기효능감 수준도 낮은 결과를 보였다(김미선 · 박미화 · 이효숙, 2006). 그리고 보육교사는 낙상, 추락, 화상, 출혈, 질식, 물렸을 때와 같은 응급처치는 비교적 적절히 잘 하고 있는 반면, 심폐소생술, 중독, 끼임, 협착, 고열, 구토와 같은 상황에서는 응급처치를 잘 못하는 것으로 보고된 바 있다(이선미 · 조민순, 2010). 최근에 유치원과 어린이집 교사의 응급처치 수행자신감과 교육요구도를 조사한 연구에서 응급처치를 수행할 자신감은 대체로 낮게 나왔으며, 응급처치를 시행할 의사가 있는 경우는 수행자신감이 높게 나왔다(황지영 · 오은순 · 조근자, 2016).

따라서 교사는 언제 어디서 일어날지 모르는 사고에 당황하지 말고 대처를 잘 할 수 있도록 신속한 응급처치방법을 숙지하여 응급상황 시 적절히 대처해야 한다. 이 장에서는 유아교육현장에서 가벼운 부상에서부터 응급상황 시 대처방법에 대해 살펴보도록 한다.

1 응급처치의 개념 및 기본 원칙

1) 응급처치의 개념

응급처치는 위급한 상황으로부터 자기 자신을 보호하고 뜻하지 않은 부상자나 환자가 발생했을 때 전문적인 의료서비스를 받기 전까지 적절한 처치와 보호를 해 줌으로써 고통을 덜어주고 더 나아가서 생명을 구할 수 있게 하는 지식과 기능인 것이다(한국생활안전연합, 2011).

2) 응급상황에 대한 원칙

만약 교실의 영유아가 응급상황에 놓여 있다면, 교사는 다음과 같은 물음에 대해 신속하게 대처할 수 있어야 한다.

- 영유아의 무엇을 관찰해야 하는가?
- 관찰했다면, 무엇은 해야 하고 반드시 하지 말아야 할 것은 무엇인가?
- 어떻게 처치할 것인가?

유복림(2008)의 『어린이와 응급처치』에서 제시한 영유아에게 적합한 일반적인 원칙 11가지는 다음과 같다.

응급처치의 일반적인 원칙

1. 위험지역에서 안전지역으로 옮기세요.
2. 원인과 상황을 파악하며 주위에 있는 위험물질을 제거하세요.
3. 의식이 있나 확인하세요. 의식을 확인하는 방법은 먼저 유아의 양쪽 어깨를 잡고 가볍게 흔들며 이름을 불러보아요. 아무런 반응이 없으면 손등, 발등, 볼을 가볍게 꼬집어보아요. 이때도 반응이 없으면 의식을 잃은 것으로 호흡기에 공기가 들어갈 수 있도록 기도를 유지하세요.
4. 호흡정지, 심한 출혈, 쇼크, 음독, 중독 순으로 긴급해요.
5. 숨을 쉬는지 확인하세요. 배나 가슴이 아래위로 오르내리는지 보거나 유아의 입과 코 가까이 얼굴을 대어 숨을 느껴보아요. 숨을 쉬지 않으면 인공호흡을 해 주세요.
6. 맥박을 확인하세요. 맥박이 느껴지지 않으면 심장마사지를 하세요. 아기들은 팔이 통통하여 손목에서 맥박을 재기 어려우므로 둘째, 셋째, 넷째 손가락을 이용하여 겨드랑이 아래 부위 혹은 목 중앙선 약간 옆을 살짝 누르세요.
7. 출혈이 있으면 피를 멈추게 하세요. 출혈이 많으면 재빨리 지혈시키면서 의식과 호흡을 확인하고, 출혈이 적으면 의식과 호흡에 대한 처치를 먼저 하세요.
8. 쇼크를 예방하는 처치를 하세요. 다리를 올려주고 몸을 따뜻하게 해 주세요.
9. 상처에는 먼지, 세균, 이물질이 닿지 않도록 보호해야 해요.
10. 유아의 불안을 없애기 위해 안아주고 말로써 안심시켜 주세요.
11. 의식이 없거나 출혈이 심할 때는 마실 것, 먹을 것을 주면 안 돼요.

출처: 유복림(2008). 엄마랑 아이랑 함께 배우는 어린이 응급처치. 가꿈유아사.

3) 응급처치 시 사전에 고려해야 할 법적 고려점

영유아에게 응급상황 시 응급처치를 해야 할 경우 교사는 〈표 7-1〉에 제시된 법적인 문제를 사전에 고려하여 응급처치를 제공해야 한다.

〈표 7-1〉 응급처치 시 알아두어야 할 법적 고려점

법적 고려점	설명
선한 사마리아인법	위험하고 긴박한 상황에 처해 있는 사람을 구해 주지 않은 행위를 처벌하는 법으로, 고통 받는 사람이나 위험에 처한 사람을 기꺼이 도와주려고 격려하기 위한 법이다.
동의	응급처치를 제공하기 전 부상자의 허락이나 동의를 구하는 것을 의미한다. 대상자의 허락이나 동의 없이 신체를 접촉하는 행위는 불법이며, 때로는 폭행으로 간주되어 법적 소송에 휘말릴 수도 있다.
유기	응급환자를 위험한 상황에 그대로 방치하거나 응급처치를 받을 수 있도록 필요한 조치를 취하지 않고 중단하는 것을 의미한다.
과실	법적으로 인정된 치료기준을 벗어난 응급처치를 실시함으로써 대상자의 질병이나 손상 상태를 악화시킨 경우를 의미한다. 과실에는 의무소홀, 의무 불이행, 응급처치 행위로 부상이나 손상을 입힌 경우 등이 해당한다.
의무	일반적인 치료기준을 준수하는 것을 의미한다. 직장에서 응급처치자로 지정된 사람이 현장에 있는 경우 응급처치를 수행할 의무가 있다. 응급처치를 제공해야 할 의무가 있는 사람은 공무원, 공공시설 및 스포츠 시설의 안전요원, 운동선수 및 코치, 영유아의 부모, 유치원 교사, 보건교사 등은 응급처치를 제공해야 할 의무가 있다.
비밀유지	응급처치를 수행하면서 알게 된 대상자의 병력, 질병 및 상해 정도 또는 처치하면서 알게 된 모든 정보는 다른 사람과 공유해서는 안 되는 것을 의미한다.

출처: 최용득 외(2010). 영유아 건강과 안전.

4) 영유아교육기관에서 응급상황에 대한 사전 준비

영유아교육기관의 교무실 혹은 교실 한 쪽 벽면에서 '응급상황 대처 비상 연락처(관할 구 내)', '구급용품 점검표', '진료과 찾아보기'와 같은 게시물이 부착되어 있는 것을 쉽게 볼 수 있다. 이처럼 응급상황에 대해 철저하게 사전에 준비해 놓는다면 위험한 순간을 보다 쉽게 대처하게 될 수 있다.

응급상황에 대해 교사는 어떠한 사전준비가 필요할까?

영유아교육기관에서 사고 상황이 발생 시 각 교사의 역할을 분담해 두면 좋다.

가령, 응급상황이 발생한 유아의 상태를 파악하고 응급처치하는 역할 …… ○○○교사

부모와 구조대에 연락을 담당하는 역할 …… △△△교사

교실에 남은 유아들을 보살피는 역할 …… ☆☆☆교사

가깝게 위치한 병원 응급실 전화번호나 1339응급의료정보센터, 119소방대, 진료과 찾아보기 등의 연락처는 각 반 교실에 준비해 두는 것이 가장 좋다. 응급상황은 정해진 장소가 아니라 언제 어디서 발생할지 모르기 때문에 교사들이 가장 접촉하기 쉬운 장소를 선택하는 것이 효율적이다.

〈표 7-2〉 진료과 찾아보기

피가 나는 경우	외과	전화번호
머리를 다친 경우		
골절 · 염좌 · 탈구가 된 경우		
물린 경우		
열이 많이 나는 경우		
..		
..		

응급처치법이나 응급처치 매뉴얼은 교사의 눈에 쉽게 보일 수 있는 곳에 준비한다. 영유아교육기관의 어느 교사라도 교사가 교실에 들어가서 쉽게 찾을 수 있는 장소(인터폰이나 전화기 옆, 또는 시계 근처, 출입문 근처)여야만 한다.

또한 응급처치가 가능할 수 있는 구급함과 기구를 준비해 놓아야 한다. 상비약품은 시원한 장소에 보관하고 수시로 확인하여 부족한 약품이나 기구는 보충해야 한다. 쉬운 것 같지만 방심하게 되면 교사가 흔히 할 수 있는 실수가 발생할 수 있다.

만약 옆 반 교실에서 약품을 빌려가고 난 후 되돌려 받지 않았을 경우에 불행하게도 꼭 그런 경우에 약품이 필요한 상황이 내 교실에서 일어날 수도 있다. 또 바쁜 하루일과를 보내다 보니 구급함 내용을 확인하지 않고 견학이나 야외활동을 갈 때도 마찬가지로 약이나 연고가 꼭 필요한 상황이 일어날 수 있다. 따라서 정기적으로 '구급용품 점검표'에 기록하는 습관을 들여야 한다.

〈표 7-3〉 구급용품 점검표

【의약품】		수량	구입일	상태
바르는 약	포비돈			
	후시딘, 마데카솔			
	스테로이드계의 피부연고			
	근육용 마사지 연고			
	화상용 바세린 거즈			
	식염수			
	벌레물린데 바르는 파스			
먹는 약	멀미약			
	소화제			
	해열제			
	진통제			
【의료용품】				
의료용품	붕대			
	소독솜			
	반창고			
	체온계			
	면봉			
	일회용 밴드			
	거즈			
	. . . .			

구급용품 점검표는 영유아교육기관에서 가장 편리하게 활용할 수 있도록 참고하여 만들면 된다. 무엇보다 중요한 것은 비치해 두는 것으로 그치지 말고 정기적인 점검을 통한 관리가 더 중요하다.

치료할 때 유아에 대한 개인 정보를 미리 수집하여 기록하고 보관해 두어야 한다. 응급상황 대처 과정에서 필요한 부모의 응급처치 동의서를 미리 받아두는 것은 필수이다. 그런데 여기서 주목할 것은 다음과 같은 사항이다.

일반적으로 학기 초에 영유아의 개인 건강에 대한 정보를 미리 받아놓는다. 이때 꼼꼼히 살펴보고 난 후 우리 반 영유아의 특이 체질 및 알레르기 반응을 일으키는 상황, 자주 발생하는 증상(코피가 자주 난다거나 등), 특별한 병력은 교사가 별도로 정리하여 숙지하는 것이 중요하다.

○○○ 유아: 코피가 자주 남 △△△ 유아: ~~~에 대한 알레르기 반응 ☆☆☆ 유아: 고열이 자주 남

영유아교육기관에서 사고가 발생했을 경우, 24시간 이내에 사고보고서를 작성하여 1부는 부모에게 전달하고 1부는 유아 개인 파일에 보관한다. 특히 중요한 것은 학기 말에 연령별로 사고보고서에 사고내용을 분석하여 영유아교육기관에서 연령별로 자주 발생하는 사고의 유형을 선별하고 원인을 분석하는 과정이 필요하다. 이 과정을 통해 다음 연도 안전교육연간교육계획을 수립할 때 반영해야 한다. 또한 얼마나 교사가 응급상황대처뿐만 아니라 사고의 처리를 잘 했는지 점검하는 과정도 필요하다.

5) 응급상황 신고방법

영유아교육기관에서 도움을 요청해야 하는 〈표 7-4〉에 제시된 응급상황의 내용부터 살펴보도록 한다.

〈표 7-4〉 도움을 요청해야 하는 응급상황

• 의식이 없거나 혼미한 상황, 경련이나 마비 증세, 머리나 척추 손상으로 구토증세가 나타나거나 의식이 희미해지는 상황 • 심정지, 호흡곤란, 심장질환으로 인한 급성 흉통, 심장박동 이상 • 극심한 통증을 호소하는 상황(통증으로 인해 움직일 수 없는 상황) • 독성물질을 삼킨 상황 • 갑자기 눈이 보이지 않음 • 갑자기 배가 아픈 증상 • 부위가 큰 화상 • 개방성 골절, 다발성 골절, 다발성 외상 • 지혈이 안 되는 출혈 • 교통사고로 상태가 위중한 상황, 알레르기 반응, 전기손상, 익수

출처: 교육과학기술부(2012). 유아 재난대비 · 생활안전교육프로그램.

한편 영유아교육기관에서 즉시 병원이나 응급실로 가야 할 상황을 열이 날 때, 토 할 때, 기타로 나누어 정리하였다.

〈표 7-5〉 즉시 병원이나 응급실로 가야 할 경우

열이 날 때	토할 때	기타
• 3개월 이하의 영아가 열이 날 때 • 매우 아파보이고 점점 심해진다고 판단될 때 • 의식이 없거나 점점 나빠질 때 • 다리를 절거나 움직이지 못할 때 • 빠르게 숨을 쉬거나 숨쉬기 힘들어서 잘 먹지 못하거나 놀지 못할 때 • 목이 뻣뻣하거나 경련을 할 때	• 반복적으로 심하게 토할 때 • 배가 평소보다 부픈 듯이 보일 때 • 배를 움켜잡고 소리를 지를 정도로 심한 복통을 동반하는 경우 • 3일 이내에 머리를 다친 적이 있는 경우 • 탈수 현상(소변량이 줄고 혀가 말라 있는 등)이 있는 경우 • 녹색 혹은 피 색깔의 구토를 하는 경우	• 처음으로 경기를 할 때 • 검은색 변을 보거나 피가 섞인 변을 볼 때 • 머리를 다친 후 의식이 흐리거나 자려고만 할 때

출처: 중앙보육정보센터(2008). 보육시설 응급처치 매뉴얼. p.8.

〈표 7-5〉와 같은 응급상황이 발생했을 때 신고절차는 [그림 7-1]과 같다.

[그림 7-1] 응급상황 신고절차

출처: 중앙보육정보센터(2008). 보육시설 응급처치 매뉴얼. p.6.

[그림 7-1]과 같은 신고할 때 신고내용은 〈표 7-6〉과 같다.

〈표 7-6〉 119 구급상황 신고내용

- 영유아의 상태("의식이 없어요!")
- 영유아의 성별, 연령("6세 남자 유아예요.")
- 신고하는 교사의 이름과 전화번호, 영유아교육기관명 및 주소를 정확하게 알려준다.
- 구급차가 도착하기 전까지는 응급상황 유아에게 도움이 될 수 있는 정보를 받을 수 있으므로 전화를 끊지 않고 지시대로 하는 것이 좋다.

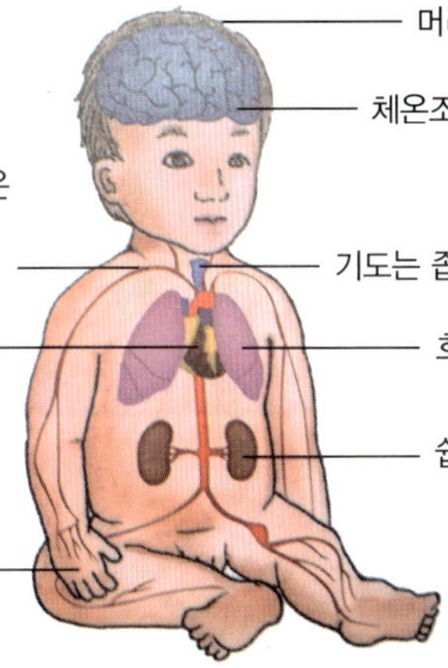

[그림 7-2] 영유아 및 아동의 해부학 및 생리학적 특징

출처: 한국생활안전연합(2010). 영유아부모대상 아동안전사고 예방 및 응급처치 교육매뉴얼. p.19.

2 응급처치의 실제

영유아교육기관에서 발생할 수 있는 응급상황은 생명이 위중할 만큼 위급한 상황에서부터 가벼운 찰과상, 코피 등과 같은 비교적 덜 위급한 상황이 발생한다. 그 밖에도 교실 또는 실외놀이터에서도 다양한 유형의 상황이 발생한다. 이 장에서는 응급상황 시 심폐소생술 실시방법을 영아와 유아로 구분하여 다루고 그 외 발생할 수 있는 상황에 따른 응급처치의 실제를 다루고자 한다.

1) 심폐소생술

일반적으로 심장이 멈추면 혈액을 펴내는 기능이 되지 않아 혈액공급이 중단되고 흔히 말하는 골든타임을 놓치게 된다. 이때 뇌가 손상되고 4~5분 이상 경과되면 심각한 뇌 손상 및 더 나아가 사망에 이르게 된다. 따라서 이러한 상태를 방지하려면 반드시 신속하고 정확한 방법으로 응급처치를 해야만 한다. 심폐소생술

(cardiopulmonary resuscitation, CPR)은 심장마비가 발생했을 때 인공적으로 혈액을 순환시켜주어서 호흡을 공급하는 응급치료 방법이다.

(1) 영아(1세 미만)의 심폐소생술 절차

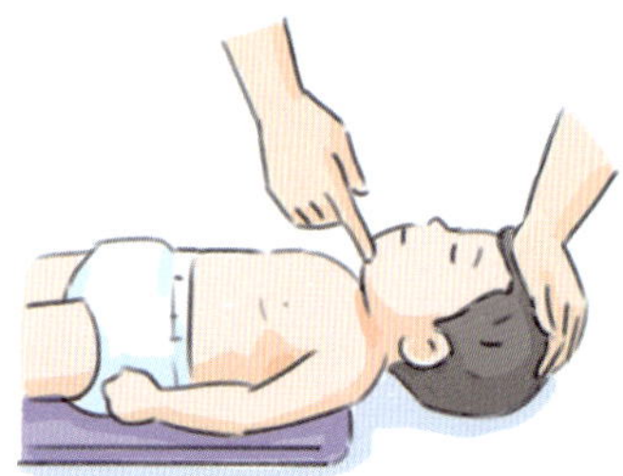

① 의식 확인: 발바닥을 자극하여 영아의 반응을 보아 의식을 확인한다.

② 도움요청: 119에 연락한다.

③ 기도열기: 영아의 목은 매우 유연하므로 머리 젖히기와 턱 들어올리기는 부드럽게 하며 너무 많이 젖히지 않도록 한다.

④ 호흡확인: 보고, 듣고, 느끼는 방법으로 호흡이 있는지 확인한다.

⑤ 인공호흡
- 코와 입을 한꺼번에 처치자의 입으로 덮고 호흡을 불어 넣는다.
- 호흡의 양은 아주 적은 양으로 흉부의 상승을 확인하면서 불어 넣는다.

⑥ 흉부압박법
- 영아를 딱딱한 바닥에 눕힌다.
- 양측 유두를 이은 가상의 선 바로 아래의 흉골 위치에 두 손가락을 댄 후 분당 100회의 속도로 흉곽의 1/3~1/2 깊이로 압박한다.
- 인공호흡과 흉부압박은 30:2의 비율로(단, 두 사람 이상의 응급의료종사자나 심폐소생술 교육을 받은 사람의 경우 15:2의 비율로) 119구급대가 도착할 때까지 실시한다.

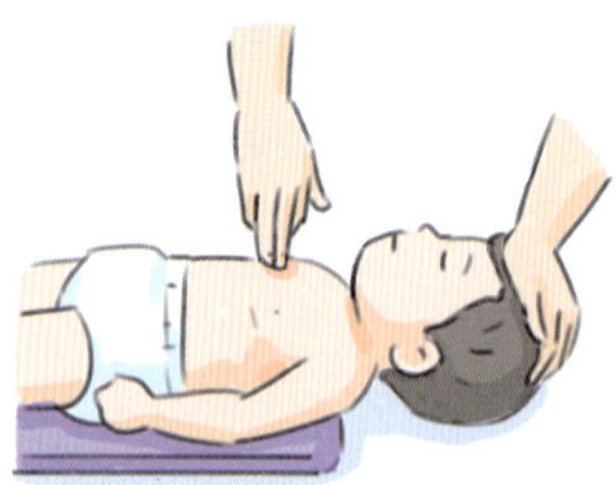

[그림 7-3] 구조자가 한 사람인 경우

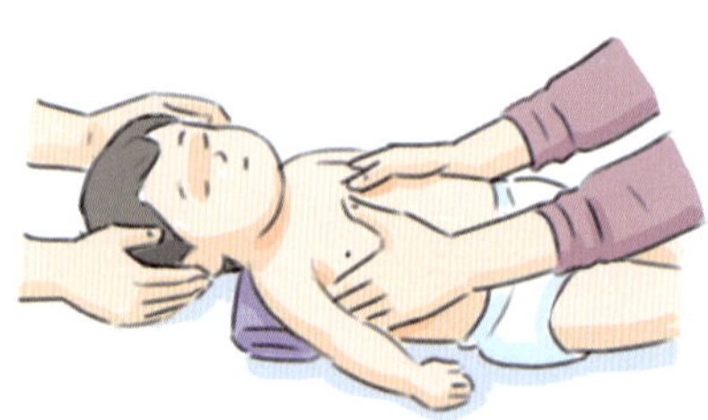

[그림 7-4] 구조자가 두 사람인 경우

출처: 중앙보육정보센터(2008). 보육시설 응급처치 매뉴얼. p.15.

(2) 소아(1~8세)의 심폐소생술 절차

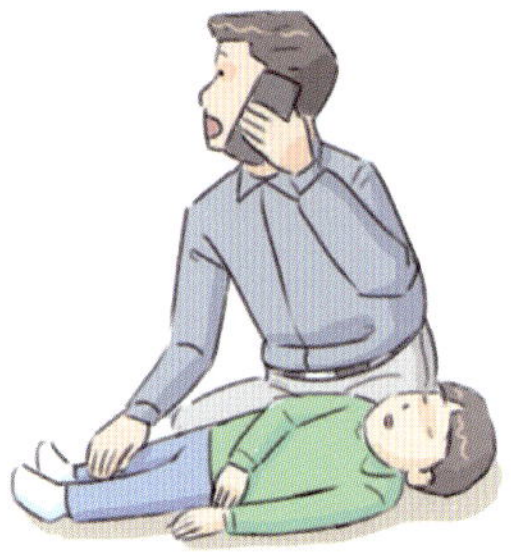

① 의식 확인: "ㅇㅇ야! 괜찮니?", "눈 좀 떠볼래?"

② 도움요청: 119에 연락한다.

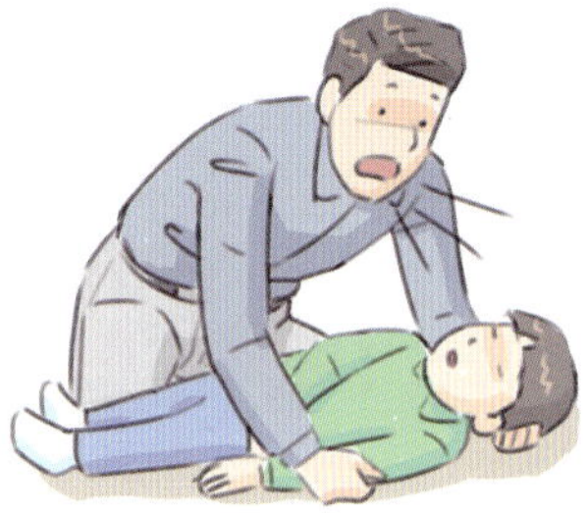

③ 자세 바로잡기: 통나무 굴리기법

- 인공호흡이나 흉부압박을 하기 위해서는 유아를 바로 눕혀야 한다.

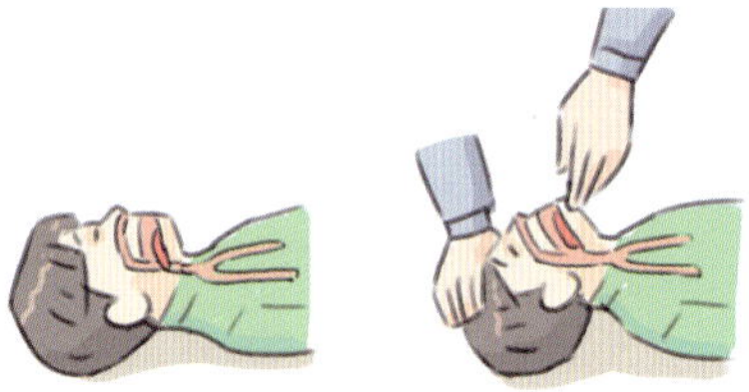

④ 기도열기: 머리 젖히고 턱 들어 올리기법

- 머리를 뒤로 젖히고 턱을 들어올린다.
- 유아의 입이 닫히지 않도록 한다.

⑤ 호흡확인: 보고, 듣고, 느끼고(5~10분)

- 유아의 얼굴에 귀를 대고 눈은 유아의 가슴을 쳐다본다.
  - 보고 → 눈으로 가슴의 움직임을 본다.
  - 듣고 → 귀로는 호흡음을 듣는다.
  - 느낀다 → 뺨으로 숨결을 느낀다.

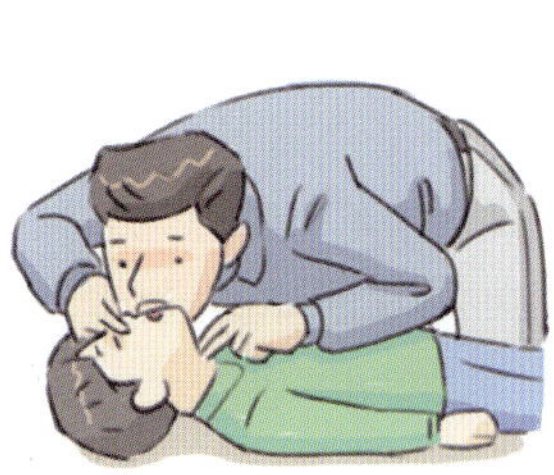

⑥ 인공호흡: 구강 대 구강법

⑥-1 기도 개방을 확실하게 한다.

⑥-2 유아의 코를 엄지와 검지로 막는다.

⑥-3 구조자의 입을 유아의 입에 밀착시킨다.

⑥-4 1초간 공기를 부드럽게 불어 넣는다.

⑥-5 코를 잡았던 손을 놓아 유아의 숨이 나오게 한다.

⑥-6 같은 방법으로 한 번 더 불어넣는다.

⑦ 흉부압박

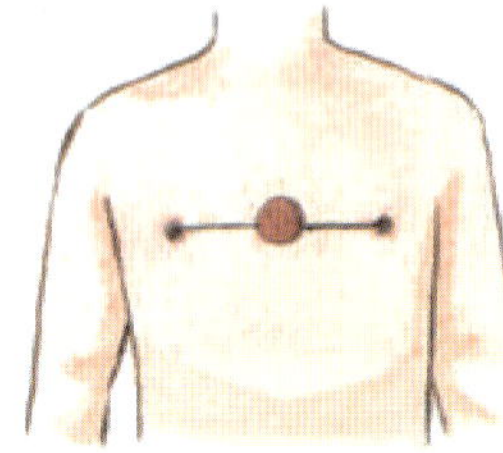

- 흉부 압박부위: 양쪽 유두를 이은 가상선 흉골의 중심부를 압박한다.

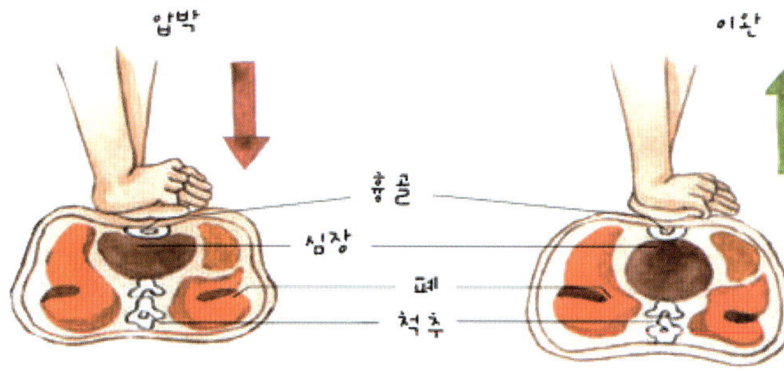

- 손의 모양과 자세
  - 양손은 평행하게 깍지를 끼고 손꿈치를 압박점에 댄다.
  - 압박과 이완 시 힘의 비율은 50:50으로 한다.
  - 팔꿈치는 곧게 뻗은 상태로 어깨힘이 압박점에 수직으로 실리도록 한다.
  - 압박속도는 분당 100회, 압박의 깊이는 흉곽의 1/3~1/2이 들어갈 정도로 한 손 혹은 두 손으로 압박한다.

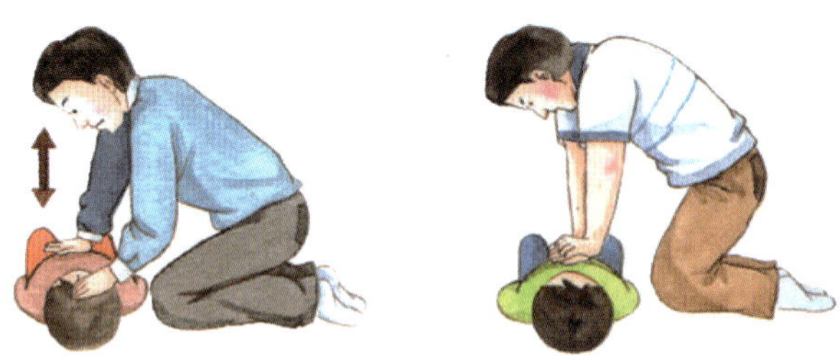

⑧ 심폐소생술의 시행

- 구조자가 한 사람이 경우
  - 흉부압박과 인공호흡의 비율은 30:2로 한다.

- 구조자가 두 사람인 경우
  - 30:2로 1인은 흉부압박을 하고 다른 1인은 인공호흡을 한다(단, 응급의료종사자나 심폐소생술 교육을 받은 사람은 15:2의 비율로 실시한다).
  - 5주기 마다(매 2분) 교대하여 실시한다.

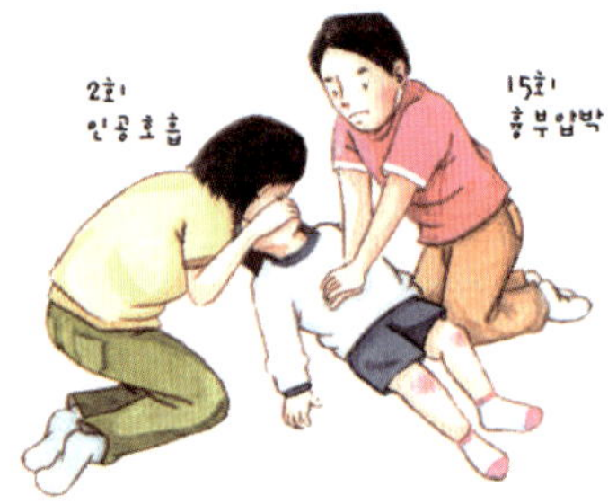

※ 10초 이상 흉부압박이 중단되지 않아야 하며 환자가 회복되거나 119구급대가 올 때까지 계속하여 심폐소생술을 시행한다.

출처: 중앙보육정보센터(2008). 보육시설 응급처치 매뉴얼. pp.11-15.

2) 상황별 응급처치의 실제

영유아교사는 '뒤에도 눈을 달고 다녀야 한다'라는 말이 있듯이 교실에서 일어나는 작은 사고는 교사가 아무리 예의주시한다 해도 한 순간에 일어나는 일이다. 영유아교육현장에서 빈번하게 경험할 수 있는 사고를 중심으로 응급처치 방법을 정리하였다.

(1) 이물질

■ 목에 음식이 걸렸어요

영아는 발달특성상 모든 사물을 입으로 가져가 탐색하는 행동을 한다. 너무 작은 물건이라면 순식간에 삼키게 되어 목에 걸리는 현상이 발생한다. 또한 영아의 경우 아직 치아가 발달되지 않아 음식물을 제대로 씹지 못하고 그냥 삼키다가 목에 걸리기도 한다. 이때 저절로 기침을 하게 되어 뱉기도 하고 공기가 폐로 들어가는 것을 막아 긁히는 소리를 내며 호흡이 어렵고 얼굴과 입술이 새파랗게 된다. 목에 음식이 걸릴 때는 일반적으로 횡격막을 위로 밀어 올리는 하임리히 방법을 사용한다. 그러나 영아의 경우 아직 복부내장이 연약하기 때문에 파열의 우려가 있으므로 하임리히 방법을 사용하기보다 다른 응급처치 방법을 추천한다.

■ 영아

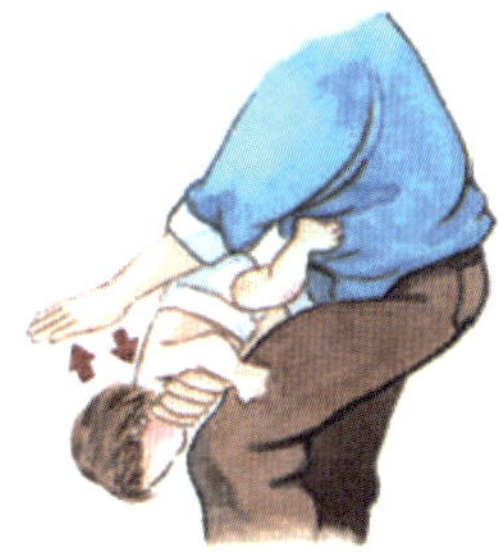

① 성인의 한 손은 영아의 머리와 목을 지지하고 팔로 영아의 가슴을 받쳐 영아의 얼굴이 아래로 향하게 한다. 이때 영아의 머리가 가슴보다 낮게 유지한다.
② 견갑골(어깨 죽지) 사이를 손바닥 아래쪽을 이용하여 세게 5회 두드려준다.
③ 영아를 지지한 상태에서 영아의 얼굴이 위를 향하게 돌린다. 이때 영아의 머리가 가슴보다 낮게 유지한다.
④ 양 젖꼭지를 이은 가상선과 흉부 중앙선이 만나는 지점 바로 아래 부분에 교사의 손가락을 2개 올려놓고, 영아의 가슴을 1.3~2.5cm 깊이로 들어가도록 1초 간격으로 5회 신속하게 눌렀다 힘을 뺐다를 반복한다.
⑤ 영아의 입 속을 관찰한다. 이물질이 보이고 손가락에 닿으면 이를 제거한다.
⑥ 이물질이 나오지 않을 경우에는 다시 영아의 얼굴이 아래로 향하게 돌린 다음 등을 5회 두들겨 준다.
⑦ 이물질이 배출되고 영아가 다시 울거나, 영아가 무의식에 빠질 때가지 ①~⑥까지 절차를 반복한다.

출처: 중앙보육정보센터(2008). 보육시설 응급처치 매뉴얼. p.20.

한편 유아의 경우 하임리히 방법을 사용하여 목에 이물질을 제거할 수 있다. 하임리히 방법은 다음 그림과 같다.

① 유아의 등 뒤에 서서 겨드랑이 밑으로 두 팔을 넣는다.

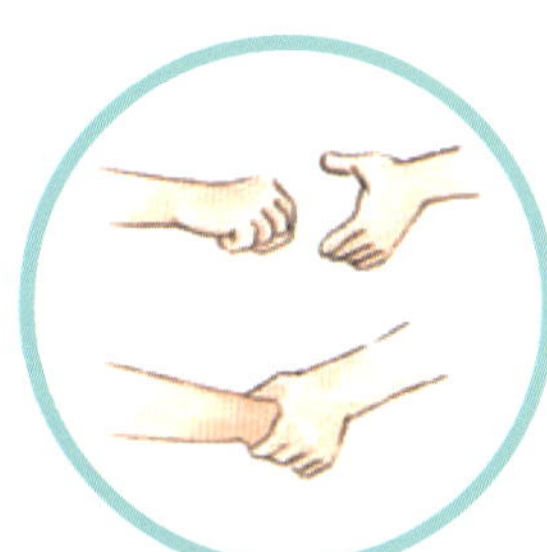

② 한 손은 주먹을 쥐고 엄지가락 부분이 유아의 명치 부분을 누를 수 있도록 대고 다른 한 손으로 주먹을 감싸 꼭 잡는다.

③ 빠르게 세게 훑어 올리듯이 위로 밀쳐 올린다.

출처: 중앙보육정보센터(2008). 보육시설 응급처치 매뉴얼. p.17.

■ 눈에 모래가 들어갔어요

최근 들어 황사나 미세먼지가 자주 발생한다. 영유아의 눈에 저절로 모래가 들어가는 경우도 있으나 또래들과 놀이하다가 영유아의 눈에 모래 또는 다른 이물질이 들어갈 수도 있다. 사람의 눈은 매우 예민하고 민감하기 때문에 함부로 비비거나 잘못 조치하면 안구 손상으로 이어지기도 한다.

---

① 눈을 비비지 못하도록 손을 꼭 붙잡는다.
② 눈을 살며시 감고 그대로 기다리게 한다. 이물질에 의한 자극으로 눈물이 흘러나와 자연히 제거될 수도 있다. 이때 영유아가 불편해서 운다면 잠시 달래지 않고 울게 두는 것도 효과적일 수 있다.
(만약 나오지 않는다면)
③ 엄지와 검지로 눈꺼풀을 조심스럽게 열어 눈을 잘 살펴본다.
④ 이물질이 들어간 눈을 아래쪽으로 한다.
⑤ 생리식염수나 깨끗한 물을 눈 안쪽에서 바깥쪽으로 부어 씻어낸다.

※ 만약 뾰족한 것에 찔렸거나 눈에 이물질이 박혀 있다면 빨리 병원으로 가는 것이 좋다.

■ 귀에 벌레 또는 이물질이 들어갔어요

귀에 날파리와 같은 벌레가 들어갔던 경험이 모두 있을 것이다. 실외활동을 하다 보면 순식간에 귀에 날파리나 벌레가 들어가기도 한다. 또한 여름철 물놀이 하고 난 후 영유아의 귀에 물이 들어가는 경우도 있다. 이런 경우 저절로 빠지기도 하지만 그렇지 않은 경우 고막을 다치게 하거나 중이염을 일으킬 우려도 있다.

● 귀에 벌레가 들어간 경우

① 귀를 밝은 쪽으로 향하도록 하거나 어두운 곳에서 손전등을 비춘다.
② 베이비오일을 한두 방울 귓속에 가볍게 떨어뜨린 후 가볍게 마사지 해 준다.
③ 귀를 아래쪽으로 향하게 하여 벌레가 나오도록 한다.

● 귀에 물이 들어간 경우

① 물이 들어간 쪽의 귀를 아래로 향한다./ 물이 들어간 귀 쪽으로 목을 기울이고 한 발로 뛴다.
② 면봉을 이용하여 물을 흡수시킨다.

■ 코에 콩 또는 이물질을 넣었어요

영유아가 자유선택놀이 시간에 곡식을 관찰하면서 작은 콩을 코 속으로 밀어 넣기도 하고 콩과 같이 작은 물체를 코 속으로 넣어보려는 시도를 하다가 깊숙이 들어가는 상황이 발생한다. 양쪽 코 속으로 넣지 않는 한, 이물질이 들어가지 않은 쪽 코로 숨을 쉬는 것이 가능하기 때문에 자칫하면 방치하는 경우가 발생하기도 한다. 이런 경우, 코가 붓기도 하고 불쾌한 냄새가 나기도 한다.

---

① 이물질이 들어가지 않은 쪽의 콧구멍을 누르고(막고) 입을 다물고 코를 세게 '흥' 풀게 한다.
② 조그맣고 매끄러운 것이 들어갔다면 후추를 이용하거나 휴지를 말아 콧구멍을 자극하여 재채기를 하게 하면 쉽게 나온다.

(주의사항) 핀셋으로 억지로 꺼내려고 하면 오히려 더 안쪽으로 밀어 넣을 수 있으므로 위와 같은 방법을 시도했는데도 실패한다면 이비인후과에 가는 것이 좋다.

---

(2) 발열

영유아가 열이 난다는 것은 신체 한 부분에 이상이 있음을 암시하는 신호와 같다. 일반적으로 세균에 감염되거나 바이러스, 고온에 장시간 노출 등으로 발생한다. 영유아의 정상체온범위는 36~37.8℃로 성인보다 일반적으로 높다.

---

① 영유아가 입고 있는 겉옷, 양말 등 벗긴다. 이때 열이 오르려고 할 때는 오한이 날 수 있으므로 몸을 따뜻하게 해 주는 것이 중요하다.
② 영유아가 열이 38℃ 이상 오르면 얼음주머니를 겨드랑이 사이에 대어주거나 찬물에 적신 수건으로 팔, 다리, 몸통 순으로 닦아준다.
③ 고열이 지속된다면 해열제를 투여하는 방법이 있는데 약 설명서를 잘 보고 해열제 투여 용량이 초과되지 않도록 하고 좌약을 사용하면 좋다. 효과도 빠르고 위장 장애가 적기 때문이다.
④ 영유아가 의식이 있는 경우, 물이나 주스를 조금씩 자주 마시게 한다.
⑤ 열이 내리면 영유아를 편안하게 쉬도록 한다.

---

(3) 관절과 근육

■ 발목이 삐었어요

영유아가 실외활동이나 야외 견학 시 종종 관절의 인대가 손상되어 통증이 나타나거나 붓는 현상을 보인다. 겉으로 보기에 별다른 증상이 나타나지 않을 수도 있으나 점점 시간이 지나면서 부어오르기도 하고 멍이 든 것처럼 보이는 현상이 나타난다.

① 발을 다른 부위보다 높게 올리고 편안하게 쉬도록 한다.
② 삔 부분 위에 얼음주머니를 올려놓고 냉찜질을 해 준다.
③ 심한 경우 우선 압박붕대를 감아준다.
④ 응급처치 후 정형외과에 가서 정확한 진단을 받도록 한다.

■ 멍이 들었어요

교실 안에서 모퉁이에 부딪치거나 넘어진 경우, 충격으로 인해 실핏줄이 터진 경우 멍이 든다. 처음에는 붉은색이다가 점차 보라색에 가깝게 변하고 붓기도 하면서 건드리면 아프기도 하다.

① 멍든 부위를 냉찜질을 하는데 5~15분간 얼음주머니를 얹고 있다가 5~15분간 떼어내는 과정을 반복한다. 얼음주머니를 계속 올려놓으면 동상에 걸릴 우려가 있기 때문이다.
② 멍든 부위를 높일 수 있다면 높여 주는 것도 효과적이다.
③ 통증 완화를 위한 약을 발라주면 좋다.
④ 붓기가 가라앉고 나서 온찜질을 하여 멍이 든 곳의 피가 잘 흡수될 수 있도록 해 준다.

■ 쥐가 나요

근육의 경련으로 인해 나타나는 증상으로 근육 수축이 강하게 일어나 굉장히 아프다.

① 장단지에 쥐가 나면 무릎을 펴고 발을 발등 쪽으로 꺾는다. 그리고 장단지를 주물러 준다.

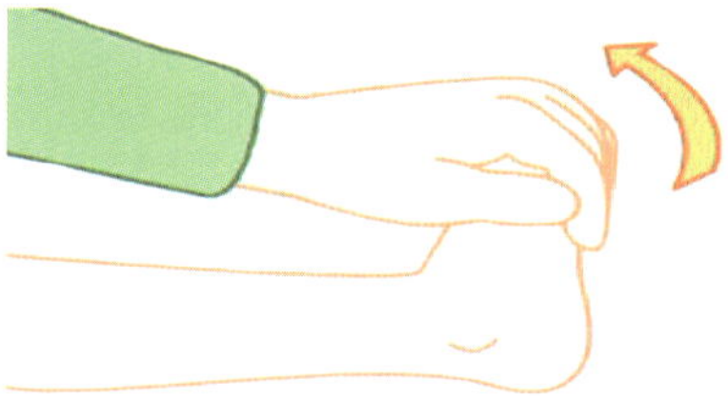

② 팔에 쥐가 나면 팔꿈치를 펴고 손바닥을 제쳐 준다. 팔을 주물러 준다.

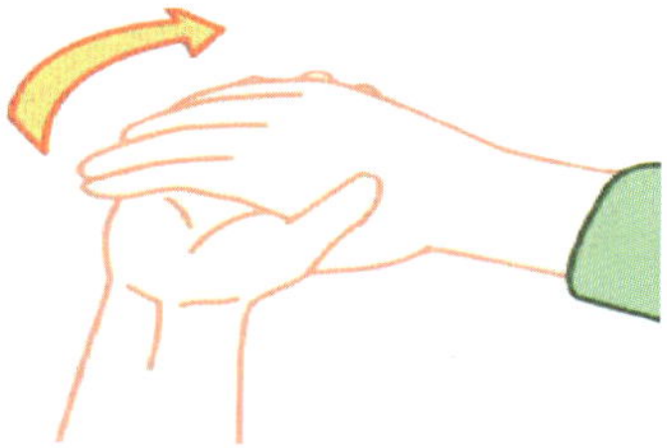

③ 발에 쥐가 나면 발을 앞꿈치로 서게 해 준 다음 경련이 사라지면 발을 주물러 준다.

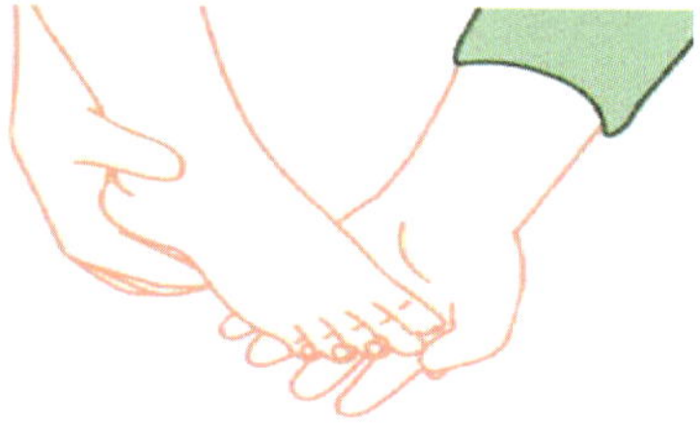

④ 허벅지 뒤쪽에 쥐가 나면 무릎을 쭉 펴게 한다. 만약 허벅지 앞쪽에 쥐가 나면 무릎을 굽혀서 최대한 엉덩이 쪽으로 붙이고 통증이 사라지면 근육을 주물러 준다.

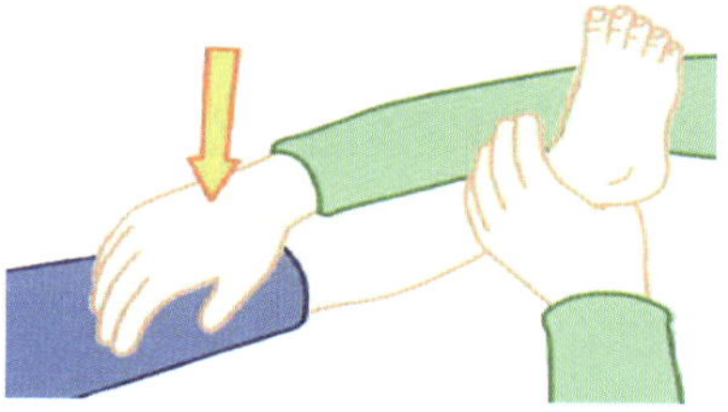

출처: 유복림(2008). 엄마랑 아이랑 함께 배우는 어린이 응급처치. 가꿈유아사. pp.69-70.

(4) 출혈

■ 피가 나요

① 처치할 교사는 위생 장갑을 낀다.

② 피가 나는 상처 위에 멸균거즈나 깨끗한 천을 두툼하게 대고 손가락이나 손바닥으로 세게 누른다.

③ 만약 피가 스며서 나온다면 거즈나 천을 갈지 말고 그 위에 새 것을 덧대어 이전보다 더 세게, 더 넓은 부위를 눌러준다.

④ 팔이나 다리에서 피가 날 때는 누르면서 상처 부위를 심장보다 높게 들어 올려 준다.

⑤ 피가 멎으면 상처에 댄 거즈가 움직이지 않게 압박붕대로 감아준다.

※ 만약 피가 계속 난다면 가까운 병원 응급실을 내원하는 것이 좋다.

교사 시절 실외놀이터에서 놀다가 가장자리 울타리에 무릎이 걸려 넘어진 유아가 있었다. 그때 남자 유아의 무릎에서 굉장히 많은 피가 났었고 유아는 아주 크게 울었다. 이런 경우, 유아와 교사 모두 흥분을 가라앉히고 침착하도록 해야 한다. 응급상황이니 ②, ③번 매뉴얼 방법으로 대처하고 병원 응급실로 내원해야 한다.

■ **코피가 나요**

코에 충격을 받거나, 후비거나, 사고로 인해 나타날 수도 있고, 공기가 너무 건조하거나 바람이 강하거나 피곤하면 코피가 날 수 있다. 유아교육기관에서 흔히 볼 수 있는 증상이기도 하다.

---

① 코피가 목구멍으로 넘어가지 않게 의자에 앉히거나 등받이에 기대서 고개를 약간 앞으로 숙이도록 한다.
② 두 손가락으로 유아의 코 아래 부분 양쪽을 5분 이상 꾹 눌러준다.
③ 코피가 계속 나면 10분간 유아의 코를 ②와 같이 잡고 있거나 솜을 사용해 코피가 나는 코를 막아준다.
④ 이때 찬 물수건이나 얼음주머니를 콧잔등에 대 주면 콧속 혈관이 수축하여 지혈효과가 있다.
⑤ 코피가 멈추면 유아를 안정시키고 격렬한 활동을 하지 않도록 한다.
⑥ 코피가 자주 발생한다면 부모에게 알려 병원에 방문하도록 안내한다.

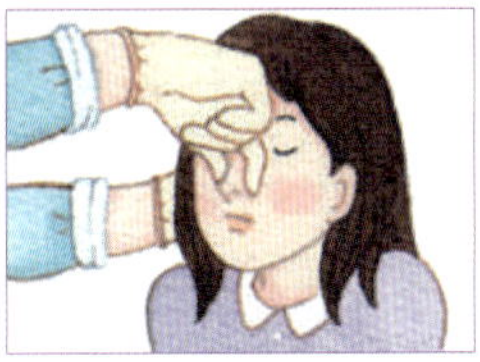

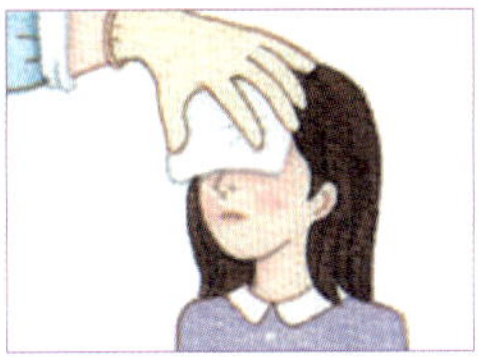

출처: 중앙보육정보센터(2008). 보육시설 응급처치 매뉴얼. p.25.

(5) 물려서 생긴 상처

■ **개(고양이)에게 물렸어요**

최근 애완동물을 키우는 가정이 많아졌다. 개나 고양이는 세균을 옮기기 때문에 물리게 되면 피부를 뚫고 나쁜 세균이 들어가게 된다. 특히 개에게 물린 경우 바이러스성 신경질환인 광견병 여부를 확인하는 것이 좋다.

① 흐르는 물에 비누를 사용해 5분 이상 상처를 씻어 내 물린 동물의 타액을 없앤다.
② 피가 난다면 환부에서 피가 잠시 흘러나오도록 하여 타액이 제거되도록 하고 소독패드를 환부에 대고 잠시 지혈한다.
③ ②와 같은 상태에서 병원에 데리고 가서 광견병의 유무를 확인해 보는 것이 좋다.
④ 동시에 유아에게 상처를 낸 동물도 수의사에게 데려가 광견병의 유무를 확인하는 것이 좋다.

■ 벌에게 쏘였어요

실외활동을 하다보면 다양한 꽃을 관찰하게 된다. 이때 벌에 쏘일 가능성이 있다. 만약 유아가 단 음식을 먹고 있거나 들고 있다면 역시 벌에 쏘일 우려가 있다.

① 벌에 쏘였을 때 우선적으로 침이 박혀 있는지 쏘인 부위를 확인한다. 벌침이 있다면 2~3분 동안 독이 나올 수 있으므로 즉시 빼준다.
② 소독된 바늘을 사용하거나 신용카드 면을 이용하여 피부를 누르면서 빼면 제거할 수 있다.
③ 감염방지를 위해 쏘인 부위를 비눗물로 씻는다.
④ 꿀벌의 독성은 산성이기 때문에 암모니아수나 베이킹파우더를 사용하여 독을 중화시켜 가려움과 부종을 줄여준다.
⑤ 통증과 독이 흡수되는 것을 방지하기 위해 냉찜질을 해 준다.
※ 응급처치가 끝나면 병원으로 반드시 가도록 한다.

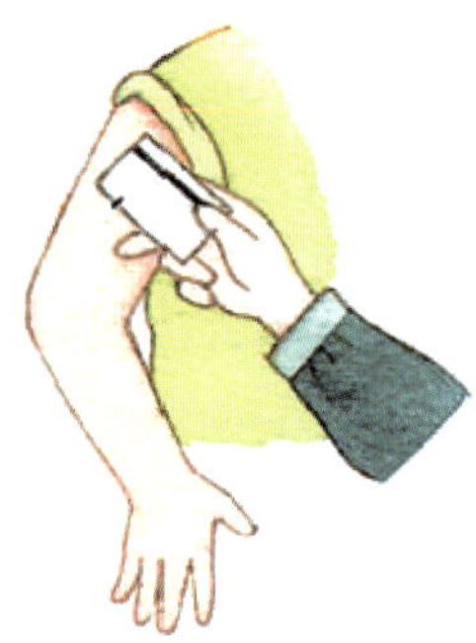

출처: 중앙보육정보센터(2008). 보육시설 응급처치 매뉴얼. p.31.

■ 다른 유아에게 물렸어요

아직 자신의 의사표현을 하지 못하는 영아의 경우에 자신의 분노를 깨무는 행동으로 나타나기도 한다. 교사가 놀란 나머지 깨물고 있는 상태에서 강제로 떼어놓으려고 하면 더 세게 물 수 있기 때문에 무는 행동을 하는 영아의 코를 잡아서 영아가 답답해 입을 열면 떼어 놓을 수 있다.

① 비누와 물로 충분히 씻어 낸 다음 찬 물수건 등으로 냉찜질을 해 준다.
② 출혈이 있다면 차게 하면서 상처를 압박해 준다.
③ 소염제 연고를 바르고 5~10분간 가볍게 문질러 준다.
④ 사람의 입 속에 세균이 많기 때문에 상처가 날 정도로 물린 경우라면 소독을 더욱 철저하게 한다.

(6) 열에 의한 상처

요리활동시간이나 점심 식사 시 국과 같은 뜨거운 물질을 접하게 되면 신체조직이 손상되어 열에 의한 상처가 생길 수 있다.

① 환자를 안전한 곳으로 옮긴다.
② 화상 부위의 옷, 반지, 팔찌 등을 제거한다. 단, 불에 탄 옷이 피부에 붙어 있으면 억지로 옷을 떼지 말고 잘라서 제거한다.
③ 찬물에 적신 물수건으로 30분 이상 식혀 준다. 심한 화상인 경우 즉시 병원 이송이 가능하다면 깨끗한 천으로 덮고 바로 이동한다.
④ 감염의 위험성이 높으므로 된장, 기름, 소주 등을 바르지 않는다.

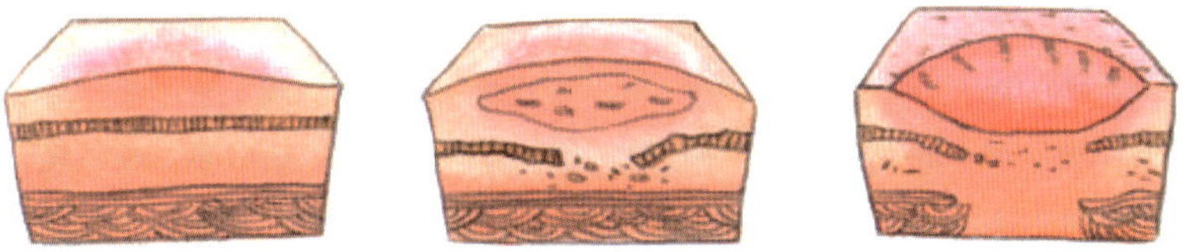

1도 화상 2도 화상 3도 화상

출처: 중앙보육정보센터(2008). 보육시설 응급처치 매뉴얼. p.27.

■ 열에 의한 화상

〈일사병〉

① 바람이 잘 통하는 시원하고 그늘진 곳으로 옮긴다.
② 눕힌 후 옷을 벗기거나 통풍이 잘 될 수 있도록 풀어주고 미지근한 물수건으로 몸을 닦아준다.
③ 의식이 회복되면 차가운 이온음료수를 자주 준다.
④ 의식이 없는 상태에서 고열이 계속 될 경우 병원으로 데리고 간다.

(7) 경련(경기)

비정상적으로 뇌파가 발생할 때 일으키는 현상을 발작 또는 경련이라 한다. 고열이 나거나 간질이 있는 경우에 나타날 수 있다. 갑자기 의식을 잃거나, 눈알이 돌아가기도 하고 입에 거품을 물기도 한다. 짧게는 몇 초 길게는 몇 분 동안 지속될 수 있다.

① 부딪쳐서 생기는 상처를 막기 위하여 주변의 물건들을 모두 치운다.
② 몸을 죄고 있는 허리띠나 목 단추 등을 느슨하게 해서 호흡을 도와주고 머리를 한 쪽으로 돌려 침이나 구토물이 흘러나오게 한다.
③ 손수건을 돌돌 말아서 유아의 입에 물려 이로 혀를 깨무는 것을 방지한다. 만약 이를 꽉 깨물고 있을 때는 강제로 벌리려 해서는 안 되며 입 주변의 근육이 수축되어 입이 벌어졌을 때 넣는다.
④ 경련이 끝나면 그림 같이 회복자세를 취할 수 있도록 한다.
⑤ 마실 것이나 음식은 주지 않는다.
⑥ 경련이 5분 이상 지속되거나 구토, 호흡곤란 등이 일어날 때는 119를 부른다.
⑦ 영아가 열이 날 때 경련하는 것은 대부분 열성 경련이므로 미지근한 물로 얼른 닦아주면 도움이 된다.
⑧ 그 외의 경우는 뇌질환과 관련이 있을 수 있으므로 반드시 신경외과를 방문하여 정밀검사를 받도록 한다.

출처: 유복림(2008). 엄마랑 아이랑 함께 배우는 어린이 응급처치. 가꿈유아사. pp.120-121.

(8) 쇼크

쇼크는 급성 질환이나 상해를 입게 되어 우리 몸의 주요 기관에 혈액을 전달할 수 없어 발생하는 증상이다. 쇼크의 대표적인 증상은 약하고 빠른 맥박, 빠른 호흡, 목마름 또는 구역질 및 구토, 어지러움, 식은땀 등과 같다. 유념해야 할 것은 쇼크는 생명이 위급한 상황이기 때문에 신속한 응급처치가 요구된다.

① 유아의 의식 유무와 맥박 및 호흡을 확인한다.
② 머리를 낮추고 다리를 심장보다 20~30cm 정도 높게 올리는 자세로 눕힌다.
※ 머리나 목에 상처가 있거나 호흡에 문제가 있을 경우에 몸은 수평으로 유지한다.
③ 처치하면서 119 구조대에 요청한다.
④ 목, 가슴, 허리 부분을 느슨하도록 옷을 풀어준다.
⑤ 구토를 한다면 머리를 옆으로 누인다.
⑥ 체온이 떨어지지 않도록 담요를 덮어 따뜻하게 유지해 준다.
⑦ 의식이 회복될 때까지 아무것도 먹이지 않는다.

(9) 치아 외상

영유아가 자칫 앞으로 넘어질 경우 이를 다치는 경우가 있다. 이때 치아 주위 조직과 뿌리에 손상을 주게 되면 치아가 성장하지 못 할 수도 있기 때문에 반드시 검진을 받도록 하는 것이 좋다.

---

① 넘어지거나 부딪쳐서 이가 흔들릴 때는 별다른 치료 없이 며칠 관찰한다. 잇몸에 피가 날 때는 멸균거즈로 눌러 지혈해 준다.

② 이가 부러졌을 때 깨진 이 조각을 우유나 생리식염수에 담가 치과에 가져간다.

③ 만약 이가 빠졌을 때는 먼저 빠진 이를 찾는다. 빠진 이를 만질 때는 위쪽을 잡고 뿌리 부분은 건드리지 말아야 한다.

④ 이를 본래의 자리에 밀어 넣고 멸균거즈나 천을 깨물게 하여 병원으로 데려간다.

⑤ 이를 원래 위치시키기 힘들 때는 유아의 침이나 찬 우유, 생리식염수에 담가 병원으로 가는 것이 좋다. 유아가 클 경우에는 입 속에 넣고 가도 된다. 1시간 이내라면 다시 잇몸 속에 심는 것이 가능하다.

출처: 유복림(2008). 엄마랑 아이랑 함께 배우는 어린이 응급처치. 가꿈유아사. pp.126–127.

Chapter 08

안전사고의 처리 및 책임

Chapter 08

안전사고의 처리 및 책임

안전사고는 예방이 최선이기 때문에 평소 이에 대한 최선의 노력을 기울여야 한다. 그러나 예방을 위한 최선의 노력을 기울였음에도 불구하고 안전사고는 예정 없이 찾아오기도 한다. 안전사고가 발생했을 때는 신속하고 적절한 대처를 통해 피해를 최소화하고 그에 따른 부정적인 영향을 최소로 줄이도록 해야 한다.

이 장에서는 안전사고가 발생했을 경우 그에 따른 적절한 처리와 보상, 책임 등에 대해 살펴보도록 한다.

1 안전사고 처리의 중요성

영유아기 아동은 호기심이 많고 움직임이 왕성하여 활동량이 크다. 그렇기 때문에 영유아기 아동은 보호자나 교사가 잠깐 동안 주의를 기울이지 못하는 사이에도 다양한 사고의 위험에 처할 수 있다. 따라서 영유아기 아동을 보호하거나 돌보는 일을 하는 동안에는 아동의 안전사고 예방을 위해 최대한 주의를 기울이는 등 보호와 감독을 철저히 해야만 한다.

보육시설이나 유치원 등 영유아 돌봄이나 교육 관련 기관에서는 계획에 따라 아동의 안전사고를 예방하는 데 필요한 내용으로 아동과 교직원, 부모 등에게 안전교육을 실시해야 한다. 또한 관련 규정과 지침을 준수하여 안전사고를 사전에 예방할 수 있도록 최선을 다해야 한다.

예방을 위한 최선의 노력을 기울여도 안전사고는 예고 없이 찾아올 수 있다. 그렇기 때문에 안전사고가 언제든 발생할 수 있다는 사실을 늘 인식하고 있어야 한다.

영유아교육기관에서는 경찰서나 소방서, 의료기관 등 관련 기관들과 비상연락체계를 구축하고, 안전사고가 발생했을 경우 즉시 적절한 대처를 할 수 있도록 안전사고 대처체계를 마련해야 한다. 교직원은 교육과 학습, 훈련 등을 통해 안전사고 발생 시 적절한 대처 방법과 절차에 대해 알고 있어야 한다. 그래야만 안전사고가 발생했을 경우 대처체계에 따라 효과적으로 대응하여 안전사고의 피해를 줄이고 그에 따른 부정적인 영향을 최소화할 수 있다.

2 안전사고의 대처 단계

안전사고에 효과적인 대처를 하기 위해 사고 전 예방 단계, 사고 단계, 사고 이후 단계 등으로 구분하여 살펴본다.

1) 사고 전 예방 단계

(1) 안전사고 예방 점검

안전사고는 발생 후 아무리 대처를 잘하더라도 그 피해와 부정적 영향이 남을 수밖에 없기 때문에 예방이 최선이다. 따라서 발생할 수 있는 안전사고의 유형과 원인 등을 검토하고 점검하여 사고 가능성을 최소화한다.

안전사고는 물리적 요인에 의한 안전사고와 인적 요인에 의한 안전사고로 구분하여 예방 점검을 할 수 있다.

❶ 물리적 요인에 의한 안전사고의 예방 점검

물리적 요인에 의한 안전사고는 어린이집이나 유치원, 가정, 놀이터 등 실내 · 외의 시설이나 설비, 도구나 장난감 등의 고장이나 파손, 정비 불량 등이 원인이 되어 발생한다. 또한 화재로 인한 사고나 교통사고도 이에 해당한다.

물리적 요인에 의한 안전사고를 예방하기 위해서 어린이집이나 유치원 등에서는 다음과 같이 대처한다.

- 안전점검표에 따라 정기적으로 시설과 설비 등의 안전점검을 실시한다.
- 사고가 예상되는 장소, 시설, 설비, 도구, 장난감 등은 즉시 보수하여 위험을 제거하거나 그렇게 하지 못할 경우 접근하지 못하도록 한다.
- 인전관리 실천의 중요성을 인식하고 이를 위한 노력을 지속적으로 한다.

물리적 요인에 의한 안전사고 유형

- 실내 · 외 시설 및 설비에 의한 사고: 시설물의 고장, 파손상태의 방치, 위험한 장소의 영유아 출입 및 영유아가 사용하기에 부적절한 설비 등에 의해 발생할 수 있다.
- 놀이기구 및 놀잇감에 의한 사고: 실외 놀이기구의 파손 및 고정 부분의 풀림, 배치간격의 협소 및 뾰족하거나 날카롭거나 깨지기 쉬운 놀잇감의 방치로 발생할 수 있다.
- 도구에 의한 사고: 칼, 송곳, 가위, 포크, 젓가락, 펀치, 스테이플러, 톱, 글루건 등의 부주의한 보관 및 사용으로 발생할 수 있다.
- 화재로 인한 사고: 주방에서의 부주의, 가스폭발, 누전 및 전기용품 파열 등으로 발생할 수 있다.
- 교통사고: 영유아의 등원 · 귀가지도, 현장 · 체험학습, 어린이집 실내 · 외 활동 중 발생할 수 있다.

❷ 인적 요인에 의한 안전사고의 예방 점검

인적 요인에 의한 안전사고는 아동의 개인적 행동이나 친구와의 활동 중 발생하거나 교직원이 부주의한 경우, 기타 다양한 원인에 의해 발생할 수 있다. 인적 요인에 의한 안전사고를 예방하기 위해서는 다음과 같이 대처한다.

- 전체 교직원이 안전관리의 필요성과 중요성에 대해 인식하고 관련 교육을 체계적이고 지속적으로 실시한다.
- 안전사고 예방과 만일의 사고 발생 시 즉각적이고 효과적인 대처를 할 수 있도록 지식뿐만 아니라 행동 요령도 익힌다.

- 다양한 안전사고 사례를 통해 사고의 원인과 예방방법에 대해 분석하고 적용한다.
- 교직원은 아동의 안전사고 예방을 위해 보호와 감독을 철저히 한다.

인적 요인에 의한 안전사고 유형

- 영아 개인의 행동 및 심리적인 문제로 발생하는 사고: 쉽게 흥분하거나 충동적인 경우, 주의가 산만하고 신경질적이며 정서적으로 불안한 경우, 배고프거나 기분이 좋지 않은 경우 사고가 발생할 수 있다.
- 친구와의 관계에서 발생하는 사고: 친구와의 놀이 중 서로 장난하거나 새로운 활동에 참여하다가 사고가 발생할 수 있다.
- 교사의 부주의로 인한 사고: 위험물 보관을 소홀히 한 경우, 영유아에 대한 감독이 부주의한 경우, 규칙에 대해 잘 설명해 주지 않는 경우에 사고가 발생할 수 있다.
- 기타: 신입보육교사나 외부 방문객이 있는 경우, 보육교사가 휴가를 갔거나 하여 인원이 부족한 경우, 아픈 영아로 인해 일과진행이 순조롭지 않은 경우, 보육교사가 영유아의 발달특성이나 개인별 능력을 정확히 파악하고 있지 못한 경우, 성인과 영유아 모두 피곤한 시간인 일과 끝날 무렵, 날씨로 인해 밖에서 놀 수 없을 경우에 사고가 발생할 수 있다.

(2) 안전사고 대응체계 구축

예방을 위한 최선의 노력을 다하더라도 안전사고는 발생할 수 있다. 따라서 안전사고 발생 시 피해를 최소화하기 위해서는 영유아교육기관에서 발생할 수 있는 안전사고에 대한 대처체계를 마련해야 한다. 안전사고가 발생했을 때 교직원들 간의 역할 분담과 응급처리 절차 과정을 비상대응계획서 형태의 문서로 작성한다.

❶ 비상연락체계 구축

영유아교육기관은 안전사고 발생 시 즉각적이고 효과적인 대처를 하기 위하여 인근의 경찰서나 소방서, 가스 및 유류 등의 안전상태를 점검하는 기관, 의료기관, 지자체나 교육지원청 등과 비상연락체계를 구축해야 한다. 또한 만약의 사고를 대비하여 아동의 보호자와 비상연락망을 구축하여 눈에 잘 띄는 곳에 비치하거나 부착하여야 한다. 그리고 아동의 건강보험카드 번호 등이 기록된 응급처치동의서를 받아서 비치해 두고 있어야 한다.

❷ 사고보고체계 구축

영유아교육기관은 안전사고가 발생했을 경우 신속하고 효과적인 대처와 처리를 위하여 적절한 보고체계를 구축하고 있어야 한다.

❸ 구급상자 비치

응급상황에 대비해 구급상자를 구비해야 한다. 약물사고를 예방하기 위하여 눈에는 잘 띄지만 아동들의 손에 닿지 않는 곳에 비치한다. 구급약은 수시로 점검하여 보충한다.

❹ 응급처치에 관한 교육 실시

교사는 만약에 안전사고가 발생했을 경우 응급상황에서 사용할 수 있는 기도확보와 심폐소생술 등의 응급처치법 교육을 받아야 한다.

❺ 보험가입

안전사고에 대비하여 어린이집의 경우 어린이집안전공제회에, 유치원의 경우 학교안전공제회 등 관련 기관의 공제 상품에 가입되어 있어야 한다. 또한 차량과 관련된 사고에 대비한 자동차보험과 교직원에 대한 사회보험(건강보험, 산재보험 등) 등이 가입되어 있어야 한다.

2) 사고 단계

(1) 안전사고에 대한 대처

안전사고가 발생하면 우선 즉각적이고 효과적인 대응을 하여 피해를 최소화할 수 있도록 해야 한다. 이때 교사는 가능한 한 침착하게 대처해야 한다. 교사가 당황하면 아동도 함께 당황하거나 불안해 할 수 있기 때문이다.

만일 다친 아동이 있으면 빨리 응급 여부를 판단하여 즉시 가능한 응급처치를 실시하고 구조대 등에 구조를 요청한다. 외부에서 발생한 차량 등에 의한 사고일 경우 아동 등을 안전지대로 신속히 이동시킨다.

사고 피해자의 다친 정도가 심할 경우 적절한 의료기관을 이용할 수 있도록 조치한다. 아동의 경우 보호자의 의사를 반영하여 이용할 의료기관을 정한다.

안전사고 발생 시 대처 요령

- 사고가 발생하면 신속히 인명구조 작업(예: 인공호흡 등)을 실시하는 동시에 119에 연락한다. 신속하게 사고에 대처하되 응급처치 능력 보유자(보건교사, 응급처치 자격증 소지자 등)로 하여금 수습하도록 한다.
- 사고의 원인과 경과를 확인할 수 있도록 현장을 잘 보존한다.
- 사고처리과정에서 학교 측의 창구를 단일화하여 대처토록 한다(사고담당자 지정).
- 교육청, 경찰서, 학교안전공제회 등에 6하 원칙에 의하거나 규정된 서식에 의거 보고, 통보, 통지 등을 하여야 한다.
- 사고에 대하여 경험 있는 자(학교안전공제회 등)와 협의하여 처리하도록 한다.
- 소송 및 각종 조사에 대비하여 사고발생 과정을 잘 알고 있는 증인 및 기록 확보(사고현장 사진, 주위에 함께 있던 학생 등)
- 사고 발생 시부터 진행과정을 일기형태로 기록하여 자세히 적어가도록 한다(사고 종결 시까지).
- 가급적 피해자의 입장에서(성적, 출석처리 등) 문제를 생각하고 처리하되 확실히 알지 못하는 치료방법, 치료비의 부담 등에 대해서는 예단하여 말하지 않는다.
- 피해자로 하여금 학교에서 최선을 다하고 있다는 의식을 갖도록 모든 조치를 강구하여 대처한다(학교관리자, 사건 관계자 등의 병원방문, 성의 있는 언행 등).
- 말꼬리를 잡고 논쟁하지 않는다.
- 불필요한 논쟁으로 사건의 본질은 제쳐두고 감정을 상하게 하여 문제를 악화시키지 않도록 조심한다.
- 잘못된 사실관계가 언론 등에 보도되지 않도록 보안에 힘쓴다.
- 사고처리과정에서는 사건에 대하여 의사결정 능력이 있는 당사자(부 또는 모)와 협의하도록 한다.
- 학교 분위기가 사고에 휩싸여 들뜨지 않고 차분하게 학업에 전념할 수 있도록 한다.

출처: 학교안전공제중앙회(2008). 학교안전공제 업무편람.

(2) 사고 보고 및 일지 작성

안전사고가 발생하여 우선적으로 필요한 조치를 취한 후에는 해당 안전사고에 대해 보고해야 한다. 원장이나 보호자 등 관계자에게 보고하고 안전사고가 발생한 일시와 장소, 사고의 원인과 처리 과정 및 경과 등을 일지에 정확하게 기록한다.

안전사고 발생 시 보호자와의 소통 요령

1. 응급처치 후 즉시 부모에게 연락하여 사고에 대해 상세히 설명

- 장소 및 위치, 상황(어디서 무엇을 어떻게), 영유아의 상태, 응급조치, 병원 방문 등을 상세히 설명

> 예) "어머님, OO의 네 번째 손가락 두 번째 마디 부분에 0.5cm 정도 베이는 상처가 생겨서 바로 지혈을 하고 소독을 한 다음에 벤드를 붙여주었습니다. 친구랑 함께 놀이를 하던 중에 친구가 OO이 것이라고 이야기하며 되가져오는 중에 잘못 건네받아 상처가 생겼어요. 처음에 피를 보자 조금 놀라긴 했는데 소독을 하고 벤드를 붙여주니 금세 방긋 웃으며 친구와 놀이를 하고 있습니다."

2. 부모와 충분히 소통

- 사고로 인해 놀랐을 부모의 감정에 공감
- 부모의 감정이 가라앉을 때까지 경청
- 사고가 난 날 저녁, 부모에게 연락하여 아이의 상태를 묻고 사고에 대한 유감을 표명

> 예) "많이 속상하시죠."
> "우리 OO는 지금집에서 어떤가요?"
> "어린이집에서 더욱 신경써서 봐야 하는데 앞으로는 더욱 즐겁게 생활할 수 있도록 하겠습니다."

3. 사고가 일어난 후 지속적으로 부모와의 소통

- 영유아가 등원하지 않았을 경우 현재 상태와 어린이집 등원이 가능한 날을 확인
- 영유아가 등원한 경우 어린이집에서 주의해야 할 사항에 대해 등 · 하원 시 부모에게 물어보고, 원에서 보낸 하루 생활에 대해 이야기함

4. 부상 시 후속 정보를 알아보고 이를 부모에게 전달

- 어린이집안전공제회에서 보상과 관련한 절차 및 제출 서류 등을 확인하여 학부모에게 전달

출처: 어린이집안전공제회(2018). 어린이집 보육교직원 안전교육.

3) 사고 후 단계

(1) 상급기관 보고

안전사고 발생 후 원장은 상급 기관에 사고 원인, 처리과정, 수습방안 등에 대해 보고한다.

사고보고서에는 기관명, 전화번호, 기관주소, 피해 아동 인적사항(아동명, 성별, 연령), 사고일자, 사고시간, 목격자명, 보호자에게 연락한 사항, 연락시간, 119신고 여부(신고여부, 신고시간), 사고발생 장소, 사고당시 활동내용, 사고원인, 사고유형, 상해를 입은 시설설비, 사고부위, 응급처치, 진료 여부, 아동의 보호를 위한 추후계획, 재발방지에 필요한 활동, 교사서명, 부모서명 등이 포함되어야 한다.

다음은 안전사고가 발생했을 때 어린이집과 유치원에 각각 적용되는 보고체계이다.

어린이집 안전사고 보고체계

- 아동에게 안전사고가 발생할 경우 즉시 아동의 보호자에게 알린다.
- 안전사고 발생 24시간 안에 사고보고서를 작성하여 특별자치도지사 · 시장 · 군수 · 구청장 등 지자체장에게 보고하여야 한다.
- 만약 중상 이상의 안전사고나 감염병 및 식중독 등 집단 질병, 화재 · 침수 · 붕괴 등 중대한 사고가 발생했을 경우에는 사고발생 즉시 유선으로 통보하고 서식에 따라 보고한다.
- 시 · 군 · 구에서는 어린이집에서 발생한 중대사고, 아동학대, 사망사고 및 언론취재 사항 등 중요사항의 경우 시 · 도와 보건복지부에 즉시 보고하여야 하며 사고통계를 관리한다.
- 어린이집 영유아의 안전사고 및 감염병 발생 보고는 보육통합정보시스템에 입력보고를 원칙으로 한다.

유치원 안전사고 보고체계

- 아동에게 안전사고가 발생하게 되면 아동의 보호자에게 알린다.
- 안전사고에 대한 보고 여부를 판단한 후 보고해야만 하는 사고일 경우에는 사고를 인지하거나 보고 받은 시점에 즉시 보고한다.
- 보고는 유치원에서부터 교육지원청, 시 · 도교육청, 교육부의 순으로 한다.
- 유치원에서는 사건 · 사고 또는 재난 발생 시 '보고 대상 여부'를 판단한다. 보고 및 지원이 필요한 경우 교육지원청 담당자에게 상황을 유선으로 보고하고, 교육청의 지도를 받아 붙임의 보고서식을 활용하여 서면 보고한다.

- 교육지원청에서는 관내 유치원 및 그 밖의 경로를 통해 사건이나 사고를 인지한 경우 사실관계 및 피해 규모, 구호 상황, 발생 원인 등을 정확히 확인하여 시 · 도교육청에 보고한다.
- 시 · 도교육청에서는 교육지원청으로부터 보고 받거나 그 밖의 경로로 사건이나 사고 발생 인지 즉시 교육부 유아교육정책과로 즉시 유선 보고하고, 서식에 의한 보고를 근무시간 이내에 실시한다.

※ 교육청/교육부 보고 여부 판단 기준

1. 원아 및 교직원 사망 또는 입원치료가 필요한 중상해 사고 발생 시
2. 유치원 밖에서 각종 재난 및 대형 사고, 유치원 주관 또는 공동참여 행사로 인한 원생 사망 또는 3명 이상의 손상사고 발생 시
3. 유치원 현장에서 사망을 초래할 수 있는 신종 감염병 최초 발생 시 또는 「감염병의 예방 및 관리에 관한 법률」 제2조에 의한 감염병의 집단 유행 및 확산 시(단, 보건소 등 감염병 관리 기관에 신고 병행)
4. 화재사고 발생 시
5. 기타 사회적 파장이 예상되는 사건사고(아동학대, 성관련 사건 등) 및 국가적 대응이 필요한 사고 발생 시

출처: 교육부(2015). 건강 · 안전 관리 길라잡이.

(2) 자체 종결

안전사고로 인한 피해가 경미한 경우 사고에 대한 일반적인 처리 이후 공제회나 보험의 보상까지 가지 않고 자체적으로 해결하여 종결하기도 한다. 안전사고 발생으로 입은 피해가 경미한 경우가 이에 해당한다. 아동의 다쳤을 경우에도 그 정도가 경미하면 보호자와 합의하는 선에서 종결하기도 한다. 하지만 예상하지 못한 후유증이 발생할 수도 있고 다른 부정적인 영향도 있을 수 있기 때문에 신중하게 판단할 필요가 있다.

(3) 공제회 보고

안전사고 발생 후에는 수습이 중요하다. 안전사고에 따른 피해를 보상받기 위해서는 어린이집의 경우 어린이집안전공제회에, 유치원의 경우 학교안전공제회에 사

고 보고를 해야 한다. 무과실책임원칙으로 운영되고 있는 어린이집안전공제회나 학교안전공제회 제도는 과실의 책임을 따지지 않고 보상이 이루어지기 때문에 폭넓은 보상 범위와 신속한 보상 절차 등의 장점이 있다.

관련 법령에 따라 어린이집의 어린이집안전공제회 가입은 2011년부터, 유치원의 학교안전공제회 가입은 2007년부터 의무화되었다.

(4) 재발방지대책 수립

안전사고의 재발을 막기 위해 사고의 크기와 관계없이 사고보고서를 작성해서 보관하고 주기적으로 사고유형 및 원인을 분석하여 향후의 안전관리와 교육계획에 반영해야 한다.

(5) 기타

자체적인 해결이나 안전공제제도 혹은 보험 등을 통한 보상으로도 해결되지 않을 경우 피해자는 교사나 원장, 국가 등을 상대로 소송을 통해 손해배상을 청구할 수 있다.

3 안전공제회

1) 어린이집안전공제회

(1) 어린이집안전공제회란

어린이집안전공제회는 어린이집에서 발생하는 사고에 대해 신속하고 적정하게 보상하고 체계적인 예방사업을 추진하기 위해 「영유아보육법」 제31조의2에 따라 설립된 특수법인이다.

어린이집안전공제회는 어린이집의 안전사고를 예방하고 어린이집 안전사고로 인하여 생명 · 신체 또는 재산상의 피해를 입은 영유아 및 보육교직원 등에 대해 보상을 하기 위하여 설립되었다. 어린이집안전공제회는 보건복지부장관의 허가를 받아 어린이집 상호 간의 협동조직을 통해 운영되고 있다.

어린이집안전공제회는 무과실책임원칙으로 시행되고 있어서 안전사고 발생 시 보상의 범위가 넓고 신속한 장점이 있다.

■ **「영유아보육법」 제31조의2**

① 어린이집 상호 간의 협동조직을 통하여 어린이집의 안전사고를 예방하고 어린이집 안전사고로 인하여 생명 · 신체 또는 재산상의 피해를 입은 영유아 및 보육교직원 등에 대한 보상을 하기 위하여 보건복지부장관의 허가를 받아 어린이집 안전공제사업(이하 "공제사업"이라 한다)을 할 수 있다.
② 공제사업을 위하여 설립되는 어린이집 안전공제회(이하 "공제회"라 한다)는 법인으로 하며, 주된 사무소의 소재지에 설립등기를 함으로써 성립한다.
③ 어린이집의 원장은 공제회의 가입자가 된다. (이하 생략)

(2) 어린이집안전공제회의 주요 업무

어린이집안전공제회의 주요 업무는 다음과 같다.

- 보육시설 안전사고에 대한 보상
- 보육시설 안전사고와 관련한 분쟁사안 조정
- 영유아 보육시설, 보육교직원 등에 대한 복리후생 사업
- 보육시설 안전사고 관련 통계 산출
- 안전사고 예방사업

(3) 어린이집 안전사고 처리 절차 및 방법

안전사고가 발생하게 되면 보육통합시스템에 접속하여 사고보고서를 작성하여 안전공제회에 사고를 통지해야 한다. 사고보고 시 사고별 청구서류를 확인하여 팩스나 이메일, 우편 등을 통해 제출한다. 그러면 보상 담당자의 전화나 필요한 경우

현장조사를 통해 확인 후 지급심사를 통해 결정이 통지되고 이에 대해 이의가 없을 경우 공제급여를 수령하면 된다. 만일 이의가 있을 경우 보상심사위원회 심사를 청구할 수 있다.

단계	내용
1. 사고발생	• 사고발생
2. 사고보고	• 보육통합정보시스템 내 어린이집지원시스템 접속 후 사고보고서 작성 • 안전공제회(좌측메뉴) – 사고보고
3. 사고접수확인	• 공제계약 및 담보 확인 후 필요서류 안내
4. 청구서류제출	• 팩스, E-mail, 우편을 통해 제출
5. 공제급여산정	• 결정통지 (※ 이의가 있는 경우 보상심사위원회 심사 청구)
6. 공제회 지급	• 공제급여 수령
7. 종결	• 완료

[그림 8–1] 어린이집 안전사고 처리 절차

출처: 어린이집안전공제회 홈페이지(http://www.csia.or.kr)

(4) 어린이집안전공제회 회원 및 상품가입

어린이집안전공제회 가입은 최초 1회 회원가입비 납부로 이루어지며 회원가입비는 시설규모에 따라 차등하여 부여된다. 공제회 상품가입 방법은 다음과 같다.

1. 보육통합정보시스템 접속

- cpms.childcare.go.kr 접속 후 공인인증서를 통한 로그인
- 연중 상시 가입 가능

2. 안전공제회 가입관리

- 어린이집지원시스템화면 좌측 메뉴보기에서 안전공제회–가입관리 선택
- 공제상품은 선택된 담보(의무가입) 외 추가 선택이나 해제 가능

3. 공제료산정 및 납부

- 선택한 공제상품별 부과기준(정원, 현원 등)에 맞춰 공제료 자동산정
- 가입신청 완료 시 납부 계좌(가상계좌)와 금액 확인 후 직접 송금(이체)

4. 공제증권 및 영수증 인쇄발급

- 공제증권 및 영수증은 가입관리 화면에서 상시 출력 가능
- 최초 1회 우편발송

2) 학교안전공제중앙회

(1) 학교안전공제중앙회란

유치원의 경우 학교안전공제중앙회를 통해 안전사고에 대한 보상이 이루어진다. 학교안전공제중앙회는 사고 없는 학교를 만들어 학생들이 밝고 명랑하게 학업에 충실하고 교사들은 본연의 교육활동에 전념할 수 있는 학교안전망을 구축하기 위해 「학교안전사고 예방 및 보상에 관한 법률」 제28조에 따라 설립된 특수법인이다.

학교안전중앙공제회는 교육활동 중에 발생한 학교안전사고를 예방하고 학생 · 교직원 및 교육활동참여자가 학교안전사고로 인하여 입은 피해를 신속 · 적정하게 보상하여 학생은 학업에 충실하고 교직원은 본연의 직무를 수행함으로써 안정적인 교육여건을 조성하기 위해 설립되었다.

유치원은 학교안전공제 당연가입 대상으로 별도의 가입절차가 없고, 피공제자는 학생, 교직원, 교육활동참여자이다.

■ 「학교안전사고 예방 및 보상에 관한 법률」 제28조

교육부장관은 학교안전사고 예방 사업과 학교안전공제 사업을 효율적으로 수행하기 위하여 학교안전공제중앙회를 설립한다.

(2) 안전사고 보상절차

유치원에서 안전사고가 발생하면 공제회 공제급여관리시스템(http://www.schoolsafe.or.kr)을 통하여 지체 없이 사고 발생을 통지한다. 공제회에서는 공제 지급 대상 사고일 경우 접수하고, 공제급여 지급 대상이 아닌 사고는 반려한다.

접수된 사고에 대해서는 공제급여가 청구되고 관계 법률 규정에 의해 공제급여가 심사된다. 지급 여부가 결정되면 공제급여가 지급되고 유치원에는 공제급여 지급 결정 공문이 발송된다.

만일 공제회의 공제급여 결정에 대하여 불복하는 경우 학교안전공제보상심사위원회에 심사를 청구할 수 있다. 심사위원회의 심사청구에 대한 결정에 대하여 불복하는 경우 재심사청구를 할 수도 있다.

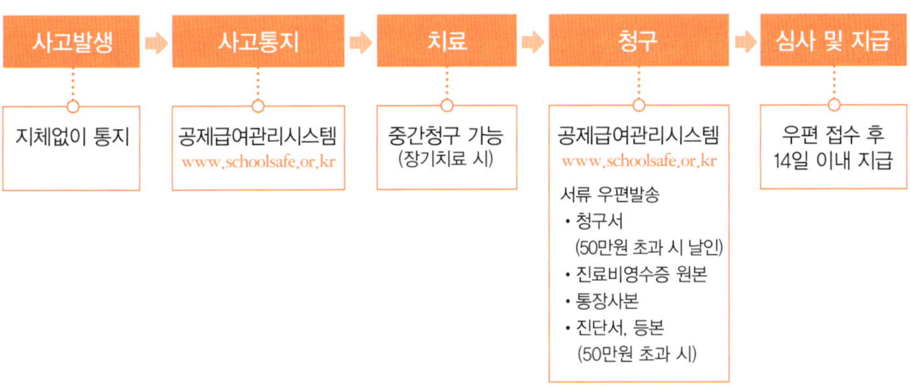

[그림 8-2] **사고통지 및 공제급여 청구**

(3) 학교안전사고의 범위

「학교안전사고 예방 및 보상에 관한 법률」에 따른 학교안전사고는 다음과 같다.

- 교육활동 중에 발생한 사고로서 학생 · 교직원 또는 교육활동참여자의 생명 또는 신체에 피해를 주는 모든 사고
- 학교급식 등 학교장의 관리 · 감독에 속하는 업무가 직접 원인이 되어 학생 · 교직원 또는 교육활동참여자에게 발생하는 질병

■ 학교장의 관리 · 감독하의 질병(「학교안전사고 예방 및 보상에 관한 법률 시행령」 제3조)

1. 학교급식이나 가스 등에 의한 중독
2. 일사병(日射病)
3. 이물질의 섭취 등에 의한 질병
4. 이물질과의 접촉에 의한 피부염
5. 외부 충격 및 부상이 직접적인 원인이 되어 발생한 질병

학교안전공제회의 공제급여 지급 제한 사유

- 피공제자의 자해, 자살
- 정당한 사유 없이 요양기관의 지시를 따르지 아니하여 피공제자의 부상, 질병 또는 장해의 상태가 악화하였거나 요양기관의 치료를 방해한 것이 명백한 경우
- 「자동차 손해배상 보장법」의 규정에 따른 손해배상을 받은 경우
- 피공제자에게 이미 존재하던 질병, 부상 또는 신체 장애 등이 학교안전사고로 인하여 악화한 경우 이미 존재하던 질병, 부상 또는 신체 장애 등의 치료에 필요한 비용
- 장해급여, 병간호급여 및 유족급여를 산정할 때는 피공제자에게 과실이 있으면 이를 상계
- 현장실습과 관련하여 「산업재해보상보험법」 제123조에 따라 보험급여가 지급되는 그 보험급여 상당액

(4) 학교안전공제회 급여의 종류

- **요양급여**: 학교안전사고로 인하여 부상을 당하거나 질병에 걸린 경우 지급
- **장해급여**: 요양급여를 받은 피공제자가 요양을 종료한 후에도 장해가 있는 경우 지급
- **간병급여**: 요양급여를 받은 자가 치료를 받은 후에도 의학적으로 상시 또는 수시로 간병이 필요한 경우에 지급(※ 의료기관에서 치료 중인 경우는 해당되지 않음)
- **유족급여**: 학교안전사고로 인하여 사망한 경우 지급
- **장의비**: 학교안전사고 인하여 사망한 경우 장의를 행하는 자에게 지급
- **위로금**: 피공제자인 학생이 교육활동 중 학교안전사고 이외의 원인을 알 수 없는 이유로 사망한 경우 지급

교사가 고의로 발생시킨 손해의 보상

교사가 고의로 손해를 발생시킨 경우 어린이집과 유치원은 각각 다른 방식으로 손해에 대한 보상이 진행된다.

어린이집의 교사가 고의로 손해를 발생시킨 경우 어린이집안전공제회에서 피해자 측에 급여를 지급하지 않을 수 있다. 만약 민간 어린이집에서 이러한 사건이 발생한 경우 어린이집이 손해배상 능력이 없으면 피해자의 손해를 제대로 배상 받지 못하는 문제가 발생할 가능성도 있다.

유치원의 교사가 고의로 손해를 발생시킨 경우에는 상황이 좀 다르다. 그러한 피해가 발생하면 우선 학교안전공제회가 피해자에게 급여를 지급한 후 유치원에 구상권을 행사할 수 있다. 따라서 피해자가 손해를 배상 받지 못할 가능성은 없다.

4 안전사고의 책임

1) 안전사고의 책임 파악의 중요성

어린이집이나 유치원 등 영유아교육기관에서 아동에게 발생한 안전사고는 어린이집안전공제회나 학교안전공제회에 가입되어 있기 때문에 공제 급여에 의한 피해 구제를 받을 수 있다. 그렇다고 하더라도 안전사고가 발생하게 되면 그로 인한 피해에 대해 누가 책임을 질 것인가에 대한 문제가 발생한다. 따라서 안전사고에 대한 책임에 대한 내용을 알고 있어야 원만하게 안전사고를 마무리 지을 수 있다.

2) 영유아교육기관 안전사고의 책임 범위

어린이집이나 유치원 등 영유아교육기관은 초·중·고등학교 등에 비해 안전사고의 발생 가능성이 높아 교사의 책임 범위가 상대적으로 넓다. 어린이집이나 유치원에서는 아동을 보호자에게서 인계 받는 등원 순간부터 인계하는 하원 때까지 사고 발생 가능성을 최소화하고 안전에 대해 주의해야 한다.

영유아교육기관의 원장은 소속 교사의 잘못이나 시설 하자로 인해 발생한 피해에 대해 배상책임을 지닌다. 교사들은 아동에 대해서 교육 외에도 아동을 맡고 있는 동안의 보호와 감독 활동을 수행해야 한다. 이것은 어린이집이나 유치원에서 아동이나 보호자들과 맺은 안전이나 보호 관련 계약 체결이나 관련 규정이 없더라도 지게 되는 법적으로 주어진 의무이다. 이를 위반하면 어린이집이나 유치원 소속과 관계없이 손해배상 책임을 진다.

영유아교육기관과 관계된 모든 안전사고에 교사나 원장이 책임을 지는 것은 아니다. 교사나 원장이 최선의 감독 노력을 했음에도 불구하고 안전사고는 발생할 수 있다. 만약 교사가 감독의무를 다 하더라도 불가피하게 발생했을 피해임이 증명된다면 어린이집이나 유치원에서는 감독에 대한 책임을 지지 않는다.

3) 영유아교육기관 안전사고 책임과 과제

영유아교육기관과 관련된 안전사고로 피해가 발생했을 경우 공제회의 급여를 받는 것과 상관없이 어린이집이나 유치원에 별도로 손해배상을 청구할 수 있게끔 법적으로 허용되어 있다. 따라서 피해가 발생하여 공제회의 급여를 받았음에도 불구하고 어린이집이나 유치원에 합의금 등을 무리하게 청구하는 사례도 생긴다. 이러한 경우 어린이집이나 유치원에서는 어쩔 수 없이 무리한 요구에 응하게 되는 경우도 종종 생긴다.

외국의 경우 독일의 사례를 보면, 아동보육시설에서 사고가 발생하더라도 피해자는 보험급여만을 받고 종결하도록 하는 것이 원칙이다. 우리나라의 어린이집이나 유치원에서도 이러한 사례를 참고하여 안전사고가 발생했을 경우 비합리적인 분쟁으로 인한 2차 피해가 발생하지 않도록 하는 방안을 마련할 필요가 있다.

Chapter 09

안전교육의 계획과 운영

Chapter 09

안전교육의 계획과 운영

1 영유아 안전교육과정의 계획

영유아의 안전을 지키기 위해 교육기관에서는 안전교육계획을 수립해야 한다. 일반적으로 안전교육은 안전교육에 관련된 내용을 연간교육계획으로 구성하여 실시한다. 영유아의 발달특성, 연령에 따라 자주 발생할 수 있는 안전사고의 유형은 다르게 나타나므로 안전교육계획을 수립할 때 이점을 고려하여 반영해야 한다. 다음은 안전교육계획 시 고려해야 할 점이다.

- 위험한 상황은 언제 어디서 발생할지 모르므로 안전교육은 반드시 체계적이고 지속적으로 이루어져야 한다. 이를 위해 교육기관에서는 안전교육계획을 연령별로 연간을 수립하고 월간, 주간, 일일교육으로 이루어질 수 있도록 해야 한다. 또한 작년에 발생한 안전사고일지를 보고 사고의 유형을 파악하여 동일한 사고가 발생하지 않도록 안전교육의 유형 및 내용을 추가해야 한다.
- 안전교육의 내용을 선정할 때는 「아동복지법」과 「영유아보육법」에 명시된 근거인 교통안전, 실종 · 유괴의 예방 · 방지교육, 약물 오 · 남용 예방교육, 재난대비 안전교육, 성폭력 및 학대 예방교육의 내용을 반드시 포함하여 연간교육계획을 수립해야 한다.

- 안전교육은 교육기관에서만 발생하는 것이 아니므로 가정과 연계해서 운영하여야 한다.
- 영유아를 위한 안전교육이 되기 위해서는 영유아의 발달특성을 고려하여 안전교육계획을 수립해야 한다.
- 교육과학기술부에서 제시한 11가지 생활주제를 중심으로 안전교육의 내용이 관련성을 가지도록 계획해야 한다. 예를 들어 겨울철은 날씨가 건조하고 춥기 때문에 화재가 발생할 경우가 다른 계절보다 많을 수 있으므로 화재안전, 소방안전과 관련된 내용을 교육할 수 있다. 또한 최근에 지진이 발생하여 피해를 입은 내용이 보도되기도 하였다. 따라서 재난대비 안전교육의 내용은 수시로 교육하면 위험으로부터 안전할 수 있다.
- 국가수준의 교육과정의 영역의 활동과 연관되게 계획하여 통합적으로 운영할 수 있다.

2 연간 안전교육과정의 운영

영유아교육기관에서 연간 안전교육계획안을 수립하여 체계적으로 운영하고 있다. 영유아교육기관의 연간 안전교육계획안 예시를 제시하였다.

월		안전영역							활동 내용
		교통	실종 유괴	약물	재난	성 폭력	소방	소방 대피	
3	3	●							선생님과 손잡고 안전하게 걸어요
	4						●	●	비상벨 소리가 들려요 (해솔반 화재)
4	1		●						엄마, 아빠와 손잡고 등원해요
	3						●	●	불이야! 불이야! (조리실 화재)
	4	●							움직이는 자동차는 위험해요
5	1					●			내 몸의 이름을 알아요
	3						●	●	숨지 않아요 (화장실 화재)
	4			●					장난감은 먹는 게 아니에요
6	1		●						산책을 할 때는 꼭 선생님과 함께 다녀요
	3						●	●	손으로 코와 입을 막아요 (아리솔 화재)
7	1	●							초록 불, 빨간 불
	2				●				비가 많이 내려요
	3						●	●	비상구 표시를 알아요 (새솔반 화재)
8	1			●					친구의 약을 먹으면 안 돼요
	3						●	●	안전한 곳에 모여요 (오전 자유놀이 중 화재)
9	1	●							차에 타면 안전벨트를 해요
	2		●						큰 소리로 도움을 청해요
	3						●	●	낮은 자세로 대피해요 (복도 화재)
10	1			●					먹을 수 있는 것과 먹을 수 없는 것이 있어요
	3						●	●	앗, 뜨거워요 (별솔반 화재)
11	1	●							차에서 내릴 땐 차례차례
	2					●			옷은 소중한 우리 몸을 보호해요
	3						●	●	앞이 보이지 않아요 (원장실 화재)
12	1		●						낯선 사람을 따라가지 않아요
	2						●	●	소화기가 있어요 (점심시간 중 화재)
	3				●				땅이 흔들려요
1	1	●							빵빵, 자동차 신호
	2			●					아플 때 먹는 약이에요
	4						●	●	선생님을 따라 대피해요 (오후 자유놀이 중 화재)
2	1				●				화재, 붕괴 시 안전행동 및 대피요령
	3						●	●	쿵쿵! 가스 냄새 (세탁실 화재)

출처: 구립 서울 숲 더샵 어린이집.

- 소방안전교육, 소방대피훈련 – 1개월에 1회 이상
- 교통안전교육 – 2개월에 1회 이상
- 실종 · 유괴예방교육, 약물오남용교육 3개월에 1회 이상
- 성폭력예방교육, 재난대비교육 각 6개월에 1회 이상

연간 안전교육계획안 내용 중 성폭력 안전 "내 몸의 이름을 알아요", 약물오남용 안전의 "장난감은 먹는 게 아니에요"의 실제 교육계획안을 예시로 제시하였다.

안전교육계획안

<table>
<tr><td>활 동 명</td><td>성폭력안전 – 내 몸의 이름을 알아요</td></tr>
<tr><td>기 간</td><td>5월 1주 (5월 2일 ~ 5월 7일)</td></tr>
<tr><td>활동목표</td><td>1. 신체 부위에 명칭에 관심을 갖는다.
2. 신체 부위를 탐색하며 다양한 움직임을 시도한다.</td></tr>
<tr><td>활동자료</td><td>그림자료, 인형</td></tr>
<tr><td>활동방법</td><td>1. '머리, 어깨, 무릎, 발'노래를 들려주며 신체에 관심을 가질 수 있도록 한다.
– 노래를 듣고 영아가 관심을 보이는지 관찰한다.
2. 노래를 부르며 영아의 놀이에 적절한 반응을 해 준다.
– 눈(코, 입)으로 무엇을 할 수 있을까?
– 침을 꿀꺽 삼켜보자. 목이 움직여지는 것이 느껴지니?
– 어깨는 으쓱으쓱, 팔은 무엇을 할 수 있을까?
– 배꼽은 무엇을 할 수 있을까?
– 다리는 무엇을 할 수 있을까?
– 무릎과 발을 움직여보자.
3. 신체 기능에 관심을 가질 수 있도록 돕는다.
– 우리 몸속에는 무엇이 있을까?
– 우리 몸속에는 심장과 폐, 혈관도 있구나!
– 음식을 먹으면 소화하는 기관도 있네.
4. 내 몸의 신체 부위 명칭에 대해 알아보고, 신체를 조절해 움직여본다.</td></tr>
<tr><td>활동사진</td><td> 〈'귀 코 입!'〉   〈그림 자료를 통해 신체부위 명칭 알아보기〉</td></tr>
<tr><td>활동평가</td><td>• 영아들과 '머리, 어깨, 무릎, 발' 노래를 부르며 기본적인 신체 명칭에 대해 알아보았음. 익숙한 노래에 자연스럽게 안전교육에 관심을 갖는 모습을 보였고, 교사가 '어디 있나' 노래를 부르며 다시 신체 부위를 찾아볼 수 있도록 하니 잘 찾는 모습도 관찰되었음. 이후 그림 자료를 통해 내 몸의 신체 명칭을 알아보는 시간을 가졌고, 인형을 탐색해 보며 직접 신체 부위를 탐색해기도 했음
• 아직 영아들이 소중한 부분에 대해 인지하기 어렵지만, 이후 우리 몸 내의 소중한 부분에 대해서도 지도해 보아야겠음</td></tr>
</table>

출처: 구립 서울 숲 더샵 어린이집.

안전교육계획안

활 동 명	약물안전 – 장난감은 먹는 게 아니에요
기 간	5월 4주 (5월 23일 ~ 5월 28일)
활동목표	1. 장난감 안에는 우리 몸에 좋지 않는 나쁜 물질이 들어 있음을 안다. 2. 장난감을 입으로 가져가지 않는다.
활동자료	실물 놀잇감, 돋보기
활동방법	1. 배가 아픈 아이 모습의 그림을 제공한다. 2. 그림을 보며 자유롭게 이야기를 나눈다. – 그림 속 아이 표정이 어때? – 배를 잡고 있네. 배가 많이 아픈가 봐. – 왜 배가 아플까? – ○○는 언제 배가 아팠어? 3. 영아들이 평소에 자주 입에 넣는 장난감 또는 좋아하는 장난감을 돋보기로 자세히 살펴보며 이야기를 나눈다. – ○○야! 이건 무엇일까? – ○○가 좋아하는 장난감이구나! – 돋보기로 장난감 구석구석을 살펴보자. – 더러운 장난감이 입을 통해 우리 몸으로 들어간다면 어떤 일이 일어날까? 4. 장난감을 입에 넣어본 경험과 장난감 속 화학물질과 병균이 우리 몸속에 들어가면 일어나는 증상에 대해 알아본다.
활동사진	  〈놀잇감을 탐색해요〉  〈입 속에 넣지 않아요〉
활동평가	• 놀잇감을 입 속에 넣는 모습이 자주 관찰되는 영역은 역할영역으로 놀이를 하는 영아들에게 다가가 안전교육을 진행해 보았음. 평상시에도 위생, 청결의 문제로 놀잇감을 입 속에 넣지 않도록 이야기를 나누고 있어 영아들 대부분 놀잇감을 입 속에 넣지 않아야 한다는 것을 잘 알고 있었음 • 교사가 놀잇감을 입 속에 넣으면 나쁜 벌레들이 우리 몸속으로 들어가 배가 아플 수도 있다고 이야기하니 영아들이 "그럼 병원에 가야 해요", "그러면 아픈데요?"하고 이야기하는 모습도 관찰됨 • 무엇보다 입 속에 들어갔던 놀잇감은 따로 분류해 두었다가 깨끗이 세척하는 것이 중요하겠음

출처: 구립 서울 숲 더샵 어린이집.

3 영유아 안전교육과정의 교수학습 방법

영유아들은 일상생활 속에서 직접 경험중심의 활동이 전개될 때 학습의 최대 효과를 누릴 수 있다. 생활주제에 따라 또는 교실에서 전개되는 주제에 따라 대·소집단 활동이 통합적으로 운영되어, 흥미영역 간 연관성을 이루도록 계획한다. 따라서 영유아에게 안전교육을 학습할 수 있도록 하는 대·소집단 활동을 누리과정(3~5세) 지도서에 제시된 활동을 중심으로 정리하였다.

1) 이야기 나누기 및 시연활동

교사가 안전교육의 주제에 대해 이야기 나누기 형식으로 진행하는 것이다. 주제에 대한 내용을 교사가 설명하고 유아와 상호작용하는 방식으로 진행된다. 그리고 난 후 교사가 직접 시연을 보일 수 있어 이해하기 어려운 내용을 보충하여 전달하는 데 비교적 용이하다. 이는 안전교육에 대한 태도 형성에 많은 도움을 줄 수 있으나 교사의 직접 설명 위주로 진행되다 보니 영유아 스스로 문제를 해결할 수 있는 기회가 적다는 점에서 아쉬운 점이 있다. 안전교육의 주제 '지진'에 대해 이야기 나누기 활동의 예시는 다음과 같다.

"땅이 흔들려요" 활동을 전개하기 전 활동으로 과학영역에 쟁반, 세울 수 있는 작은 인형을 준비해 준 후 쟁반 위에 인형을 세워두고 흔들었을 때 인형의 변화에 대해 스스로 탐색할 수 있는 기회를 준다. 그리고 이야기 나누기 "땅이 흔들려요" 활동을 전개하여 통합적으로 운영할 수 있다.

<table>
<tr><td>활동명</td><td>"땅이 흔들려요"</td><td>활동유형</td><td>대집단 활동: 이야기 나누기</td></tr>
<tr><td>활동목표</td><td colspan="3">• 지진이 발생했을 때 상황에 대해 이해한다.
• 지진이 발생했을 때 대처방법을 알고 시연해 볼 수 있다.</td></tr>
<tr><td>누리과정 관련요소</td><td colspan="3">• 신체운동 · 건강: 안전하게 생활하기</td></tr>
<tr><td>활동자료</td><td colspan="3">• 지진사진자료: 「우리는 안전 어린이 1」-9
</td></tr>
<tr><td>활동방법</td><td colspan="3">① 사전활동을 떠올려보고 '지진'이란 무엇인지 설명한다.
– 쟁반 위에 무엇이 있었지?
– 쟁반을 흔드니까 인형이 어떻게 되었지?
② 지진이 발생했을 때 대처상황에 대해 이야기 나눈다.
– 땅이 흔들려 물건들이 떨어질 때 다치지 않게 하려면 어떻게 해야 할까?
③ 「우리는 안전 어린이 1」-9를 보여주면서 지진이 발생했을 때 대처방법에 대해 이야기를 나눈다.
– 여자 친구가 어떻게 하고 있니?
– 왜 책상 아래에 있을까?
– 쿠션을 왜 머리 위에 올리고 있을까?
④ 지진상황을 가정하고 대처방법을 시연해 볼 수 있다.</td></tr>
<tr><td>유의점</td><td colspan="3">• 우리가 조심하면 사고를 줄일 수 있음을 알게 하는 것에 중점을 둔다.</td></tr>
<tr><td>활동평가</td><td colspan="3">• 지진 발생 시 대처방법에 대해 아는지 평가한다.
• 자신의 느낌과 생각을 창의적으로 이야기하는지 평가한다.
– 조심할 수 있는 여러 상황을 자신의 언어로 표현할 수 있는가?</td></tr>
<tr><td>확장활동</td><td colspan="3">• 언어영역에서 지진이 발생했을 때 대처방법 「우리는 안전 어린이 1」-9를 가지고 말로 설명할 수 있도록 한다.</td></tr>
</table>

출처: 조성완 외(2010). 유아용 안전교육 프로그램: 교사용 지도서 및 부모용 자료. 소방방재청. pp.41–42.

2) 토의를 통한 문제해결 방법

실외놀이터를 상상해 보자. 영유아가 가장 좋아하는 다양한 놀이도구, 즉 미끄럼틀, 그네, 정글짐, 모래놀이터 등이 구성되어 있고, 영유아는 신나게 그네도 타고 그 앞으로 지나다니는 유아도 종종 보이고, 미끄럼틀을 엎드려 타는 유아도 있고, 저 쪽 한 모퉁이에서 모래놀이를 하고 있는 유아도 보인다. 지금 이 놀이터에서는 위험한 상황이 발생할 가능성이 있다. 우선 그네 앞을 지나가는 유아가 위험하고, 미끄럼틀 엎드려 타다 턱을 다칠 수 있고, 심지어 모래놀이터에선 다른 친구에게 모래를 던질 우려도 있을 수 있다. 그럼 이런 상황에서 영유아에 안전하게 놀이하도록 학습하려면 가장 좋은 방법은 무엇이 있을까?

교사는 이와 같은 위험 상황을 동영상으로 미리 촬영을 해 놓고 준비된 동영상을 유아가 시청할 수 있도록 한다. 그리고 영유아가 위험한 상황을 이야기해 본다. 이때 유아는 자신들이 놀이했던 모습을 보게 되어 즐거운 점도 있지만 위험한 상황도 쉽게 인지할 수 있다. 크게 위험한 상황은 '그네 탈 때 유의점', '미끄럼틀 바르게 타는 방법', '모래는 던지지 않아요'와 같이 3가지로 정리할 수 있다. 그리고 이 상황을 각각 소그룹으로 토의활동을 진행한다면, 영유아는 안전과 관련된 문제 상황을 쉽게 파악하고 자신의 생각을 다른 친구들과 함께 나누면서 문제해결 방법을 찾아갈 수 있다.

<table>
<tr><td>활동명</td><td>"놀이터에서의 안전규칙 "</td><td>활동유형</td><td>소집단 활동: 토의 및 문제해결</td></tr>
<tr><td>활동목표</td><td colspan="3">• 놀이터에서 놀이도구 사용 시 위험한 상황을 인식하고 말할 수 있다.
• 놀이터에서 안전하게 놀이할 수 있는 방법에 대한 토의를 통해 놀이터에서의 안전규칙을 세우고 실천할 수 있다.</td></tr>
<tr><td>누리과정 관련요소</td><td colspan="3">• 신체운동 · 건강: 안전하게 생활하기</td></tr>
<tr><td>활동자료</td><td colspan="3">• 동영상: 실제 영유아들이 놀이터에서 놀이하는 영상물</td></tr>
<tr><td>활동방법</td><td colspan="3">① 실외놀이 활동 시 미리 촬영한 동영상을 시청한다.
② 오늘 놀이터에서 활동할 때 위험한 상황에 대해 이야기 나눈다.
– 그네 앞을 지나가는 ○○유아는 얼마나 위험할까?
– 미끄럼틀을 거꾸로 내려오는 유아는?
– 자신이 만든 모래성이 마음에 들지 않는다고 다른 친구에게 모래를 던지는 활동은?
③ 위와 같은 상황에서 대처할 수 있는 방법에 대해 소그룹으로 토의활동을 진행할 수 있도록 한다.
– 그네 타는 유아가 지켜야 할 점
– 그네에 친구가 타고 있을 때 그네 가까이 지나가지 않도록 한다.
– 미끄럼틀 거꾸로 내려올 때 문제점
– 그에 대한 해결방안
– 모래놀이터에서 지켜야 할 규칙
④ 유아들이 토의한 내용을 별도로 정리해 실외놀이터 또는 규칙을 잘 지킬 수 있도록 하기 위한 공간에 붙여놓는다.</td></tr>
<tr><td>유의점</td><td colspan="3">• 우리가 조심하면 사고를 줄일 수 있음을 알게 하는 것에 중점을 둔다.</td></tr>
<tr><td>활동평가</td><td colspan="3">• 놀이터에서 안전규칙에 대해 아는지 평가한다.
• 자신의 느낌과 생각을 창의적으로 이야기하는지 평가한다.
– 조심할 수 있는 여러 상황을 자신의 언어로 표현할 수 있는가?</td></tr>
<tr><td>확장활동</td><td colspan="3">• '놀이터에서 안전규칙'이란 책을 언어영역에서 만들어 볼 수 있다.</td></tr>
</table>

3) 문학 활동(동화, 동시, 동극)

그림책은 글과 그림의 유기체로 그림이란 시각매체가 전달하고자 하는 메시지가 글보다는 크기 때문에 유아교육현장에서 그림책을 다른 교육의 매개체로 활용하고 있다. 마찬가지로 안전교육의 내용을 전달할 때도 그림책이 유용하다. 먼저 유아교육기관에서 안전교육활동에 유용한 그림책의 목록을 소개하고 다음으로 동시, 동극활동을 소개하고자 한다.

(1) 0~1세

제목	글 · 그림 작가	출판사	출판연도
나비잠	신혜은 글, 장호 그림	사계절	2008년
냠냠냠 쪽쪽쪽	문승연 글	길벗어린이	2008년
달님 안녕	하야시 아키코 글, 이영준 옮김	한림출판사	2001년
모두 모여 냠냠냠	이미애 글, 김달성 그림	보림	2000년
모두 잠이 들어요	마거릿 와이즈 브라운 글 진 샬럿 그림 나희덕 옮김	비룡소 아기 그림책	2001년
싹싹싹	하야시 아키코 글, 그림 이영준 옮김	한림 출판사	2001년
아이 좋아	애플비 편집부	애플비	2008년
잘 자요, 달님	마거릿 와이즈 브라운 글 클레먼트 허드 그림 이연선 옮김	시공주니어	2009년

(2) 2~3세

제목	글 · 그림 작가	출판사	출판연도
따르릉 따르릉	조우영 지은이	사계절	2007년
똥 뿌직!	프란체스코 피토 지은이 베르나데트 제르베 지은이 최윤정 옮김	웅진주니어	1998년
똥이 풍덩	알로나 프랑켈 지은이 김세희 옮김	비룡소	2001년
모두모두 잠든 밤에	신시아 라일런트 지은이 메리 스질라기 그림 신형건 옮김	보물창고	2007년
변기엔 누가 앉을까?	안르레아 웨인 폰 쾨닉스뢰브 지은이 고우리 옮김	키득키득	2008년
별 하나 나 하나	조제트 쇠슈포르티슈 글 미셸 게 그림 최윤정 옮김이	비룡소	1999년

제목	글 · 그림 작가	출판사	출판연도
북쪽 나라 자장가	낸시 화이트 칼스트롬 글 다이앤 딜론, 레오 딜론 그림 이상희 옮김	보림	2003년
아기 쥐는 배가 고파요	안네 마르 지은이 안체 담 그림 김현좌 옮김	베틀북	2002년
악어도 깜짝, 치과 의사도 깜짝!	고미 타로 지은이 이종화 옮김	비룡소	2000년
앗! 따끔!	국지승 지은이	시공주니어	2009년
옹기종기 냠냠	심조원 지은이 김시영 그림	호박꽃	2010년
응가하자 끙끙	최민오 지은이	보림	2004년
이렇게 자 볼까? 저렇게 자 볼까?	이미애 지은이 심미아 그림	보림	2016년
이젠 아프지 않아요	유탕 랑로이터 지은이 베라 조바트 그림 강석란 옮김	국민서관	2004년
잘 자라, 우리 아가	멤 폭스 지은이 제인 다이어 그림 창작집단 바리 옮김	중앙출판사	2005년
잘자라 코코	가타야마 켄 지은이 김난주 옮김	비룡소	2001년
잠자기 싫어요	정재은, 안나 카살리스 지은이 마르코 캄파넬라 그림 이현경 옮김	키득키득	2008년
108번째 아기양	아야노 이마이 지은이 새잎 옮김	베틀북	2007년

(3) 4~5세

제목	글·그림 작가	출판사	출판연도
가족앨범	실비아 다이네르트티네, 크리그 지은이 울리케 볼얀 그림 이혜숙 옮김	사계절	2004년
감기 걸린 날	김동수 지은이	보림	2002년
개구쟁이 해리	유진 자이언 지은이 마거릿 블로이 그레이엄 그림 임정재 옮김	사파리	2011년
구리와 구라의 빵 만들기	나카가와 리에코 지은이 야마와키 유리코 그림	한림출판사	1994년
그런데 임금님이 꿈쩍도 안 해요!	오드리 우드 글 돈 우드 그림 조은수 옮김	보림	2003년
그렇지만 나는 잠이 안와	이상교 글 권혜영 그림	작은책방 (해든아침)	2008년
길 아저씨 손 아저씨	권정생 지은이 김용철 그림	국민서관	2006년
깊은 밤 부엌에서	모리스 샌닥 지은이 강무홍 옮김	시공주니어	1994년
까만 소녀 니나의 비밀	아나 마리아 마샤두 지은이 로사나 파리아 그림 김영선 옮김	한길사	2004년
꼬마 아이를 먹을래	실비안 도니오 글 도르테 드 몽프레 그림 최윤정 옮김	바람의 아이들	2008년
꼬마들의 잠잘 시간	화리데 칼라아트바리 글 알리 마훠케리 그림 김영연 옮김	큰나 (시와시학사)	2009년
꽃처럼 향기로운 내 동생	아그네스 라코르 글 그웬 르 각 그림 이혜선 옮김	크레용하우스	2004년
나도 아프고 싶어!	프란츠 브란덴베르크 지은이 알리키 브란덴베르크 그림 이수연 옮김	시공주니어	1995년

제목	글 · 그림 작가	출판사	출판연도
나랑 좀 달라도 괜찮아	캐스린 케이브 지은이 문성원 옮김	주니어김영사	2006년
나와 감기 걸린 알	후나자키 요시히코 글 스기우라 한모 그림 정숙경 옮김	보림	2002년
난 병이 난 게 아니야	카도노 에이코 글 다루이시 마코 그림 엄기원 옮김	한림출판사	1998년
난 생쥐가 아니야	마리오 라모스 지은이 임희근 옮김	주니어김영사	2003년
난 잠자기 싫어!	토니 로스 지은이 배정인 옮김	삐아제어린이	2007년
난 토마토 절대 안먹어	로렌 차일드 지은이 조은수 옮김	국민서관	2001년
난 하나도 안 졸려, 잠자기 싫어!	로렌 차일드 지은이 조은수 옮김	국민서관	2002년
날개 잃은 천사	마야 지은이 임지영 옮김	고래이야기	2006년
낮잠 자는 집	오드리 우드 글 돈 우드 그림 조숙은 옮김	보림	2000년
내 입을 이만~큼 크게 만들어 주세요	콜레트 바르베 글 장 뤼크 베나제 그림 신선영 옮김	문학동네어린이	2000년
내 동생과 할 수 있는 백만 가지 일	스테파니 스투브-보딘 지은이 팸 드비토 그림 한진영 옮김	한울림스페셜	2014년
네스 호 괴물의 행운	A. W. 플래허티 지은이 스콧 매군 그림 이명희, 신윤조 옮김	마루벌	2009년
눈물바다	서현 지은이	사계절	2009년
다섯명의 과학자와 코끼리	마르틴 발트샤이트 지은이 크리스토프 메트 그림 최용주 옮김	큰나 (시와시학사)	2009년

제목	글 · 그림 작가	출판사	출판연도
다음엔 너야	에른스트 얀들 지은이 노르만 융에 그림 박상순 옮김	비룡소	2001년
딸기나라 딸기우유	이필원 지은이	시공주니어	2005년
로쿠베, 조금만 기다려	하이타니 겐지로 지은이 초 신타 그림 햇살과 나무꾼 옮김	양철북	2006년
마법에 걸린병	고경숙 지은이	재미마주	2005년
맛있게 드세요, 토끼씨	클로드 부종 지은이 배은주 옮김	주니어파랑새 (파랑새어린이)	1999년
먹보 귀신과 늑대와 꼬마와 과자 이야기	필립 코랑텡 지은이 이경혜 옮긴이	주니어파랑새 (파랑새어린이)	2002년
멍멍 의사 선생님	배빗 콜 지은이	보림	2000년
목욕은 즐거워	교코 마스오카 지은이 하야시 아키코 그림	한림출판사	1996년
민수야, 힘내	아오키 미치요 지은이 하마다 케이코 그림 이영준 옮김	한림출판사	2000년
바바야가 할머니	패트리샤 폴라코 지은이 최순희 옮긴이	시공주니어	2003년
반쪽이	이미애 지은이 이억배 그림	보림	1997년
방귀소녀 우차차	오모토 야스오 지은이 곽혜은 옮김	한림출판사	2007년
배고픈 외투	데미 글	비룡소	2007년
뱃속 마을 꼭꼭이	안나 러셀만 지은이	현암사	1996년
병원소동	마르가르트 레이 글 한스 아우구스토 레이 그림 박향주 옮김	시공주니어	1996년
빨간 코 빨간 귀	다비드 칼리 지은이 오렐리 귈르리 그림 황윤선 옮김	아롬주니어	2008년
뿌루퉁 왕국 방실 왕자	존A로 지은이 최재숙 옮김	국민서관	2008년

제목	글 • 그림 작가	출판사	출판연도
쉬이이잇!	제이슨 지은이	새만화책	2006년
씩씩한 마들린느	루드비히 베멀먼즈 글, 그림 이선아 옮김	시공주니어	1994년
아기 공룡은 밥도 잘 먹는대요!	제인 욜런 지은이 마크티그 그림 보리 옮김	꼬마media2.0	2007년
아기 힘이 세졌어요	존 버닝햄 글, 그림 문명식 옮김	한솔수북	2005년
아빠, 나 아파요	패트리샤 매클라클랜 지은이 제인 다이어 그림 김흥숙 옮긴이	파란 자전거	2005년
아프리카에 간 드소토 선생님	윌리엄 스타이그 지은이 조세현 옮김	비룡소	2005년
안 돼요, 정말 안 돼요!	프란체스코 피토, 베르나베트 제르베 지은이 양진희 옮김	함께자람 (교학사)	2006년
암소 로자의 살빼기 작전	크리스텔 데무아노 지은이 유정림 옮김	사계절	2000년
어떤 느낌일까?	나카야마 치나츠 지은이 와다 마코토 그림 장지현 옮김	보림	2006년
열한 번째 양은 누굴까?	미지 켈리 글 러셀 아요토 그림 강미라 옮김	국민서관	2008년
예방 주사 무섭지 않아!	후카이 하루오 지은이 이영준 옮김	한림출판사	1996년
우리 몸의 구멍	허은미 글 이혜리 그림	길벗어린이	2000년
이럴 땐 싫다고 말해요!	마르 프랑스 보트 지은이 파스칼 르메트르 그림 홍은주 옮김	문학동네 어린이	1999년
이불 나라의 난쟁이들	오치 노리코 지은이 데쿠네 이쿠 그림 위귀정 옮김	베틀북	2008년

제목	글 · 그림 작가	출판사	출판연도
일어날까, 말까?	김고은 지은이	비룡소	2007년
잠자는 책	샤롯 졸로토 그림 스테파노 비탈레 그림 김경연 옮김	풀빛	2002년
저 파란별이 리사예요	파트릭 질송 지은이 클로드 K. 뒤부아 그림 최현덕 옮김	크레용하우스	2003년
청소하기 싫어!	다카시나 마사노부 지은이 후쿠다 이와오 그림 사과나무 옮김	크레용하우스	2007년
충치 도깨비 달달이와 콤콤이	안나 러셀만 지은이	현암사	1994년
치과의사 드소토 선생님	윌리엄 스타이그 지은이 조은수 옮김	비룡소	1995년
친구야, 목욕하자!	크리스티나 가렐리 지은이 프란체스카 체사 그림 박향주 옮김	시공주니어	2002년
키아바의 미소	칼 노락 글 루이 조스 그림 곽노경 옮김	미래아이	2001년
트레버가 벽장을 치웠어요	롭 루이스 그림 정해왕 옮김	비룡소	1996년
피터의 안경	애즈라 잭 키츠 지은이 정성원 옮김	비룡소	2005년
화요일은 머리 감는 날	우리 오를레브 지은이 야키 글라이히 그림 유혜자 옮김	은나팔(현암사)	2007년

〈표 9-1〉 동화

<table>
<tr><th>활동명</th><td>내 몸을 안전하게</td><th>활동유형</th><td>대 · 소집단 활동: 동화</td></tr>
<tr><th>활동목표</th><td colspan="3">• 위험한 상황을 알고 안전하게 놀이한다.
• 동화를 듣고 그 내용을 이해한다.</td></tr>
<tr><th>누리과정 관련요소</th><td colspan="3">• 신체운동 · 건강: 안전하게 생활하기 – 안전하게 놀이하기
• 의사소통: 듣기 – 동요, 동시, 동화 듣고 이해하기</td></tr>
<tr><th>활동자료</th><td colspan="3">플래시 동화 '내 몸을 안전하게' (최순영, 어원미디어, 2010)

〈'내 몸을 안전하게' 플래시〉</td></tr>
<tr><th>활동방법</th><td colspan="3">① 동화의 제목을 알아본 후, 겉표지의 그림을 보면서 어떤 내용일지 예상해 본다.
– 동화의 제목을 읽어볼까?
– 겉표지에 있는 그림을 보면, 동화에 어떤 이야기가 있을 것 같니?
② 동화를 듣는다.
③ 동화 내용에 대해 이야기 나눈다.
– 높은 책장에 올라갔을 때 어떻게 되었니?
– 미끄러운 곳이나 좁은 공간에서 뛰었을 때 어떻게 되었니?
– 미끄럼틀을 서서 탔을 때 어떻게 되었니?
– 찻길에서 놀다 어떻게 되었니?
④ 위험한 상황에 처했던 자신의 경험에 대해 이야기 나눈다.
– 높은 곳에 올라가거나 아무 데서나 뛰어서 다친 적이 있니?
– 놀이터에서 규칙을 지키지 않아서 다친 적이 있었니?
– ⑤ 안전하게 놀이하는 것의 중요성에 대해 이야기 나눈다.
⑥ 안전하게 놀이하기 위한 방법에 대해 이야기 나눈다.</td></tr>
<tr><th>유의점</th><td colspan="3">• 안전하게 생활하기 위해 약속을 지켜야 하는 이유에 대해 충분히 이야기 나누고 실천으로 옮겨질 수 있도록 지도한다.
• 일상생활에서 유아가 실제 겪었던 위험한 상황들과 연계하여 진행하되, 내 몸의 소중함을 알고 안전하게 생활할 수 있도록 지도한다.</td></tr>
<tr><th>활동평가</th><td colspan="3">• 안전하게 생활하는 방법에 대해 알고 행동에 옮기는지 평가한다.
– 위험한 상황을 알고 안전 규칙을 지키며 놀이하는가?
• 동화를 듣고 그 내용을 이해하는지 평가한다.</td></tr>
<tr><th>확장활동</th><td colspan="3">• 동화책에 나온 방법 이외에 안전하게 놀이할 수 있는 방법을 생각하여 뒷이야기 짓기 활동을 해 볼 수 있다.
• 동화 내용을 회상하면서 놀이터나 생활에서 지켜야 할 안전규칙을 만들 수 있다.</td></tr>
</table>

출처: 교육과학기술부. 4세 누리과정지도서. 건강과 안전. pp.219–222.

〈표 9-2〉 동시

<table>
<tr><td>활동명</td><td>신호등</td><td>활동유형</td><td>대 · 소집단 활동: 동시</td></tr>
<tr><td>활동목표</td><td colspan="3">• 즐겁게 동시를 감상한다.
• 신호등의 역할과 기능을 안다.</td></tr>
<tr><td>누리과정 관련요소</td><td colspan="3">• 신체운동 · 건강: 안전하게 생활하기 – 교통안전 규칙 지키기
• 의사소통: 듣기 – 동요, 동시, 동화 듣고 이해하기</td></tr>
<tr><td>활동자료</td><td colspan="3">PPT 동시 '신호등'(최혜영)
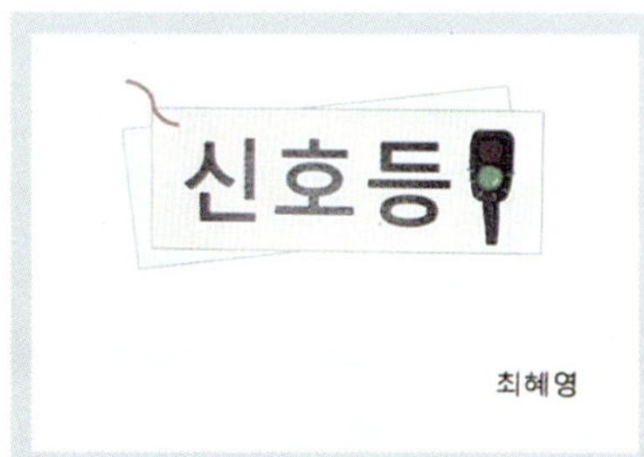

</td></tr>
<tr><td>활동방법</td><td colspan="3">① '신호등'에 대한 수수께끼로 이야기를 도입한다.
– 나는 누구일까요?
– 내 몸에는 빨간등, 초록등이 있어서 불빛으로 말해요.
– 나는 찻길의 횡단보도 옆이나 길에 서 있어요.
② '신호등' 동시를 들려준다.
③ 동시를 듣고 난 후, 동시의 내용과 느낌에 대해 이야기 나눈다.
– 동시에 어떤 내용이 있었니?
– 횡단보도를 건너기 전 무엇을 꼭 확인해야 하니?
– 신호등은 어떤 불빛으로 우리에게 무슨 말을 해 주고 있니?
④ 동시를 다시 한 번 들려준다.
⑤ 다양한 방법으로 유아들과 나누어서 읊어 본다.
(교사가 읊고 따라 읽기, 반복되는 단어는 유아가 읽기 등)
– 선생님이 '신호등 신호등'을 읽으면 뒤 부분의 '빨간 신호등'은 너희들이 읽어볼까?
– 한 줄씩 번갈아 읽어볼까?
– 즐겁게 읽을 수 있는 다른 방법은 무엇이 있을까?</td></tr>
<tr><td>유의점</td><td colspan="3">• 횡단보도를 건넜을 때의 경험을 생각하며 활동할 수 있도록 한다.
• 동시에 대한 즐거움을 느낄 수 있도록 강약을 살려 읊도록 한다.
• 유아의 발달 수준에 따른 참여도를 고려하여 동시 말을 개사하는 데 시간이 길어지지 않도록 주의한다.
• 활동 자료로 신호등 표시판을 제작하여 조작하며 동시를 읊을 수 있다.</td></tr>
</table>

활동평가	• 동시에 담긴 내용을 이해하여 즐겁게 감상하는지 평가한다. – 동시의 내용을 이해하는가? – 동시를 즐겁게 감상하는가? • 동시를 듣고 신호등의 색깔이 주는 의미를 알고 실천하는지 평가한다. – 신호등의 색깔의 의미를 아는가? – 횡단보도에서 신호등의 표시를 보고 행동하는가?
확장활동	• 신호등 판을 만들어 실외활동에서 신호등의 신호에 따른 신체활동을 해 볼 수 있다. • 미술 영역에서 신호등을 만들어보는 활동으로 확장할 수 있다.

출처: 교육과학기술부. 3세 누리과정지도서. 건강과 안전. pp.193–195.

4) 게임 활동

활동명	기호는 약속이야	활동유형	대 · 소집단 활동: 게임
활동목표	• 위험을 알려주는 기호가 있음을 안다. • 우리 주변에서 볼 수 있는 여러 기호에 대해 관심을 갖는다.		
누리과정 관련요소	• 신체운동 · 건강: 안전하게 생활하기 – 안전하게 놀이하기 • 신체운동 · 건강: 안전하게 생활하기 – 교통안전 규칙 지키기 • 자연탐구: 탐구하는 태도 기르기 – 호기심을 유지하고 확장하기		
활동자료	안전 상황 그림 각 8장 2세트, 안전 표지판 각 8장 2세트  〈안전 상황 그림〉 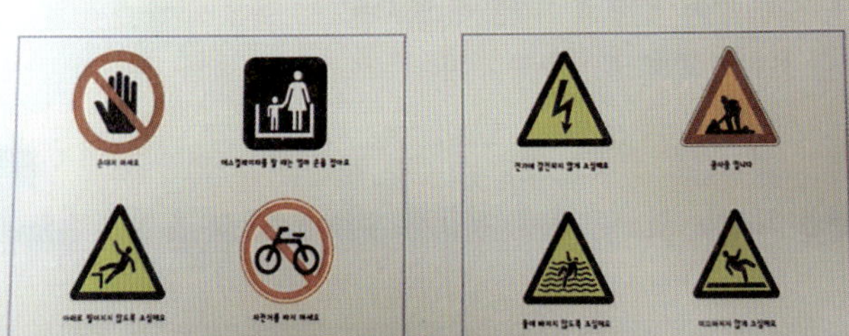 〈안전 표지판〉		

활동방법	① 상황 그림을 보며 게임 내용을 담은 이야기를 듣는다. – 안전기호가 어디에 있었니? – 아름이가 보지 못한 기호는 무엇이 있었니? ② 안전기호를 살펴보면서 이야기 나눈다. – 이 그림은 어떤 그림일까? – 이 기호를 어디에서 보았니? – 이 기호는 어떤 뜻일까? ③ 게임 방법을 알아본다. 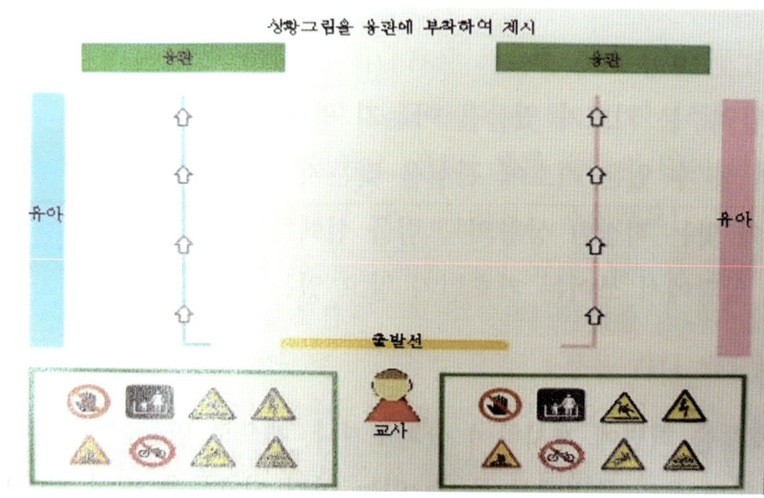 ④ 게임의 규칙과 약속을 정한다. – 게임을 할 때 지켜야 할 약속에는 어떤 것들이 있을까? ⑤ 게임을 한다. ⑥ 게임 자료를 정리한 뒤 평가한다.
유의점	• 게임 전 동화 '기호는 약속이야'(황지영, 여원미디어, 2010)를 보며 안전기호에 대해 자세히 살펴본 뒤 활동하도록 한다. • 유아가 안전기호에 익숙하지 않을 경우, 게임 하기 전 그림 자료를 보며 안전 기호에 대해 충분한 이야기를 나누도록 한다.
활동평가	• 위험을 알려주는 기호가 있음을 아는지 평가한다. • 주변에서 볼 수 있는 기호에 관심을 갖는지 평가한다. – 기호에 맞는 적절한 상황의 그림을 선택하였는가? – 어떤 상황에서 쓰이는 기호인지 알고 있는가?
확장활동	• 안전기호들을 벽면에 게시하여 살펴보거나, 책으로 만들어 볼 수 있다. • 산책을 하며 우리 주변에서 볼 수 있는 여러 기호들을 직접 찾아볼 수 있다.

출처: 교육과학기술부. 4세 누리과정지도서. 건강과 안전. pp.226-229.

5) 역할 및 쌓기 활동

역할놀이는 안전교육활동을 실제와 거의 유사한 놀이로 재현해 볼 수 있는 기회를 제공한다. 특히, 영유아발달특성상 역할영역에서 상상놀이, 가상놀이가 가장 활발히 일어나는 시기이므로 안전교육활동을 역할놀이로 해 보는 것은 의미 있는 활동이다. 역할영역에서 다양한 역할을 수행할 수 있고, 또 역할을 바꾸어서 해 볼 수 있는 장점이 있어 타인의 마음을 잘 이해할 수 있고 구체적인 문제 상황을 쉽게 파악할 수 있도록 돕는다. 요즘은 역할놀이를 더욱 사실적으로 할 수 있도록 '119 구조대', '소방서 놀이' 등 잘 구비되어 있어 영유아는 더욱 몰입해 놀이할 수 있다. 뿐만 아니라 역할놀이와 연계해 쌓기 활동으로 이어져 놀이할 수 있다.

〈표 9-3〉 **역할놀이**

활동명	놀이터 안전 지킴이 놀이	활동유형	자유선택 활동: 역할놀이
활동목표	• 놀이터에서 안전하게 놀이하는 방법에 관심을 가지고 이야기할 수 있다. • 친구와 의논하고 협력하면서 안전 지킴이 놀이에 참여한다.		
누리과정 관련요소	• 신체운동 · 건강: 안전하게 생활하기 – 안전하게 놀이하기 • 의사소통: 말하기 – 느낌, 생각, 경험 말하기 • 사회관계; 다른 사람과 더불어 생활하기 – 사회적 가치를 알고 지키기		
활동자료	PPT 동화 '언제나 조심조심'(김선희, 대원 출판사, 2012), 유아들과 함께 만든 놀이터 안전 지킴이 표지판 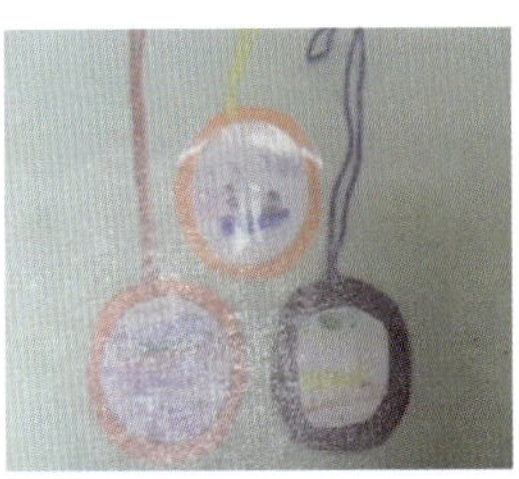   〈유아들이 만든 '놀이터 안전 지킴이 놀이' 자료〉		
활동방법	① PPT 동화 '언제나 조심조심'을 보며 놀이터에서 안전하게 놀이하는 방법에 대해 이야기 나눈다. – 놀이터에서 어떤 놀이를 할 때가 가장 재미있었니? – 놀이터에서 놀다가 다쳤던 일도 있었니? – 왜 다쳤을까? – 어떻게 하면 다치지 않고 놀 수 있을까?		

	- 놀이터에서 안전하게 놀 수 있도록 지켜주시는 분들은 누가 있을까? - 우리가 놀이터에서 안전하게 놀이할 수 있도록 항상 지켜주는 사람이 되어보면 어떨까? - 놀이터 안전을 지켜주는 사람을 어떻게 부르면 좋을까? ② 놀이터 안전 지킴이에 대해 알아본다. - 놀이터 안전 지킴이라는 것을 어떻게 알 수 있을까? - 옷에 놀이터 안전 지킴이 표시를 넣는다면 어떤 모양을 넣어줄까? ③ 놀이터 안전 지킴이가 하는 일을 정해 본다. - 놀이터 안전 지킴이는 누가 해 보면 좋을까? - 놀이터 안전 지킴이는 어디에 있으면 좋을까? ④ 놀이터 안전 지킴이 놀이를 해 본다. - 놀이터 안전 지킴이는 누가 해 보면 좋을까? - 놀이터에서 노는 친구들의 역할은 누가 해 보면 좋을까? ⑤ 놀이터 안전 지킴이 놀이를 하고 난 후 느낌을 이야기 나눈다. - 놀이터 안전 지킴이가 되어서 친구들을 도와주니 기분이 어땠니? - 놀이터에서 노는 친구들은 안전 지킴이가 알려 주는 대로 잘 행동을 했었니? - 놀이터 안전 지킴이가 없어도 안전하게 놀려면 어떻게 해야 할까?  〈'놀이터 안전 지킴이 놀이'를 하는 모습〉
유의점	• 먼저 놀이터 안전 지킴이 역할을 충분히 탐색한 다음 활동하도록 한다. • 유치원/어린이집 놀이터나 동네 근린공원 놀이터 등을 이용할 때도 항상 안전하게 놀이할 수 있도록 지속적으로 지도한다. • 유아들이 놀이터 안전 지킴이 놀이에 필요한 자료들을 직접 만들어서 활용해 보도록 한다.
활동평가	• 놀이터에서 안전하게 놀이하기 위한 방법에 관심을 가지고 이야기할 수 있는지 평가한다. • 안전 지킴이의 역할을 친구와 의논하고 놀이터 안전 지킴이 놀이에 협동적으로 참여하였는지 평가한다. 가) 놀이터 안전 지킴이의 역할에 대해 알게 되었는가? 나) 친구와 협동하여 안전 지킴이 놀이에 참여하였는가?
확장활동	• 쌓기 놀이 영역에 안전놀이터를 구성하고 역할놀이와 연계하여 놀이터 안전 지킴이 놀이를 할 수 있다. • 바깥놀이에서도 안전 지킴이 놀이를 해 볼 수 있다.

출처: 교육과학기술부. 4세 누리과정지도서. 건강과 안전. pp.188-190.

〈표 9-4〉 쌓기 활동

<table>
<tr><td>활동명</td><td>무너지지 않게 쌓아요</td><td>활동유형</td><td>자유선택 활동: 쌓기놀이 영역</td></tr>
<tr><td>활동목표</td><td colspan="3">• 블록으로 안전하게 놀이하는 방법을 안다.
• 블록을 무너지지 않게 쌓으려고 시도한다.</td></tr>
<tr><td>누리과정 관련요소</td><td colspan="3">• 신체운동 · 건강: 안전하게 생활하기 – 안전하게 놀이하기
• 자연탐구: 탐구하는 태도 기르기 – 탐구과정 즐기기</td></tr>
<tr><td>활동자료</td><td colspan="3">건물 짓는 공사장 사진, 종이벽돌 블록, 큰 스펀지 블록, 안전 모자, 안전조끼, 목공도구</td></tr>
<tr><td>활동방법</td><td colspan="3">① 쌓기놀이 영역에 건물을 짓는 공사장 사진을 게시해 두고, 안전 모자와 조끼, 목공 도구 등의 소품을 비치해 둔다.
② 유아들과 함께 사진과 소품을 보며 공사장을 본 경험에 대해 이야기를 나눈다.
– 무엇을 하고 있는 모습일까?
– 공사하시는 분들을 본 적이 있니?
– 공사하시는 분들은 왜 이런 옷을 입을까?
– 이런 것들은 무엇을 할 때 쓰는 물건일까?
– 공사장에 왜 이런 표시를 해 놓았을까?
③ 안전 모자와 조끼를 입고 목공 도구 소품과 블록을 이용하여 건물을 구성한다.
– 우리는 오늘 어떤 건물을 짓는 공사를 할까?
– 어떤 블록으로 만들어볼까?
– 공사를 할 때는 안전을 위해 어떤 옷을 입어야 할까?
④ 튼튼하게 쌓을 수 있는 방법에 대해 이야기 나눈다.
– 튼튼한 건물을 지으려면 어떻게 해야 할까?
– 너무 높게 쌓으면 어떻게 될까?
– 무너지지 않게 하려면 이 기둥을 어디에 놓아야 할까?
⑤ 구성하는 도중에 또는 구성한 블록이 무너질 수 있는 상황에 대해 이야기 나눈다.
– 공사를 하다가 건물이 무너지는 사고가 나면 어떻게 될까?
– 우리도 혹시 쌓기 놀이를 하다가 우리가 만든 건물이 무너지면 어떻게 할까?
– 만약 바로 내 옆에서 블록으로 높게 쌓은 건물이 무너지면 어떻게 할까?
⑥ 건물 공사 놀이를 한다.
– 건물 공사 중이라 이곳이 위험하다는 것을 어떻게 표시해 줄까?

〈건물 공사 놀이 모습〉</td></tr>
</table>

유의점	• 유아가 블록의 크기, 모양을 자유롭게 탐색하면서 블록 구성물의 균형 상태를 예측해 보고 직접 시도해 보도록 한다. • 유아의 발달 수준을 파악하여 구성물의 높이를 적절히 조절하도록 한다.
활동평가	• 블록으로 안전하게 놀이하는 방법을 아는지 평가한다. • 블록을 무너지지 않게 쌓으려고 시도하는지 평가한다.
확장활동	• 도로 공사 놀이로 확장하여 놀이 할 수 있다. • 다양한 크기의 재활용품 상자를 활용하여 안전하게 쌓기놀이를 할 수 있다.

출처: 교육과학기술부. 3세 누리과정지도서. 건강과 안전. pp.170-171.

6) 음률활동

<table>
<tr><td>활동명</td><td>멈춰요</td><td>활동유형</td><td>자유선택 활동: 음률 영역</td></tr>
<tr><td>활동목표</td><td colspan="3">• 횡단보도를 안전하게 건넌다.
• 음악을 듣고 신체로 다양하게 표현한다.</td></tr>
<tr><td>누리과정 관련요소</td><td colspan="3">• 신체운동 · 건강: 안전하게 생활하기 – 교통안전 규칙 지키기
• 예술경험: 예술적 표현하기 – 움직임과 춤으로 표현하기</td></tr>
<tr><td>활동자료</td><td colspan="3">신호등이 있는 횡단보도를 건너는 유아 사진, 빨강 · 초록색 동그라미 카드와 숫자 동그라미 카드(5,4), 횡단보도, 음원 '그대로 멈춰라'와 악보

〈횡단보도와 동그라미(숫자) 카드〉

〈신호등이 있는 횡단보도를 건너는 유아〉</td></tr>
<tr><td>활동방법</td><td colspan="3">① 횡단보도 앞에서 신호등을 건너는 유아 사진을 보며 이야기를 나눈다.
–(신호등 앞에 서 있는 사진을 보며) 이 사진은 무슨 사진일까?
– 횡단보도에 멈춰 서 있을 때는 어떤 자세로 기다려야 할까?
– 신호등이 어떤 색일 때 건너야 할까?
– 횡단보도를 건너기 전에는 어떻게 해야 하나?
– 신호등이 깜빡이거나 빨간불일 때는 어떻게 해야 할까?
– 왜 멈춰 서서 이곳저곳을 살펴야 하니?
② '그대로 멈춰라' 음악을 들어 보고 몸으로 표현해 본다.
–'그대로 멈춰라' 음악을 들어 볼까?
–'그대로 멈춰라' 음악에 맞추어 어떤 활동을 해 볼 수 있을까?</td></tr>
</table>

	③ 활동을 소개한다. –(빨간색 카드를 제시하며) 이 카드로 어떤 활동을 할 수 있을까? –노래에 맞추어 마음대로 춤을 추다가 '그대로 멈춰라' 부분에서 빨간색(초록색) 카드가 보이면 어떻게 할까? ④ 음악을 듣고 활동한다. –노래가 시작되면 춤을 추다가 빨간색 카드를 들면 멈춰 볼까? –초록색 카드를 들면 걸어볼까? –누가 색깔 카드를 들어 주겠니? –음악을 들으며 활동해 볼까? ⑤ 활동 시 느꼈던 점을 이야기한다.
유의점	• 횡단보도에서 교통안전과 관련된 개념을 자연스럽게 익히며 활동하도록 한다. • 신호등이 깜빡이거나 시간이 얼마 남지 않았을 때는 횡단보도를 건너지 말고 기다리도록 지도한다. • 활동 시 노래에 소홀하거나 혼란스럽지 않도록 규칙을 정하여 지킨다.
활동평가	• 횡단보도를 건널 때 지켜야 할 안전 규칙을 아는지 평가한다. • 멈춘 후 주변을 살핀 후 (운전자와 눈을 마주친 후) 건너가는가? • 음악을 듣고 그 느낌을 신체로 창의적으로 표현하는지 평가한다.
확장활동	• 신호등과 횡단보도를 만들어 역할 놀이로 확장할 수 있다. • 가사를 바꾸어 교통안전 노래를 만들어 볼 수 있다.

출처: 교육과학기술부. 3세 누리과정지도서. 건강과 안전. pp.184–186.

7) 현장견학–소방서 방문

현장견학은 주제에 관련한 현장을 직접 방문하여 학습에 설정한 목표를 구체적으로 달성하기에 유용한 방법이다. 현장에서 직접 체험하거나 관찰을 통해 구체적인 경험을 습득할 수 있기에 안전교육에 더욱 도움이 된다. 안전교육을 체험할 수 있는 장소는 소방서, 교통공원, 안전체험관 등이 있다.

활동명	소방서 다녀오기	활동유형	대 · 소집단 활동: 현장체험
활동목표	• 비상 시 대처하는 방법을 안다. • 소방대원이 하는 일에 대하여 안다. • 소방대원들의 수고에 감사한 마음을 갖는다.		
누리과정 관련요소	• 신체운동 · 건강: 안전하게 생활하기 – 비상 시 적절히 대처하기 • 사회관계: 다른 사람과 더불어 생활하기 – 사회적 가치를 알고 지키기		

활동자료	소방서 그림 또는 사진, 카메라, 질문 목록
활동방법	① 소방서 사진이나 그림을 보면서 소방서에서 하는 일에 대해 이야기 나눈다. – 소방서에 가 본 적 있니? – 소방서에는 어떤 사람들이 있을까? – 소방서에 대해 궁금한 것을 어떻게 해결해 볼까? ② 소방서 현장체험할 때 준비해야 할 것을 알아본다. – 소방서에 갈 때 우리가 무엇을 준비해 가면 좋을까? ③ 소방서 현장체험 시 지켜야 할 약속을 정한다. – 소방서 현장체험을 가서 우리가 지켜야 할 약속은 무엇이 있을까? ④ 소방서 관계자의 안내에 따라 둘러보며 미리 만들어온 질문목록에 따라 질문한다. (아픈 사람이 생기면 무슨 차가 출동할까?, 소방관 아저씨들은 잠도 안자고 기다리고 있을까?) 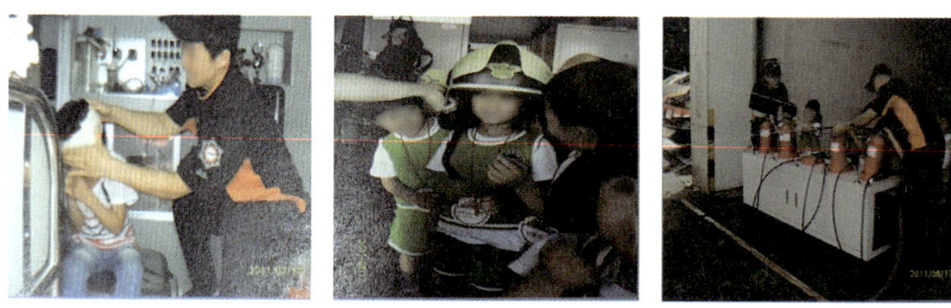 〈소방서 체험 활동〉 ⑤ 소방서에 다녀온 후 이야기 나눈다. – 불이 날 경우 어떻게 하면 된다고 했지? – 소방서에는 어떤 것들이 있었니? – 소방대원들은 불 끄는 일 이외에도 어떤 일을 하시니? – 우리는 소방대원들에 어떠한 마음을 가지면 좋을까? – 감사한 마음을 어떻게 표현해 볼까?
유의점	• 교사는 소방서 현장체험을 위한 공문을 미리 발송한 후, 소방서 견학 일정을 잡는다. • 유아들이 체험할 수 있는 부분을 소방서 담당자와 사전에 논의한다.
활동평가	• 화재가 났을 때 대처해야 하는 방법을 아는지 평가한다. – 위험한 일이 생겼을 때 어떻게 대처해야 하는지 알게 되었나? • 소방서와 소방대원이 하는 일에 대해 알게 되었는지 평가한다. • 소방대원에게 감사하는 마음을 가지게 되었는지 평가한다.
확장활동	• 소방서 현장체험 후 사진자료나 비디오를 보며 회상해 볼 수 있다. • 미술영역에서 다양한 재료를 이용하여 응급차, 들것 등을 만들어 볼 수 있다. • 역할놀이영역에서 소방서 놀이를 할 수 있다.

출처: 교육과학기술부. 4세 누리과정지도서. 건강과 안전. pp.230–231.

4 안전교육의 평가

안전교육에 대한 평가의 대상은 교육기관의 교사, 영유아이다. 우선적으로 교육기관에서 영유아 안전교육활동 계획, 실행, 교수학습방법 측면에서 평가가 이루어져야 한다. 이 과정을 거쳐 평가의 결과를 다음 연도 안전교육계획에 반영하여 보다 효과적으로 안전교육을 계획할 수 있는 방안이 될 수 있다. 안전교육의 평가의 내용을 구체적으로 살펴보도록 한다.

1) 교육기관에서 교사의 평가

(1) 안전교육활동의 계획

- 연령별 발달특성을 고려하여 연간안전교육계획이 수립되었는가?
- 안전교육의 내용이 다양하게 구성되었는가?
- 영유아의 경험에 근거하고 일상생활을 중심으로 계획되었는가?
- 안전교육이 지속적으로 운영될 수 있도록 반복적이고 체계적인가?
- 안전교육을 계획할 때 가정, 지역사회와 연계될 수 있도록 하였는가?
- 주간, 월간, 일일안전교육계획안 목표설정 시 지식, 기술, 태도의 형태로 진술하여 계획하였는가?

(2) 안전교육의 실행 및 교수학습방법

- 영유아의 발달특성을 고려하고 활동의 내용을 잘 습득할 수 있도록 대 · 소집단 활동으로 진행하였는가?
- 생활주제에 적합하게 구성하여 영유아가 지속적으로 활동할 수 있는 다양한 교구과 교재가 준비되어 비치되었는가?
- 안전교육의 내용에 가장 적합한 활동매체가 사용되었는가?
- 영유아가 안전교육에 대한 내용을 알고 이를 실천해 볼 수 있는 기회를 제공했는가?
- 안전교육의 내용은 지속적으로 이루어졌는가?

2) 영유아 평가

영유아를 대상으로 안전교육활동을 통해 습득된 지식과 기술, 태도를 살펴보는 것은 하루 일과의 일상생활에서 가능하다. 예를 들어 실외놀이 시 놀이터의 놀이기구 안전한 사용, 모래놀이 시 올바른 모래놀이 사용 등 위험한 상황에서의 다양한 대처방법을 알고 실천하고 있는지를 관찰의 방법으로 평가할 수 있다. 관찰의 유형은 관찰기록, 체크리스트, 포트폴리오 등의 방법이 있는데, 최대한 다양한 방법으로 관찰 기록한 후 수집의 절차를 거친다.

무엇보다도 중요한 것은 교사 스스로가 안전교육활동 계획 및 실행에 대한 체크리스트 목록을 만들어 안전교육이 지속적이고 반복적으로 진행될 수 있도록 하는 것이다. 그리고 안전교육계획이 형식적으로 그치지 않고 반드시 실천 가능할 수 있도록 하는 노력이 모두 필요한 때이다.

5 안전교육의 가정 및 지역사회와의 연계

1) 가정 연계 안전교육

영유아들은 영유아교육기관뿐만 아니라 가정에서도 위험한 상황에 놓일 수 있다. 때문에 영유아교육기관에서 안전교육만으로는 안심하기 어렵다. 가정과 연계를 통한 안전교육이 병행된다면 안전에 대한 지식과 태도 형성, 안전사고에 대한 대처기술습득에 훨씬 도움이 될 것이다. 그러기 위해서는 가정의 부모를 대상으로 안전에 대한 교육이 병행되어야 한다.

가정통신문, 부모모임이나 강연회, 안전교육에 직접 참여의 방법이 있다. 가정통신문을 통한 내용은 안전교육과 관련된 다양한 정보, 예방방법 및 대처방법 등을 제공할 수 있으며, 미리 안전교육의 내용에 대한 부모의 요구조사를 통해 부모모임이나 강연회를 통해 실시할 수 있다. 마지막으로 영유아교육기관에서 실시하는 안전교육에 직접 참여하여 안전에 대비할 수 있는 자세와 태도를 함양할 수 있는 기회를 제공할 수 있다.

다음 표는 잦은 황사, 미세먼지에 대한 가정통신문의 예이다.

'콜록 콜록, 따끔따끔' 몸에 좋지 않은 황사

황사는 심각한 대기오염을 일으키며, 특히 유아에게는 호흡기 질환, 알레르기성 비염 등을 유발시키므로 부모님들의 주의가 필요합니다.

* 아이와 함께 황사철 안전 관리 그림 카드 게임을 해 봅시다.

① 그림카드를 오려요.

② 그림이 보이지 않게 카드를 모두 뒤집어 놓아요.

③ 두 장의 카드를 뒤집어 같은 그림이 나오면 가져가세요. 다른 그림이 나오면 뒤집어 놓아요.

창문, 문을 점검해요

창문, 문을 점검해요

깨끗이 씻어요

깨끗이 씻어요

공기 청정기를 사용해요

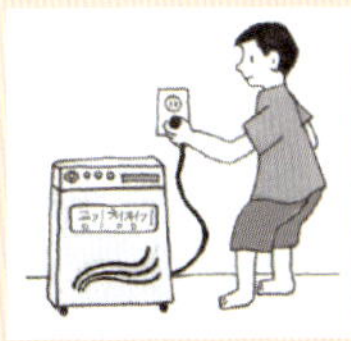

공기 청정기를 사용해요

과일을 깨끗이 씻어 먹어요

과일을 깨끗이 씻어 먹어요

마스크를 착용해요

마스크를 착용해요

긴 옷을 입어요

긴 옷을 입어요

출처: 조성완 외(2010). 유아용 안전교육 프로그램: 교사용 지도서 및 부모용 자료. 소방방재청. p.47.

2) 지역사회기관과 연계한 안전교육

영유아가 속한 지역사회에 안전교육이 가능한 기관은 경찰서, 소방서, 보건소, 병원이 있다. 지역사회에 속한 기관과 연계하여 다양한 안전교육활동을 계획할 수 있다. 유아가 직접 방문하는 형식도 가능하고 기관에 종사하시는 분들이 관련된 시청각 교육자료, 실물자료 등을 가지고 영유아교육기관에 방문하여 교육을 실시할 수 있다. 지역사회와 연계한 안전교육은 유아와 교사를 대상으로 실시할 수 있는데 지역사회와 연계한 안전교육 운영계획의 예를 소개하면 다음과 같다.

(1) 영유아 안전교육

지역사회와 연계한 영유아를 위한 안전교육 내용을 유아실종예방등록 교육, 교통안전교육, 유괴예방교육, 소방서 체험 등과 같이 계획할 수 있다. 자세한 내용은 다음과 같다.

〈표 9-5〉 **안전교육 내용**

목적	• 위험한 상황에 스스로 대처하는 방법을 알게 한다. • 체험활동을 통해 위급한 상황에서 도움을 요청할 수 있도록 지도한다. • 안전 규칙을 알고 생활 속에서 실천하도록 지도한다.
운영방침	• 대상: 전체 유아 145명 • 활동방법 – 지역사회로부터 배우는 안전: ○○소방서, 한국생활안전연합도로 교통관리공단, ○○지구대 – 유아교육기관에서 실시하는 대피훈련: 월 1회 소방대피 및 지진대피 훈련 실시
운영내용	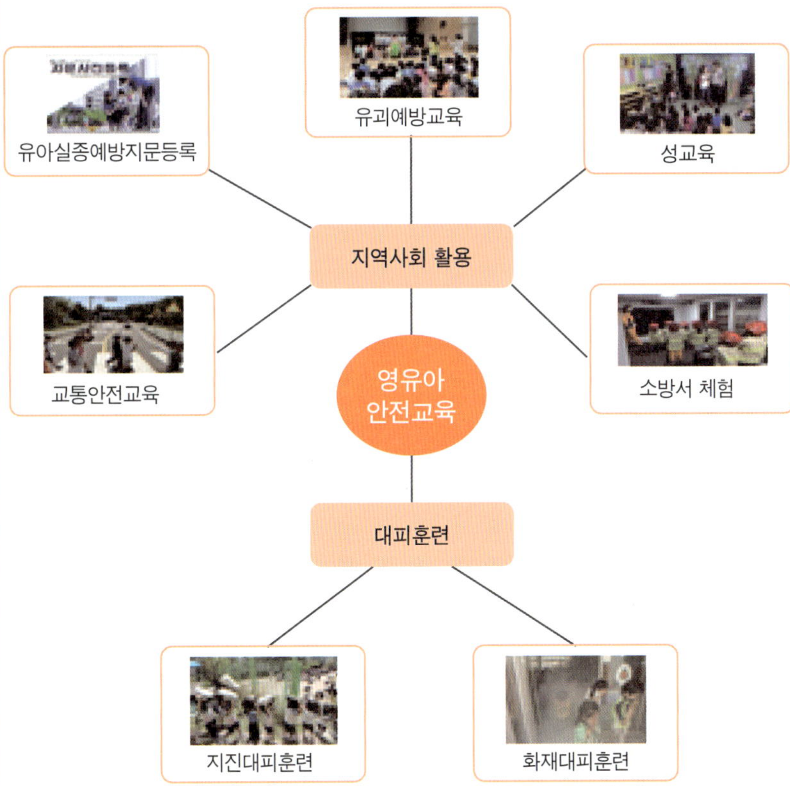

이 외에도 서울특별시교육청 유아교육진흥원에서는 건강 · 안전영역의 다양한 활동을 체험함으로써 건강 및 안전교육이 이루어지도록 하고 있다. 영유아교육기관에서 미리 신청절차와 원에서의 준비사항을 점검한 후 영유아가 체험할 수 있도록 기회를 제공할 수 있다. 구체적인 활동 내용은 다음과 같다.

〈표 9-6〉 건강 • 안전영역 체험활동 내용

<table>
<tr><th colspan="2">활동명</th><th>내용</th><th>비고</th></tr>
<tr><td colspan="2">교통안전
규칙 지키기</td><td>• 신호등 건너는 방법
• 보행자, 운전자가 보는 신호등
• 안전벨트 매는 방법
※ 자동차 · 오토바이 6개, 신발(운전자 착용), 경찰복 4벌</td><td>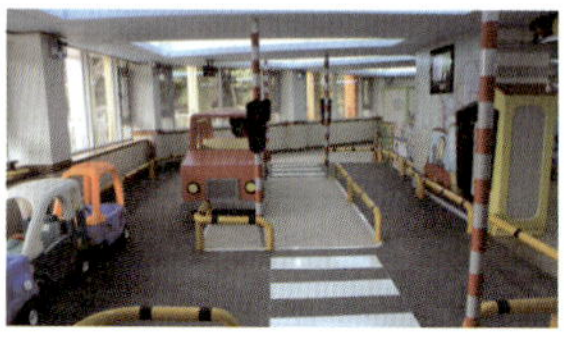</td></tr>
<tr><td colspan="2">집에서 바른
생활하기
(진이 흥이네
집)</td><td>• 상황에 알맞게 인사하는 방법
• 신발 바르게 정리하는 방법
• 이불, 옷 등 정리하는 방법
• 주방기구 이름과 바른 사용법</td><td></td></tr>
<tr><td rowspan="3">우
리
동
네
병
원</td><td>나의 몸
인식하기</td><td>• 우리 몸의 구조, 진찰하기, X-ray
• 인바디검사(신장, 체중, 근육량, 체지방 측정)
※ 인바디검사: 체지방까지 측정 시 → 양말 벗고 측정, 생년월일 기입</td><td>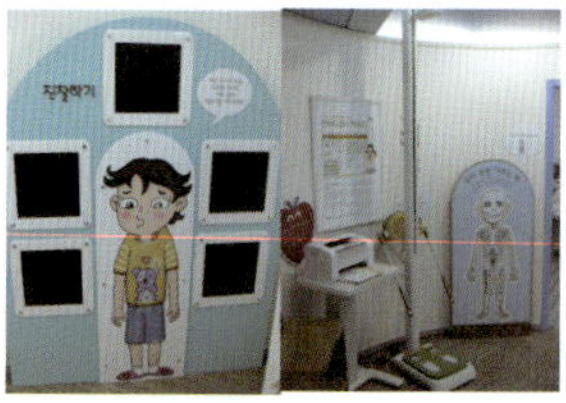</td></tr>
<tr><td>치과</td><td>• 올바른 양치질 방법
• 치과에서 사용하는 도구와 하는 일
• 균형적인 식단 알아보기
※ 의사가운 10벌</td><td>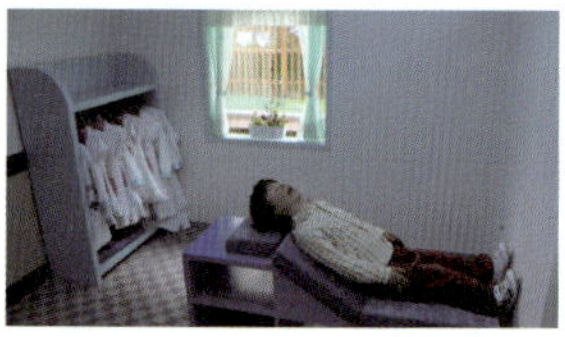</td></tr>
<tr><td>신생아실</td><td>• 신생아의 뜻과 보살피는 방법
• 인큐베이터의 의미와 기능</td><td></td></tr>
<tr><td colspan="2">꿈돌이
운동선수</td><td>• 정해진 규칙 지키며 축구/농구하기
• 축구장 최대 4명 수용 가능
※ 축구: 빨간색 · 노란색 조끼 각 5벌, 공 1개</td><td></td></tr>
<tr><td colspan="2">헬스장</td><td>• 건강한 몸을 위해 운동하기
• 헬스기구로 장난하지 않기</td><td></td></tr>
</table>

활동명	내용	비고
바깥놀이	• 자동차 · 자전거 타기(7대) • 축구/농구 • 골프(미니골프장, 골프채 3세트) ※ 바깥놀이용 신발 착용 후 활동 ※ 날씨에 따라 활동 가능 여부 변동	 
사과 따기	• 사과에 불이 들어오면 손으로 가볍게 치기 • 1분 안에 사과를 최대한 많이 따기 (시간: 60초)	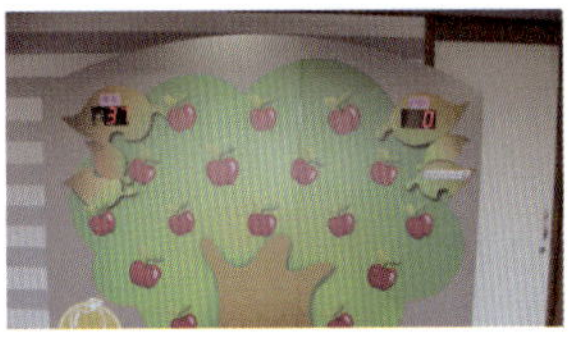

출처: 유아교육진흥원(2017). 건강 · 안전영역 체험교육활동. p.2.

(2) 교사 안전교육

교사를 대상으로 아동학대예방교육, 직장 내 성희롱 예방교육, 유아 성폭력 예방교육, 소방안전교육을 실시할 수 있다.

Chapter 10

안전교육내용

Chapter 10

안전교육내용

1 교통안전교육

교통안전이란 교통 질서와 교통 법규를 잘 지켜 사고를 미연에 방지하는 것을 의미한다. 영유아에게 있어 교통안전교육은 교통안전 규칙의 중요성과 자동차 사고의 위험을 알고 사고의 위험으로부터 자신을 보호하기 위해 필요한 지식, 기술, 태도를 형성하는 내용으로 구성되어야 한다. 영유아의 교통안전교육은 영유아가 교통과 관련된 위험으로부터 스스로를 안전하게 지킬 수 있도록 습관화하는 것이 중요하며, 자신과 타인의 생명을 존중하고 사회 질서를 준수하는 성숙하고 바람직한 시민으로 성장할 수 있도록 돕는다(권덕수 외, 2014).

1) 교통안전사고의 현황

2008년부터 2012년까지 우리나라의 유아 사망원인을 분석한 자료를 보면 가장 많이 차지하는 사망원인이 안전사고이고, 그 중 교통사고가 차지하는 부분은 절반(45.7%)에 가깝다(통계청). 이뿐만 아니라 어린이 안전사고 중 교통사고가 사망사고 1위였다.

최근 3년간 어린이 교통사고를 살펴보면, 2014년이 12,110건, 2015년 12,191건,

2016년에는 11,264건으로 조금 줄어들긴 했지만, 여전히 사망자수는 100명을, 부상자수는 28,000명이 넘고 있다. 어린이 교통사고의 대부분(80.6%)이 오전 8시부터 오후 10시에 일어나며, 특히 어린이 교통사고 37.6%가 오후 2~6시에 발생, 사망자도 오후 2~6시에 65명(전체 42.2%)으로 가장 높은 것으로 오후 시간대에 사고가 많이 발생하는 것으로 나타났다.

〈표 10-1〉 우리나라 어린이 교통사고 현황

구분	발생건수(거)	사망자수(명)	부상자수(명)
2014년	12,110	110	29,234
2015년	12,191	120	30,040
2016년	11,264	125	28,242

출처: TAAS 교통사고분석시스템.

어린이 교통사고 사망자 중 보행 중 사망이 65%를 육박하고 있고, 승차 중 사망이 25%, 자전거 사망이 10%에 이른다. 실제 보행 중 사망 사고 유형은 무단횡단 사고, 횡단보도 횡단 사고, 이면도로 통행 사고 등으로 인해 발생하는 것으로 나타났다. 어린이 교통사고의 특성은 보행 중 발생하는 사고로 어린이 전체 교통사고의 60% 이상이 보행 중에 사망한다는 것이다. 보행 중 사망사고 중 무단횡단, 횡단보도 횡단, 도로횡단 사고가 대부분을 차지하고 미취학어린이 중 여아보다는 남아에게서 훨씬 사고가 많았다(행정안전부 · 안전생활길잡이, 2012).

2) 유아의 발달특성에 따른 교통 행동특성

2008년 우리나라 행정안전부가 〈안전사고예방종합대책〉을 발표하여 안전사고에 관련된 각종 법령을 정비하였다. 특히 어린이 교통안전을 위해 '어린이 교통사고 Zero운동' 및 '어린이 교통안전 체험 교육' 등이 실시되었다.

우리나라 교통사고 사망률이 조금씩 감소하고는 있지만 여전히 OECD 회원국의 교통사고 사망률과 비교해 보면 여전히 한국이 높은 것으로 조사되고 있다. 유아기는 버스나 승용차 등의 교통수단을 이용하는 기회가 많고, 자전거 등을 스스로 이용할 수도 있게 된다. 유아의 교통사고는 보행 중 사고, 차량 이용 중 발생하는 사고, 자전거와의 충돌, 길에서 놀이 중 발생하는 사고 등 여러 가지로 나타난다. 특이 유아기는 놀이 시설물을 오르거나 뛰어 오르는 등 대근육 활동이 활발해 지는 시기이기 때문에 성인의 감독을 벗어나 사고발생 가능성이 영아기보다 훨씬 높다.

교통안전교육은 어린 시기부터 시작하는 것이 효과적이며 안전에 대한 올바른 지식과 실천적인 태도를 어린시기부터 바르게 확립시켜 줄 필요가 있다. 영유아를 대상으로 하는 교통안전교육은 영유아가 적극적으로 교통사고의 위험을 찾을 수 있고, 그것에 대처해 나갈 수 있는 행동을 할 수 있도록 능력을 길러주는 것, 교통사고의 피해자가 되지 않도록 하는 것이 무엇보다 중요하다. 이러한 교육은 성인이 되었을 때, 교통안전의 사회적 책임을 다할 수 있는 방향으로 이루어져야 한다(이기숙 · 장영희 · 정미라 · 배소연 · 박희숙, 2004).

유아가 사고에 쉽게 노출되는 원인은 유아의 발달적 특성에서 그 원인을 찾아 볼 수 있다. 교통안전과 관련하여 유아의 지적 · 신체적 특성에 따른 행동특성을 살펴보면 다음과 같다.

(1) 유아의 행동특성과 교통안전(최완석, 1997)

❶ 유아는 눈높이가 낮아서 시야가 극히 제한적이다

유아는 눈높이가 낮기 때문에 시야가 극히 제한적이고, 눈의 망막 주변부에 물체를 비추었을 때 그 물체를 알아볼 수 있는 능력이 떨어진다. 그렇기 때문에 주변의 교통상황을 한번에 관찰할 수 없고, 정확히 판단하기도 어렵다. 예를 들어 성인은 수직방향으로 120°, 수평방향으로 150°를 볼 수 있는 반면, 유아는 수직방향으로 70°, 수평방향으로 90° 밖에 되지 않는다. 이러한 유아의 시야는 차 너비의 상황을 파악하기 어려울뿐만 아니라 머리를 직접 자동차가 있는 방향으로 돌려야만 자동차를 알아볼 수 있게 된다.

❷ 유아는 속도와 거리에 대한 개념이 정확하지 못하다

유아는 속도와 거리에 대한 충분한 개념을 가지고 있지 못하고, 크고 작은 것에 대한 직관적 판단을 우선으로 한다. 예를 들면, 소음이 심한 차가 소음이 작은 차보다 빠르다라고 하거나, 작은 차가 큰 차보다 빠르다고 하는 경우도 있으며, 큰 차와 작은 차가 같은 거리에 있으면 작은 차가 더 멀리에 있다고 생각하는 경우가 많아 도로를 횡단하는 경우 사고의 위험이 크다.

❸ 유아는 운동능력이 약하다

유아는 일반적으로 지각과 행동 간 반응시간이 성인에 비해 느리며, 신체조절능력도 떨어진다. 앞에서 가는 보호자나 친구들을 쫓아갈 때 차가 다가오면 차를 피해 갑자기 멈추거나 방향을 바꾸는 것 자체가 유아에게는 힘든 일이다.

❹ 유아는 모방심리가 강하다

유아는 어른을 모델링하는 습관이 강하다. 교육기관에서 교통안전교육을 하고, 실제 체험도 해 보고는 하지만 가정이나 거리에서 성인이 신호를 무시하고 도로를 횡단하거나 횡단보도가 아닌 곳을 횡단하는 것을 보면 위험을 먼저 생각하고 행동하는 것이 아니라 어른들의 행동을 따라하게 된다.

❺ 유아는 추상적인 말을 이해하기 어렵다

유아는 '차조심해라, 길조심해라' 식의 말보다는 '신호등이 초록색일 때 건너는 거야. 차가 멈추었는지 꼭 옆으로 왔다 갔다 살펴보고 건너는 거야'라는 구체적으로 안내할 때 이해하기 쉽다. '다가오는 차의 거리가 충분하지 않으니 건너지 말아야 해'라는 부정적인 문장보다는 '차가 없을 때 건너는 거야' 하는 긍정문으로 지도하는 것이 바람직하다.

❻ 감정에 따라 행동의 변화가 심하게 달라진다

유아의 감정은 심하게 달라진다. 특히 유아가 슬프거나 짜증이 났을 경우 매우 부주의하게 행동한다. 또한 집에만 있다가 밖으로 나가게 되거나 또래들을 만나 너무 기분이 좋을 경우에도 주위 상황을 파악하면서 행동하기보다는 자신이 느끼는 감정에 따라 달리거나 하기 때문에 조심해야 한다.

❼ 한 가지 일에 집중하면 주변 일에는 관심이 없다

친구들과 노는 것이 한창이라면 차가 가까이와도 모르는 경우가 많다. 또한 굴러가는 공을 잡으려고만 하기 때문에 공을 잡고자 도로에 갑자기 뛰어들기도 한다. 유아는 자신의 눈에 흥미 있는 것에만 관심을 갖고, 그 관심 역시 자주 바뀔 수 있다. 유아에게 있어 동시에 중요한 것을 생각하고 행동하는 것은 어려운 일이다.

❽ 응용력이 부족하고 숨기 놀이를 좋아한다

항상 다니는 길에서는 교통규칙을 지키는 것이 가능하지만, 모든 길과 상황에서 교통규칙을 지켜 안전하게 생활해야 한다는 것을 아는 것은 어려운 일이다. 또한 유아는 차 밑이나 빈 상자 속 등 잘 보이지 않은 곳에 숨어서 노는 것도 좋아하기 때문에 차가 후진하거나 출발할 때 사고당할 염려가 있다.

3) 영유아 교통사고 유형

영유아기의 교통사고 유형을 연령별로 살펴보면, 2세 영아의 경우 카시트 미사용으로 인한 사고, 길이나 주차장 등에서 노는 경우, 자동차 문의 오작동(안전장치 필수)으로 인한 사고, 등 · 하원 차량 사고 등이었고, 3~5세 유아는 등원 버스 및 학원 차량의 승 · 하차, 급정거 사고, 횡단보도 사고, 오토바이, 자전거 등 차량에 의한 사고, 카시트 미사용으로 인한 사고, 자동차 문의 오작동 및 길이나 주차장 등에서 노는 경우의 사고 등이었다.

자세히 영유아기 행동능력이나 특성에 따라 나타나는 교통사고유형에 대해 살펴보도록 하자(이은진 · 김순주, 2004).

❶ 차 뒤에서 놀다가 나는 사고

영유아는 물체의 그늘진 부분이나 빈 상자 속에 들어가기도 하고 보이지 않는 곳에 숨기도 하여 차의 옆이나 뒷부분에서 노는 경향이 많다. 운전자가 차를 후진하거나 출발할 때 뒷부분을 안전하게 확인하지 않음으로써 교통사고가 발생한다.

❷ 뛰어서 무단횡단하다 나는 사고

영유아는 기분에 따라 행동이 변할 수 있기 때문에 무언가 기분이 좋은 일이 있으면 마구 뛰거나 떠들고, 친구들과 장난을 치며 길을 건널 때는 주위를 살피지 않고 도로를 내달리기도 한다.

❸ 신호등 있는 횡단보도를 뛰어가다 나는 사고

영유아는 굉장히 충동적이고 언제 어디에서 뛰어나올지 모르며 신호등이 바뀌는 시간을 기다리는 것을 힘들어한다. 또한 초록색 신호가 켜지면 차가 정지상태에 있는지 확인도 하지 않은 채 단숨에 달려가 횡단 중에 사고가 발생한다. 초록색 점멸 중에는 진입하지 말아야 하는데도 급하게 건너다 사고를 당하는 경우도 많다.

❹ 신호등 없는 횡단보도를 뛰어가다 나는 사고

영유아는 공간 지각력이 약하여 멀리에서 달려오는 차의 속도를 느끼는 것이 어렵다. 또한 자신이 주의해야 할 차를 주목하여 보는 것도 힘들기 때문에 눈앞에 차가 떠나버리면 다른 차에 주의하지 않고 도로를 건너는 경향이 있다. 또한 직관적 사고 특징으로 인해 넓은 길은 위험하고 좁은 길은 안전하다고 생각할 수 있으며, 차가 움직이는지 안 움직이는지 잘 판단하지 않고 뛰기도 한다.

❺ 주 · 정차된 차량 사이에서 뛰어나오다 나는 사고

영유아는 눈높이가 낮기 때문에 시야가 극히 제한적이다. 그래서 주변의 교통상황을 관찰할 수 없고, 또 정확히 파악할 수 없으며 자신이 어른에게 언제나 잘 보인다고 생각한다. 또한 영유아의 자기 중심적 사고로 인해 어린이쪽으로 달려오는 차의 운전자를 어린이가 볼 수 있으면, 운전자도 그들을 볼 수 있기 때문에 멈출 것이라고 생각한다. 특히, 주 · 정차된 차량 사이에서 영유아는 눈에 보이는 방향만 생각하고 차가 안 보이면 뛰어서 도로를 건너려고 해 사고가 발생하기도 한다.

❻ 갑자기 차도로 뛰어들다 발생한 사고

영유아는 오직 그 순간에 가장 관심 있는 것에만 집중하는 경향이 있어 친구와 공놀이를 하고 있다가 받지 못하고 공이 차도로 굴러가면 공을 주우려고 상황 판단 없이 차도로 뛰어들어 사고를 당하기도 한다. 특히, 인라인 스케이트나 스케이트보드 등을 많이 타는 만 4, 5세 유아의 경우 타고 다닐 놀이 공간이 부족하기 때문에 차도에서 타는 경우가 많다. 영유아는 어디에서 소리가 나는지 금방 깨닫는 데 어렵고 시간이 많이 걸리기 때문에 소리가 났을 때 안전한 쪽으로 잘 피하지 못해 당하는 사고도 많다.

❼ 대형차의 내륜차[1]에 의해 일어나는 사고

영유아는 빨리가고 싶은 조급한 마음에 차도로 내려가서 서 있거나 길 모퉁이, 횡단보도에 서 있으려 하기 때문에 내륜차에 의한 사고노출이 크다.

❽ 버스에서 내려 앞 또는 뒤로 뛰어 건너다 나는 사고

영유아는 자기중심적이기 때문에 버스가 정지하고 자신이 내릴 때 앞뒤좌우의 차들이 달리는 사실을 인지하지 못하는 경우가 종종 있다.

1) 내륜차: 자동차의 핸들을 조작하면 앞바퀴만 핸들을 조작한 방향을 향하여 움직이고 뒷바퀴는 차체와 동일방향으로 있으며, 거의 그쪽을 향하여 움직이지 않는데 이러한 것 때문에 커브를 돌 때는 앞바퀴와 뒷바퀴가 똑같은 곳을 통과하지 않고, 뒷바퀴는 앞바퀴의 안쪽을 통과하게 된다. 이때 안쪽 앞과 뒷바퀴의 통과한 흔적의 폭을 내륜차라고 한다. 내륜차는 핸들을 조작한 각도에 따라 차이가 있으며, 핸들을 최대로 조작하였을 때에 차이도 최대치로 변하나 최대치는 대체적으로 앞과 뒷바퀴 간의 1/3이 된다.

⑨ 자전거를 타고 가다가 나는 사고

영유아는 운동능력에 비해 어떠한 자극에 대한 반응시간은 늦게 행동으로 나타난다. 자전거 전용 도로가 부족한 교통 환경에서 어린이는 차량에 부딪힐 경우가 많으나 방향을 갑자기 튼다든지 달리는 자전거를 세우기에는 반응속도보다 차량의 속도가 훨씬 빠르다.

⑩ 안전벨트, 어린이 보호장구를 착용치 않아 발생하는 사고

영유아는 스스로가 굉장히 다치기 쉬운 존재라는 것을 알지 못한다. 그렇기 때문에 만약 차에 부딪히게 되었을 때 심각하게 다치거나 죽을 수 있다는 사실을 잘 예측하지 못한다. 차 안에서의 안전벨트의 착용과 자전거, 인라인스케이트 등 위험한 놀이기구 사용 시 보호 장구의 미착용으로 인해 상해가 더 커질 수 있다.

내 아이에게 맞는 영아용 보호장구란?

- 값으로 선택하지 마세요. 비싸다고 좋은 것이 아닙니다.
- 마음에 드는 영아용 보호장구가 있다면 직접 아이를 앉혀보고 선택합니다.
- 우리 아이 피부를 위해 시트 소재가 위생적인지, 천연 소재인지 확인해보세요.
- 설치방법이 간편하고 쉬운지 확인하세요.
- 성장하는 아이 몸에 맞추어 변형할 수 있는지 살펴보세요.

1. 만1세 미만

만1세 이하의 아이는 뒷자석에 아이의 얼굴이 뒷자석 등받이를 향하게 고정하는 후방장착 타입의 영아용 보호장구를 사용합니다.

- 버클을 먼저 채운 뒤 필요하면 담요를 덮습니다.
- 만약에 아이가 작아 기대어 버틸것이 필요하면 담요, 기저귀, 수건 등을 말아서 카시트와 아이 어깨나 머리, 다리사이에 끼워줍니다.

2. 만1세~만2세

전방장착 보호장구를 사용하거나 후방장착과 전방장착이 모두 가능한 컨버터블시트를 이용할 수 있습니다.
어깨끈은 아이의 어깨를 지나게 하고 가슴부위 클립은 겨드랑이 높이로 맞추어주세요.

3. 만3세~만5세

보조의자를 사용하여 앞쪽을 향하게 앉히세요. 뒷자석 등받이나 머리받침이 아이 머리를 받치지 못하면 등받이가 있는 보조의자를 사용하는 것이 바람직합니다.

출처: 국민건강보험 www.nhis.or.kr 재구성한 서울시 어린이집 안전수칙 매뉴얼(2016) p.36 재인용.

[그림 10-1] 자전거 탈 때의 보호장비

출처: 자전거 21. 안전생활 길잡이 지도서. p.442.

영유아의 사고 및 행동의 특성이 교통사고와 연결되어 나타나는 것을 살펴보았다. 교사는 영유아의 행동특성을 이해하고, 그에 따른 안전교육을 계획 · 계속적인 반복을 통해 영유아가 스스로 자신을 보호할 수 있도록 교육하도록 한다.

4) 교통안전교육의 내용

영유아 교통안전교육은 영유아가 위험요소를 안고 있는 사고를 인식하고, 그것에 대처할 수 있는 능력과 관련 지식을 익히며, 장래 모범적인 교통사회인으로 생활할 수 있도록 교통안전의 올바른 태도를 기르게 하는 것이 목적이다(한국산업안전공단, 2000).

교육부는 '교육 분야 안전 종합 대책'(2014.11)에 따른 후속조치로 한국교육개발원(KEDI)의 정책연구를 통해 학생의 발달단계를 고려한 체계적인 안전교육 7대 표준안을 마련하였다.

〈표 10-2〉 안전교육 교통안전 표준안

중분류	소분류	유치원
보행자 안전	교통표지판 구별하기	표지판
		신호등
	길 건너는 방법	횡단보도 길 건너기
		육교
		지하도
	보행안전	길 걷기
		놀이
		사각지대
자전거 안전	안전한 자전거 타기 및 안전한 자전거 관리	안전한 자전거 타기를 위한 준비
		안전한 자전거 타는 장소
		안전한 자전거 타기
자동차 안전	자동차 사고 예방	자동차의 이해
		안전띠 매기
		어린이 통학버스
대중교통안전	대중교통안전 대중교통 이용안전 수칙	대중교통의 의미
		안전한 버스이용
		안전한 지하철이용
		안전한 비행기, 선박이용

출처: 정재경 외(2015). 학교안전정보센터. p.105.

안전교육 7대 표준안과 「아동복지법」 제9조의 안전교육기준에 따라 이 장에서는 안전한 보행법과 통학버스 및 승용차 안전교육에 대한 교육 내용을 살펴보고자 한다.

(1) 안전한 보행법

❶ 보행자 안전을 위한 신호등과 교통 표지판 이해하기

[그림 10-2] 교체되는 LED 신호등

출처: 교육부(2015). 안전교육 7대 표준안 교사용 지도안. p.28.

신호등은 색깔과 초록색 화살 표시의 점멸로 통행 차량이나 사람에게 정지할 것인지, 우회 또는 진행할 것인지를 안내한다. 신호등은 차량등, 보행등 및 차량 보조등으로 구분되고 자동차와 보행자가 보는 신호등의 모양과 종류는 다르다.

교통표지판은 그림이나 글, 색깔과 모양으로 운전자와 보행자에게 위험이나 지시사항을 알리는 의사소통 도구이다. 교통 표지판은 안전하고 원활한 교통에 필요한 규제 · 주의 · 지시 등의 정보를 그림이나 문자로 나타내는 것으로 영유아는 신호등과 교통표지판이 있어야 하는 이유를 알고 주변에 교통표지판에는 어떤 것이 있는지 파악하여 교통규칙에 대한 학습과 반복적인 연습이 중요하다.

[그림 10-3] 우리 주변에서 볼 수 있는 표지판들

출처: 도로교통공단 http://cyedu.koroad.or.kr/symbol/link.do, 어린이경찰청 http://kid.police.go.kr

㉠ 규제 표지

운전자 또는 보행자의 각종 통행제한이나 규제를 알리는 표지이며, 형태는 원형, 역삼각형, 팔각형 등 다양한 모양, 흰색 또는 빨간색 바탕 위에 기호만으로 표시되어 있는 것, 기호와 문자가 함께 표시되어 있는 것도 있다.

㉡ **지시 표지**

운전자나 보행자에게 교통안전을 위하여 도로의 통행방법이나 통행 구분 등의 지시사항을 알리는 것으로 형태는 원형, 사각형의 표지판으로 청색 바탕 위에 지시해야 할 내용을 흰색의 기호 또는 문자로 표시한다.

㉢ **주의 표지**

운전자나 보행자에게 도로의 상태가 위험하거나 위험물이 있음을 주의 또는 경고하는 표지이다. 삼각형의 황색 바탕 위에 빨간색 테두리로 되어 있고, 기호로만 되어 있다.

❷ 이면도로[2](골목길)에서의 안전한 보행법

차를 등지고 통행하는 것은 차를 마주 보면서 통행하는 것보다 사고 위험이 4배나 높다고 한다. 특히 좁은 이면도로에서 차가 오면 우선 멈춘 다음 길 안쪽으로 몸을 붙인 후 차가 지나간 다음 천천히 걸어야 한다. 이면도로에서의 운전자 역시 영유아가 차를 보고 갑자기 뛰어가면 운전자는 깜짝 놀라 그만 브레이크를 밟으려다 엑셀을 밟을 수도 있기 때문에 영유아에게 항상 멈춘 후 주행하는 차가 있다면 차를 보낸 후 걸을 수 있도록 습관을 길러주어야 한다. 천천히 걸을 때와 뛸 경우 사고 위험은 7배, 자동차 사이 또는 자동차 앞 · 뒤로 뛸 경우 사고 위험이 18배나 높아진다고 한다.

안전하게 보행하는 방법을 알아보자.

이면도로(골목)에서의 안전하게 보행하기

① 보도 안쪽으로 걷기
② 길을 갈 때 길에서 장난하지 않기
③ 걸어갈 때 차도 옆으로 다가가지 않기
④ 걸어갈 때 뛰어가거나 갑자기 방향 바꾸지 않기
⑤ 걸어갈 때 정지한 차량 사이로 다니지 않기
⑥ 걸어갈 때 손에 물건을 들고 다니지 않기

2) 주거지 주변에 있는 폭 9m 미만의 도로

❸ 횡단보도에서의 안전한 횡단방법

안전보행을 하기 위해서는 차가 지나갈 때까지 비켜서서 기다리기, 횡단보도에서는 절대 뛰지 않고 차의 움직임을 살펴보면서 건너기, 눈이나 비가 올 경우 우산은 투명한 것으로 선택하여 차량의 움직임을 확인하고 건너기를 해야 한다.

안전하게 도로를 걸어요

첫째, 횡단보도에서 우선 멈춘다. 일단 멈추면 주위 차를 살펴볼 수 있는 시간적 여유가 생긴다.

둘째, 차가 오는지 좌우를 살펴본다. 반드시 고개를 돌려 좌 · 우 차를 확인한다.

셋째, 횡단보도의 오른쪽에서 운전자에게 손을 들어준다. 횡단보도는 처음에 차가 왼쪽에서 오기 때문에 오른쪽이 보다 안전하며 손을 드는 것은 운전자에게 '제가 먼저 갈 테니 멈추어 주세요' 하는 의사표시이므로 항상 운전자를 보며 손을 들어야 한다.

넷째, 차량이 멈추었는지 꼭 확인한다. 초록색 불이 들어와도 혹은 영유아가 손을 들어도 그냥 지나치는 차가 있기 때문에 꼭 차량 멈춤을 확인한다.

다섯째, 손을 들고 차를 보면서 건너간다. 운전자가 영유아를 발견하고 브레이크를 밟으려다 가속페달을 밟을 수도 있기 때문에 항상 차를 보면서 건너간다.

우선 멈춘다

좌우 차를 본다

우측에서 손을 든다

차량 멈춤을 확인한다

차를 보면서 걷는다

〈참고〉 횡단보도를 안전하게 건너는 방법 동영상
http://cyedu.koroad.or.kr/jsp/homepage/movie/moviePopup.jsp?file=/userupload/2012-2-1/bff4cba8-3e89-4e14-9e30-cb1cbcf908b0.wmv(3분 49초)

출처: 행정안전부(2012). 안전생활 길잡이 지도서. pp.435-436.

❹ 눈이나 비가 오는 날 안전보행법

눈이나 비가 오는 날에는 영유아도, 운전자도 잘 보이지 않을 수 있고 도로가 미끄럽기 때문에 위험한 경우가 많다. 특히 영유아가 우산을 쓰고 걸을 때는 시야를 가릴 뿐 아니라 위급한 상황에서 우산으로 인해 행동이 자유롭지 못하여 사고가 나기 쉽다. 유럽 사람들은 영유아에게 큰 비가 아닌 경우에는 우산보다 우비를 입힌다. 노란색이나 흰색, 주황색 등 밝은색의 옷을 입히고 우산이나 우비, 장화를 착용시켜 운전자의 눈에 잘 띌 수 있도록 한다.

눈 오는 날 안전하게 보행하기

① 주머니에 손을 넣지 않고 걷는다. 빙판길에서 넘어지면 몸의 균형을 잡기 어렵기 때문에 장갑을 착용하도록 한다.
② 귀마개를 하지 않는다. 대신 두꺼운 목도리를 두르고 털모자를 쓰는 것은 넘어졌을 때 충격을 완화해 주는 역할을 한다.
③ 바닥이 미끄러운 구두보다는 홈이 파져 있는 운동화를 신는다.

비 오는 날 안전하게 보행하기

① 우산과 옷 색깔은 밝은색으로 한다.
② 바지 밑단을 모아서 장화 속에 들어가게 하고, 너무 헐렁한 바지나 긴 치마는 입지 않는다.
③ 시야를 확보할 수 있는 투명 비닐우산을 사용한다.
④ 우산을 앞쪽으로 써서 시야를 가리지 않도록 한다.
⑤ 들고 다니기에 힘들지 않은 무게와 크기의 우산을 사용한다.

출처: 김영실 · 윤진주 · 김정주(2011, 2016). 영유아 안전관리. pp.191–192.

출처: 도로교통공단. 안전생활 길잡이. p.438.

(2) 자동차 교통안전

출처: 도로교통공단. 안전생활 길잡이. p.441.

자동차 승차 후 교통사고가 났을 때 안전띠는 사망과 부상의 위험을 감소시키는 역할을 한다. 영유아는 차를 타면 뒷좌석에 앉게 해 주고 안전띠, 카시트를 착용해야 한다. 영유아교육기관에서는 통학버스 승하차 시 안전띠 꼭 매기, 차에 쓰레기 버리지 않기, 창문 밖으로 손이나 얼굴 내밀지 않기 등 함께 약속을 정하여 반복적으로 실천하도록 한다. 안전하게 자동차에서 승하차 하는 방법을 알아보자.

❶ 통학버스 이용 안전

안전한 카시트 선택하기

카시트 장착의 유무에 따른 상해 정도를 살펴보면, 1~2세 영아용은 71%, 3~6세 및 7~12세용은 54% 사망 감소 효과를 볼 수 있다(미국 도로교통안전국 NHTSA 자료). 그만큼 카시트 장착은 교통사고의 위험성에서 벗어날 수 있게 한다.

카시트를 구입하기 위해서는 한국 생활환경 시험 연구원에서 인증한 KC안전인증마크를 확인하고, 사용할 영유아의 연령, 신장, 체중을 고려하여 성장에 맞춘 제품을 선택해야 한다. 동일한 성능과 기준이라면 가벼운 것이 안전하다.

구분	형태		내용
영아용(0~2세)		바구니형, 침대형	13kg 이하, 12개월 이하의 신생아는 후방장착 필수
유아용(3~6세)		의자형	4~18kg, 전방장착
아동용(7~12세)	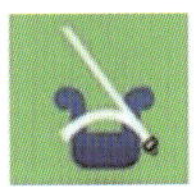	의자형, 쿠션형	성인용 차량 안전벨트를 착용하기 어려운 12세(36kg) 이전까지는 장착 필수
안전벨트(13세 이상)	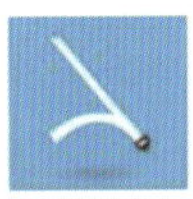	성인용 안전벨트	어깨띠와 골반띠를 적절하게 조절하고, 상체의 자세를 올바르게 하여 어깨띠는 가슴을 지나고 골반띠는 골반위로 지나도록 착용

출처: https://blog.naver.com/yel_1004/221172942548
그림출처: 미국 도로교통안전청(NHTSA) 자료

- 영유아 몸무게에 적합하고 안전 테스트에 합격한 안전의자 장착하기
- 버스를 타고 내릴 때는 반드시 선생님 손 잡기
- 성인이 함께 탑승하고, 차에 태우고 내리는 방법을 숙지하여 지도하기
- 차량에 안전하게 영유아를 탑승시키고 영유아와 교사는 안전벨트를 착용하기(안전벨트 착용법 동영상 https://www.youtube.com/watch?v=axn6lwHa3Rg, 5분 18초)
- 차량에는 탑승하는 영아의 수만큼 영아의 보호장구를 갖추기
- 차량 내 구급상자의 모든 약품의 유효기간을 교사는 정기적으로 확인하기
- 차량 내 비상소화기의 충전상태를 교사는 정기적으로 확인하기
- 차량 내 날카롭고 불필요한 물건이 있는지 항상 확인하기
- 차량 입구를 건물 출입구에 붙여 정차하여 영유아가 즉시 승차하도록 지도하기
- 창밖으로 손이나 머리를 내밀지 않기
- 차에 앉은 후 내릴 때까지 일어나지 않기
- 차가 완전히 멈춘 후 안전띠를 풀고 내릴 준비하기
- 승하차는 차례로 줄을 서서 한 명씩 타고 내리기

- 앞사람과의 거리를 두고 몸이 닿지 않도록 주의하며 차에 오르고 내리기
- 눈비가 올 경우 바닥이 미끄러우므로 승하차 시 더욱 주의하기
- 통원차량뿐 아니라 주 · 정차된 차량의 후면에서 놀지 않도록 주의하기
- 출구의 안전 손잡이를 잡고 한 사람씩 계단을 내려가고 오르기
- 버스에서 내린 후에는 바로 보도 위로 올라가기
- 버스가 완전히 정차한 후에라도 교사가 신호를 보낼 때까지 기다리기
- 타고 내릴 때는 옷자락, 신발 끈, 가방 등이 문이나 손잡이에 걸리지 않게 조심하기
- 영유아는 항상 보호자에게 직접 인계하기

출처: 도로교통공단. 안전생활 길잡이 지도서. p.436.

이 밖에도 영유아 통학버스 이용이 안전하기 위해서는 운전자 역시 안전수칙을 잘 숙지하고 지켜야 할 것이다. 운전자는 영유아를 버스에 태우고자 할 때 차가 완전히 멈출 때까지 문을 열지 않아야 하고, 영유아가 탑승할 때 같은 차선의 뒤에 오는 차량이나 반대 방향의 차선에 있는 차량에 의해 영유아가 위험하지는 않은지 살펴보아야 한다. 또한 차량에서 내릴 때도 차가 완전히 멈춘 후에 영유아가 하차할 수 있도록 하고, 하차한 어린이의 옷깃이나 끈이 문에 끼지 않았는지 등 안전을 확인해야 한다. 차량 후진 시에는 영유아가 있는지 반드시 확인하도록 하고, 영유아가 차량에서 하차하면 부모에게 바로 손을 잡을 수 있도록 안내한다. 영유아의 모습이 버스에 가려 안 보일 수도 있으므로 부모에게 인계되었는지 확인 후 출발한다(국민건강지식센터 건강칼럼, NAVER지식백과).

〈참고〉 차량안전수칙

■ 운전자 준수사항

운행 전	• 차량 외부의 이상 유, 무를 확인한다. • 차량 시동 후 엔진 및 각종 계기판 이상 유, 무를 확인한다. • 차량 출발 전 탑승자의 안전벨트 및 문단속을 확인한다. • 엔진 및 차체의 잡음은 없는지 확인한다.
운행 중	• 창문 밖으로 머리, 손을 내미는 영유아는 주의시킨다. • 안전운행을 위하여 교통안전 규칙을 철저히 지킨다. • 정차는 후방의 차량에 최대한 방해되지 않는 곳에 한다. • 운행 중에는 휴대폰, 이어폰 등을 사용하지 않는다.
운행 후	• 타이어 압력 및 트랙은 양호한지 확인한다. • 주차 브레이크는 정상인지 확인한다. • 차량 내 영유아가 전원 하차하였는지 확인한다.

■ 교사 준수사항

- 차량에는 영유아를 보호할 수 있는 교사가 탑승한다.
- 차량에 안전하게 탑승시키고 영유아와 교사는 안전벨트를 착용한다.
- 차량에는 탑승하는 영아의 수만큼 영아용 보호장구를 갖춘다.
- 차량 내 구급상자의 모든 약품의 유효기간을 확인한다.
- 차를 출발 또는 후진시키기 전에 영유아가 어디 있는지 살핀다.
- 운행 중에는 영유아가 절대로 일어나지 않도록 한다.
- 영유아는 항상 보호자에게 직접 인계한다.
- 차량 내 영유아가 전원 하차하였는지 확인한다.

❷ 승용차 이용 안전

가정에서 영유아와 이동 시 승용차를 타고 내릴 때, 그리고 타고 있는 중에 차 안에서 지켜야 할 것에는 어떠한 것이 있는지 살펴보자.

부부싸움 후 93분간 아이 방치…60대 아빠 징역형

부부싸움 후 5살 난 아들을 93분간 차 안에 방치한 채 마사지 업소에서 잠을 잔 60대 남성이 항소심에서도 징역형을 선고 받았다.

서울고법 춘천 제1형사부(김재호 부장판사)는 미성년자 약취 및 아동복지법(아동학대) 위반 등의 혐의로 기소된 A(60)씨의 항소심에서 원심과 같은 징역 2년을 선고했다고 18일 밝혔다.

재판부는 또 A씨에게 40시간의 아동학대 치료프로그램 이수를 명령했다.

재판부는 "차에서 잠이 든 아들이 깨어나 주변에 아무도 없다는 것을 알게 되면 놀라거나 정신적 충격을 받을 수 있다"며 "아들을 2시간 가까이 차에 혼자 두고 마사지 업소에 들어가 잠을 잔 행위는 아동학대에 해당한다"고 덧붙였다.

출처: 2018.02.18. 한국일보 박은성 기자 기사.
그림 출처: 한국일보 자료 사진(기사에 삽입되어 있었음)

- 승용차를 탈 때는 영유아를 먼저 타게 하고 뒷자석에 앉힌다.
- 승차 시 반드시 안전띠를 매고, 성인의 무릎에 앉지 못하게 한다. 이때 성인용 안전띠를 영유아가 매게 하지 않는다.
- 4세 미만의 영유아는 안전띠를 착용할 수 없을 때 반드시 영유아용 안전장비를 사용하도록 한다. 보호장구는 영유아의 체격과 기능, 안전성을 고려하여 선택하도록 한다.
- 차에 타고 있는 동안 창문으로 얼굴이나 팔, 손을 내밀지 않도록 하고 내릴 때는 승용차의 문을 열기 전에 옆을 지나가는 오토바이나 자전거가 있는지 확인한 후 영유아를 가장 나중에 내리게 한다.
- 차에서 내린 후에도 바로 승용차의 앞이나 뒤쪽으로 지나가지 않도록 한다.
- 영유아가 탑승 시 차문과 창문은 안전 잠금장치를 하고, 영유아가 장난으로라도 안쪽에서 함부로 열 수 없도록 한다.
- 차량이 장시간 햇빛에 노출되어 있었다면 영유아를 앉게 하지 않는다.
- 여름철 불볕 더위에 영유아를 차 안에 혼자 남겨 두어서는 절대 안 된다(김영실 외, 2016; 도로교통안전관리공단, 2006).

〈예시〉 영아반 교통안전교육

활 동 명	교통안전 – 선생님과 손잡고 안전하게 걸어요
활동목표	1. 길을 건널 때는 어른의 손을 잡고 걷는다. 2. 차가 다니는 길과 사람이 다는 길에 대해 안다.
활동자료	실물 사진 자료, 횡단보도 매트
활동방법	1. 영아 혼자 위험하게 길을 걷는 사진에 관심을 가질 수 있도록 돕는다. 2. 보호자(부모) 또는 어른과 함께 길을 건너본 경험에 관해 이야기 나눈다. – 부모님 또는 어른과 함께 길을 건너본 적이 있니? – 어떤 길을 건너보았니? 3. 횡단보도를 탐색하고, 이야기 나눈다. – 사람들이 다니는 길이 있고, 차들만 다닐 수 있는 길이 있대. – 우리는 어떤 길로 가야 할까? 우리가 차가 다니는 길로 가면 어떻게 될까? – 차가 다니는 길로 가다보면 자동차가 슝~지나가다 우리가 다칠 수 있어. 4. 길을 건널 때 반드시 어른과 손을 잡고 건너야 한다는 것에 대해 알아본 후, 횡단보도 위를 교사와 함께 건너본다. – 우리가 다치지 않으려면 길을 건널 땐 혼자 뛰어가면 안 돼. – 꼭 엄마, 아빠나 어른들이랑 손을 잡고 건너자. 5. 어린이집에 올 때, 놀이터에 갈 때 등 지속해서 영아가 안전하게 걸어 다닐 수 있도록 관심을 둔다.
활동사진	 ▲ 횡단보도를 탐색해요  ▲ 선생님과 손잡고 걸어요  ▲ 선생님과 손잡고 걸어요
활동평가	• 영아들과 '횡단보도'에 대해 이야기 나눔. 사진자료와 매트형식으로 된 횡단보도를 제공해 주고 횡단보도는 어떤 곳인지 질문해 보았더니, 엄마, 아빠와 길을 건너본 경험을 떠올리며 "건너는 거예요"하고 대답해 주어 이후 왜 횡단보도로 건너야 하는지, 어른 손을 잡고 건너야 하는지 직접 횡단보도를 건너는 활동을 통해 영아들에게 쉽게 지도할 수 있었음 • 0세반의 경우 아직 걸음이 서툴러 횡단보도를 만져보고, 탐색해 보는 시간을 가져 보았음 • 안전교육이 가정과 연계될 수 있도록 등하원 시에도 보호자와 손을 잡고 안전하게 걸어 다닐 수 있도록 지도함

출처: 서울 성동구 구립 서울숲더샵. 어린이집 영아 안전교육.

<table>
<tr><td>활동명</td><td>안전띠를 매요</td><td>활동유형</td><td>수 조작</td></tr>
<tr><td>활동목표</td><td colspan="3">• 안전벨트를 꼭 착용해야 하는 이유에 대해 알 수 있다.
• 차를 탔을 때는 안전벨트를 꼭 매는 습관을 기른다.</td></tr>
<tr><td>누리과정 관련요소</td><td colspan="3">신체 · 운동 건강 – 안전하게 생활하기 – 교통안전규칙 지키기</td></tr>
<tr><td>활동자료</td><td colspan="3">• 가위, 바위, 보 주사위
• 유치원 버스 게임판 2개
</td></tr>
<tr><td>활동방법</td><td colspan="3">① 게임판을 하나씩 나누어 갖는다.
② 각자 가위, 바위, 보 주사위를 던진다.
③ 이긴 사람은 버스 안의 어린이에게 안전띠 하나를 매어준다
④ 버스 안 어린이의 안전띠 10개를 모두 매어주면 놀이가 끝난다.</td></tr>
</table>

출처: 아이코리아. 유아안전교육 교수자료세트. 교통안전.

2 실종 · 유괴 예방교육

꾸준히 발생하고 있는 실종 · 유괴 사건은 영유아의 정신적인 충격과 가족의 고통으로 인한 가정해체의 위기를 초래하는 사회적인 문제이다. 점차 증가하고 있는 실종 · 유괴 사건의 원인을 찾아보고 이에 대한 사회적 관심과 참여 그리고 대처방안 모색이 시급하다.

1) 실종 및 유괴의 개념

실종이란 종래의 주소 또는 거처 하는 곳을 떠나 쉽게 돌아올 가망이 없는 부재자가 생사불명의 상태에 있는 경우를 말한다. 「실종아동 등의 보호 및 지원에 관한 법률」에 의한 '아동 등'이라 함은 실종 당시 18세 미만 아동과 「장애인복지법」 제2조의 장애인 중 정신지체인 · 발달장애인 · 정신장애인을 말한다. 18세 미만 아동이 약취, 유인 또는 유기되거나 사고를 당하거나 가출하거나 길을 잃은 등의 사유로 인하여 보호자로부터 이탈된 상태를 말한다. 약취와 유인은 폭력을 가하거나 협박을 통해 아동을 꿰어내어 자유를 박탈하는 상태를 말하고, 유기는 가정의 경제적 사정, 이혼 등의 이유로 인해 고의적으로 버려지는 상태를 말한다.

유괴란 가해자의 욕구나 목적을 위해 영유아에게 폭력을 가하거나 협박이나 사기 등을 통해 유인하여 신체적 자유를 구속하고 가해자 자신 또는 제3자의 지배하에 두어 억류하는 범죄이다. 가해자는 경제적 이익을 위한 욕구, 복수나 살인의 욕구, 본인의 성적인 욕구를 충족시키기 위한 목적을 두고 영유아를 유괴한다. 영유아는 발달특성상 위험에 처한 상황에 대해 객관적으로 판단하기 어렵고 대처능력도 떨어진다. 따라서 영유아에게 자신의 안전을 지킬 수 있도록 예방교육뿐만 아니라 대처방법에 대한 교육이 지속적으로 이루어져야 한다.

영유아를 유인하는 행동에 대해 한국생활안전연합(2007)에서 제시한 내용은 다음과 같다.

- 가장된 애정이나 관심을 표현하는 유인: 좋아한다고 하면서 자신의 말을 믿도록 유인
- 도움을 청하거나 동정심을 유발하는 유인: 길을 가르쳐 달라고 하는 등 도움이 필요한 것으로 가장하여 유인
- 어른에 대한 예의나 복종해야 한다고 교육받은 것을 이용하는 유인: 경찰이나 조사관의 위치나 권위를 이용한 유인 형태로 자신의 말을 믿고 따르도록 하는 유인
- 현혹되기 쉬운 물건이나 돈을 이용한 유인: 먹을 것이나 좋아하는 물건을 사 주겠다고 하는 유인
- 칭찬이나 행운을 제안하는 유인: TV에 출연시켜 주겠다고 하는 식의 자부심과 명성을 이용하는 유인
- 약물을 이용해 무력하게 만드는 유인: 술이나 수면제 등이 들어 있는 약물을 이용하는 유인
- 친밀감을 유발하는 유인: 옷이나 가방에 새겨진 이름을 부르거나 다니고 있는 영유아교육기관의 이름을 대면서 알고 있는 사람처럼 말하며 접근하는 유인
- 공갈이나 협박을 이용한 유인: 같이 가지 않으면 위험한 일이 생길 것이라고 하며 위협과 공포심을 이용하는 유인

2) 실종 및 유괴의 현황

(1) 실종 및 유괴 사고의 실태

2016년도 19,870건에 비해 2017년도에는 6,155건으로 발생건수가 눈에 띄게 감소하고 있으며 발견건수 또한 감소했으나 미 발견건수는 증가하고 있는 실정이다. 실종아동 등 발생 및 처리현황은 2017년 4월 말 현재 기준으로 다음과 같다(경찰청, 2017).

(단위: 건)

연도/사례	아동			장애인		
	발생건수	발견건수(보호자인계)	미발견건수	발생건수	발견건수(보호자인계)	미발견건수
2012	27,295	27,291	4	7,224	7,217	7
2013	23,089	23,088	1	7,623	7,613	10
2014	21,591	21,588	3	7,724	7,718	6
2015	19,428	19,421	7	8,311	8,303	8
2016	19,870	19,824	46	8,542	8,506	36
2017.4	6,155	6,037	118	2,595	2,537	58

※ 개정('13.6.4) 「실종아동법」 적용 산출

출처: 경찰청(2017).

앞서 제시된 실종아동 현황에서 주목해서 봐야 할 것은 실종아동에 대한 미발견 건수가 무려 2017년도에 118건인 점이다. 그동안 지문 등 사전등록제를 포함한 다양한 정책 현황이 있었음에도 불구하고 미발견 건수가 늘어나는 원인을 찾아봐야 할 필요가 있다. 김병록(2008)은 실종사건 대처방법의 문제점으로 관련 법규의 미비, 실종 전담기관의 이원화, 실종사건 전담수사팀의 인력 부족, 실종 담당기관 상호 전산망 구축 미비, 교육과 홍보의 부족, 실종자 관련 대조자료의 부족, 전문수사관의 부족, 가족의 참여기회 부족, 휴대폰 위치정보 확인 불가, CCTV 활용의 어려움, 전과자 등 자료검색시스템 미흡이라고 하였다.

(2) 정책 현황

보건복지부와 경찰청은 2017년 5월 25일에 제11회 '실종아동의 날' 행사를 통해 실종아동 등 예방 및 조기발견을 위해 '지문 등 사전등록 제도', '실종아동등 조기발견지침(일명 코드아담)', 보호시설 일제수색, 유전자 분석사업을 내실 있게 운영하고 있다. 또한 아동 실종예방 및 신속 발견을 위한 미아방지 캠페인을 실시하였다.

❶ 지문 사전등록제

2017년 4월 말 현재 지문 사전등록률은 〈표 10-3〉과 같이 33.1%이며, 특히 8세 미만 아동은 73.1%로 집계되었다.

〈표 10-3〉 **대상별 사전등록 현황 및 등록률**('17.4월말 기준) (단위: 명)

구분	계	18세 미만 아동 (8세 미만)	장애인 (지적·자폐·정신)	치매환자
대상자(명) ('16.12월 기준)	9,484,049	8,736,051 (3,601,538)	309,498	438,500
등록실적(명) ('12.7.1~'17.4.30)	3,142,554	3,038,681 (2,634,474)	65,920	37,953
등록률(%)	33.1	34.8 (73.1)	21.3	8.7

출처: 행자부 주민등록인구 통계, 복지부 유치원 · 어린이집 · 지적장애인 통계, 건강보험심사평가원 치매진단 통계(진단코드 F00~03, G30).

사전등록제를 통한 주요 발견 사례

- 아동: '17. 2. 20(월) 03:00경 경기남부 성남시 중원구 소재 은행2 주민센터 내에서 6세 여자 아이가 엄마를 잃어버렸다는 112신고를 접하고, 사전등록 자료 활용하여 20분 만에 안전하게 조모에게 인계
- 장애인: '17. 3. 6(월) 11:50경 경기도 부천시 상동 소재 상가 내에서 말을 잘 못하는 여자(18세, 女)가 있다는 112신고를 접하고, 사전등록 자료 활용하여 7분 만에 안전하게 조모에게 인계

지문 등 사전등록정보를 활용한 실종아동 등 발견 현황은 〈표 10-4〉와 같다.

〈표 10-4〉 **사전등록정보 활용 발견 현황**('12.7. ~ '17.4.)

계	18세 미만 아동	지적장애인 등	치매환자
276	145	102	29

❷ 코드아담제

실종아동 등 조기 발견 지침(일명 코드아담)을 '14년 7월에 도입하여 현재까지 운영 중인데 '17년 4월 말까지 총 11,914건의 신고가 접수되었고, 11,906건이 시설 내에서 발견되어 촘촘한 아동안전망 구축에 큰 역할을 하고 있다.

코드아담제도란?

- 다중이용시설에서 실종아동 등이 발생한 경우, 즉시 시설의 출입문을 봉쇄한 후 시설자체 인력과 장비를 활용하여 수색을 실시하고, 미 발견 시 경찰에 신고하는 제도

코드아담제도를 통한 주요 발견 사례

- '17. 2월 김해 신세계백화점에서 보호자 이탈 미○○(남, 3세) 미아 발생 접수, 파란색 상의를 착용하고 있는 특징 등을 즉시 점포 전체 미아발생 안내 방송 및 각 점포담당 매니저에게 급파하고 자체 무전으로 동시에 전파 및 CCTV 확인, 신고접수 10분 만에 매니저가 뽀로로 테마파크 진열대 앞에서 미아를 발견하여 보호자 인계 후 안내방송 해제 조치

❸ 보호시설 일제 수색 및 유전자 분석사업

이 외에 장기 실종자 발견을 위해 보호시설 등 일제 수색을 2017년 3월 20일부터 4월 14일 총 4주 동안 실종자 가족이 참여하여 수색을 펼친 결과, 실종아동 등 및 가출인을 6,966명을 발견하였다. 마지막으로 유전자 분석사업을 통해 현재까지 총 32, 996명 유전자를 채취하여 장기 실종자 405명이 가족과 상봉하였다.

❹ 안전드림앱을 통한 미아방지 캠페인

2017년 5월 1일부터 2개월간 경찰청과 ㈜베베숲 간 아동 실종예방 및 신속 발견을 위한 미아방지 캠페인을 실시하였는데, 이는 물티슈 전 제품 두껑(캡)에 미아방지 캠페인 내용을 인쇄하여 홍보하는 것이다. 홍보내용은 영 · 유아보호자에게 지문 등 사전등록 제도를 적극 홍보하는 것이다. 방법은 QR코드를 스캔하면 캠페인 세부내용이 현출되고, 지문 등 사전등록방법, 미아방지수칙 등이 설명되어 있으며, 안전드림앱을 바로 다운로드 받아 등록 가능하다.

3) 실종 및 유괴 교육의 내용 및 방법

〈관련기사〉 "자식 잃어버린 부모 마음은 수십 년 지나도 똑같아요"

30년 전 딸을 잃어버린 장소에 A씨가 서 있다. 그의 시간은 길 모퉁이에 작은 슈퍼마켓이 있고 그 뒤로 골목길이 구비구비 엉켜 있던 30년 전에 멈춰 있지만, 딸과 함께 있었던 마을은 이제 온데간데 없다. 고층 아파트 숲으로 변해버린 현장에서 딸이 어느 쪽으로 갔는지 옛 기억을 호출하는 것은 이젠 무의미한 일이다.

A씨처럼 오래전 자녀를 잃어버릴 당시에 얽매여 사는 사람들은 주변의 제보에 희망을 건다. 그러기 위해선 실종아동의 얼굴이 널리 알려져야 한다. 직접 전국을 돌며 얼굴사진이 담긴 유인물을 돌려봐도 속수무책이다. 전국 단위의 홍보가 절실한 이유다.

출처: 세계일보. 2017년. 5. 31.

위 기사내용에서 알 수 있듯이 자녀가 실종된 가족들은 이미 정신적으로나 육체적으로나 힘든 생활을 계속할 수밖에 없는 실정이다. 전국 단위의 홍보도 절실하지만 실종 및 유괴 예방을 위한 안전교육이 선행되어야 한다. 따라서 영유아가 실종 및 유괴의 위험으로부터 대처할 수 있는 능력을 기르도록 준비시켜야 한다. 실종 및 유괴 예방에 대한 안전교육은 영유아뿐만 아니라 교사 및 부모에게도 필요하다. 이에 대해 구체적으로 살펴보면 다음과 같다.

(1) 실종 예방교육

❶ 영유아 실종 예방교육

실종아동 전문기관에서 영유아를 대상으로 '꼭꼭이의 미아예방 3단계 구호'를 통한 실종 예방 지침 3단계를 제시하였다.

〈표 10-5〉 **실종 예방 지침 3단계**

단계	내용
1단계 "멈춘다"	• 영유아가 길을 잃거나 부모와 헤어지면 제자리에 서서 부모를 기다리게 함 • 부모 역시 자녀가 사라지면 왔던 길을 되짚어 감
2단계 "생각한다"	• 자신의 이름과 연락처 등을 생각하면서 기다리기 • 자신의 신상명세서를 기억하도록 노력함. 구체적으로 10번씩 외우며 기다리도록 함 참고 평소에 자녀와 함께 연습을 통해 익숙해지도록 함
3단계 "도움을 요청한다"	• 주위에 있는 아주머니에게 도움을 요청하도록 교육함 • 가까운 공중전화를 찾아 '긴급통화-112'를 눌러 경찰에게 도움을 요청함 • 신분이 확인될 수 있는 가게에 들어가 도움을 구하기

참고 실종아동 전문기관에 접속해서 영유아에게 플래시 보기를 통해서도 가능함

플래시 보러가기

실종아동 전문기관에 접속해서 실종 및 유괴 예방에 관련된 노래를 부를 수 있다.

실종아동전문기관에서는 2017년 하반기에 서울권 '아동 실종예방교육 「초록이와 꼭꼭이」'를 영유아를 대상으로 실시하고 있는데 구체적인 목적, 대상, 시간, 교육내용은 다음과 같다.

- **목적**: 실종(미아와 유괴) 위험상황에 따른 대처방법을 습득
- **대상**: 영유아교육기관을 이용하는 4~7세 유아
- **시간**: 30분 1회
- **교육내용**:
  - 애니메이션을 시청하여 실종(미아와 유괴) 위험상황에 대해 이해
    : 미아편 〈길을 잃어버렸어요!〉, 유괴편 〈따라가면 안 돼요!〉
  - 역할극을 통해 위험상황에서 대처방법을 습득

❷ 교사 및 부모 실종 예방교육

유아 및 자녀를 실종으로부터 보호할 수 있는 교사 및 부모를 위한 수칙은 다음과 같다(실종아동 전문기관).

- 항상 자녀와 함께 다니고, 자녀를 집에 혼자 두지 않는다.
- 유아 및 자녀의 이름, 나이, 주소, 연락처, 부모님 이름 등을 기억하도록 가르친다.
- 자녀의 정면 사진을 최소 6개월 단위로 미리 찍어두고 가지고 다니도록 한다.

- 자녀의 신상 정보는 잘 보이지 않는 곳에 기입하거나 넣어둔다.
- 위급상황 시 대처방법을 알려주고 몇 번씩 같이 연습해 본다.
- 꼭꼭이의 실종예방 3단계 구호(멈추기, 생각하기, 도와주세요)를 암기하도록 지도한다.
- 부모와 헤어졌을 때는 돌아다니지 않고 제자리에 멈춰서 있도록 가르친다.
- 같이 어긋나 못 만났을 경우에는 부모에게 전화하는 방법, 경찰서에 신고하는 방법을 알려준다.
- 외출 시 자녀의 옷차림을 기억한다.

112 경찰청 실종아동찾기센터(국번없이 112)

실종아동이나 장애인을 찾기 위한 실종신고는 경찰청 112로 해주세요!
이곳은 실종아동이나 장애인을 목격한 경우에만 사용하는 공간입니다.

(2) 유괴 예방교육

❶ 영유아 유괴 예방교육

유괴를 예방하는 교육은 실제 상황을 재연해 보는 상황극 놀이를 통해 실시할 수 있다. 일반적으로 부모는 자녀에게 낯선 사람을 경계하라고 가르치곤 한다. 그러나 유괴범은 낯선 사람을 포함하여 영유아와 안면이 있거나 심지어 부모와도 잘 알고 있는 사람일 수도 있다. 따라서 낯선 사람이든 아는 사람이든 부모의 허락 없이는 따라가지 않도록 평소에 교육시켜야 한다. 영유아를 대상으로 유괴 예방법에 대해 실종아동 전문기관은 다음과 같이 제시하고 있다.

- 누군가 강제로 데려가려 하면 "안 돼요! 싫어요!"라고 소리치며 발버둥쳐요. 그리고 아는 사람이 있는지, 안전한 곳이 있는지, 사람이 많은 밝은 곳으로 뛰어가 도움을 요청해요.
- 밝고 환한 곳에서 친구들과 함께 놀아요.

- 낯선 사람이 이름, 사는 곳, 전화번호를 물어보면 절대 알려주면 안 돼요.
- 아는 사람이 같이 가자고 해도 따라가지 말고 부모님께 말씀드리고 허락을 받으세요.
- 만약 집에 혼자 있을 때는 문과 창문을 꼭 잠그고 있어요.
- 만약 집에 혼자 있을 때 누군가 찾아오면 '쉿~'하고 없는 척을 해요. 만약 말을 하게 되면 부모님이 바쁘시니 나중에 오시라고 전해요.
- 하루 동안 어떤 일이 있었는지 부모님께 이야기해요.

낯선 어른들은
유괴범이 될 수도 있지만 자녀가 도움을 구하는 사람이기도 합니다.
자녀가 도움이 필요할 때는 낯선 사람에게 얘기하는 법을,
강제로 데려가려고 할 경우에는 **"안 돼요! 싫어요!"**라고
크게 말하는 연습을 시키셔야 합니다.

❷ 교사 및 부모 유괴 예방교육

유아 및 자녀를 유괴로부터 보호할 수 있는 교사 및 부모를 위한 수칙은 다음과 같다(실종아동 전문기관).

- 비상 시를 대비하여 자녀의 친구나 그 가족들, 주변 사람들을 미리 알아두세요.
- 자녀의 이름, 전화번호, 주소 등은 눈에 띄는 곳에 적어두지 마시고 옷 안, 신발 안, 가방 안과 같이 보이지 않는 곳에 적어주세요.

- 부모의 허락 없이는 낯선 차를 타거나 아는 사람의 차라도 타지 않도록 교육하세요.
- 혼자 있게 하지 마세요(차 안, 유모차, 공중 화장실 갈 때).
- 낯선 차가 접근하면 차량 근처로 가지 않게 하세요.
- 누군가 억지로 데려가려고 할 때 "안 돼요! 싫어요!"라고 외치게 하세요.
- 자녀가 어디에 있는지 항상 관심을 갖고 지켜보세요.
- 자녀들이 자신을 보호할 수 있도록 수칙들을 반복해서 연습시키세요.

(3) 실종 및 유괴 예방교육 프로그램

〈표 10-6〉 **실종 및 유괴 예방교육 프로그램**

안전주제	단원명	활동명	활동단계	활동유형
미아예방	나를 도와줄 사람을 찾아요	엄마, 아빠를 잃어 버렸어요	사전활동	이야기 나누기
		나를 도와줄 사람을 찾아요	본 활동	이야기 나누기
		도움 줄 수 있는 어른찾기	확장활동	역할
유괴예방	따라가지 않아요	누가 나쁜 사람일까?	사전활동	과학
		따라가지 않아요	본 활동	이야기 나누기
		어떻게 해야 할까요?	확장활동	역할

출처: 소방방재청(2010). 유아안전교육 프로그램.

활동명	따라가면 안 돼요	활동유형	동시
활동목표	• (보호자) 외에 아는 사람도 따라가지 않아야 함을 안다. • 아는 사람과 모르는 사람을 구분할 수 있다.		
누리과정 관련요소	• 신체 · 운동 건강영역 – 안전하게 생활하기 – 비상 시 적절히 대처하기 • 의사소통영역 – 말하기 – 느낌, 생각, 경험 말하기		
활동자료	 〈따라가면 안 되는 상황 그림판〉		
활동방법	① 낯선 사람이 말을 걸었을 때, 어떻게 해야 하는지 이야기 나누어 본다. ② '유괴'에 대해 이야기 나누어 본다. ③ 유괴를 당했을 때, 대처방법에 대해 알아본다. ④ 유괴 당했을 때 대처방법에 대해 O, X 문제를 내어 다시 확인한다.		

출처: 유아안전교육 교수자료세트. 실종 유괴예방방지.

3 약물 오남용 예방교육

가정에서 부모 또는 자녀가 매일 혹은 자주 사용하게 되는 의약품, 화학제품은 어디에 어떻게 보관되어 정리되고 있을까? 그러나 자칫 잘못 보관되어 영유아가 손쉽게 만지거나 복용하거나 흡입 또는 쏟는 경우에 아주 위험한 상황에 처하여 치명적인 손상을 입힐 수 있다.

일반적으로 가정에서 자주 사용하는 의약품이나 화학제품은 영유아의 손이 쉽게 닿지 않는 곳에 보관해야 한다는 점은 상식적으로 잘 알고 있다. 하지만 영유아는 우리 가정의 화장실에서 자주 사용하는 구강청결제나 식용 빙초산을 만지거나 마시는 행동을 할 수도 있기 때문에 성인들의 약물 안전에 더욱 주의를 기울여야 한다.

영유아는 발달특성상 신체도 작고 신진대사가 빠르기 때문에 중독사고의 위험에 노출되기 쉽다. 이 시기는 호기심도 강해 손에 닿는 물건들을 탐색하기 위해 입에 넣어보기도 하고 먹어보기도 하기 때문에 더욱 위험성이 크다.

1) 약물 오남용의 개념

약물이란 음식물을 제외한 모든 화학적 물질, 인체에 영향을 주는 물질이다. 일반적으로 약과 주사제, 가정용 화학용품으로 쓰이는 세탁제, 광택제, 살균제, 에어졸을 포함한다. 또한 산, 본드, 알칼리, 시너와 같은 공업용 물질, 납, 수은과 같은 중금속류도 있다.

의약품이란 사람이나 동물의 병을 치료하는 데 쓰는 약품이다(국립국어원). 사람이나 동물의 질병을 진단 · 치료 · 경감 · 처치 또는 예방할 목적으로 사용하는 물품 중 기구 · 기계 또는 장치가 아닌 것으로 정의된다(식품의약안전처, 2017).

약물에 대한 안전은 오용, 남용에 대한 예방이다. 따라서 교사나 부모는 약물과 의약품을 적절하고 올바르게 사용하면 질병을 예방하거나 치료할 수는 장점도 있는 반면, 오용과 남용으로 인한 부작용이 있음을 알고 안전할 수 있도록 사전에 예방해야 할 것이다.

약물 오용과 남용의 정의 및 사례를 어린이안전학교(2017)에서 정의한 내용을 살펴보면 다음과 같다.

약물 오용이란?

의학적 목적으로 사용되지만, 약사나 의사의 처방을 따르지 않거나, 처방된 약을 지시대로 사용하지 않는 것

• 이전 질병에 사용했던 약을 다른 질병에 그대로 사용하는 일

– 약물 사용 중 술을 마시거나 담배를 피우는 일

– 다른 사람이 처방받은 약을 사용하는 일

– 오래된 약(유효기간이 지난 약)을 사용하는 일

– 약의 사용방법을 의사의 지시에 따르지 않는 일

약물 남용이란?

의학적 상식, 법규, 사회적 관습으로부터 어긋나게 사용하는 것, 뇌를 직접적으로 자극하여 뇌기능을 비정상적으로 흥분, 억제, 마비시키기 위한 목적으로 사용하는 것

– 어린이가 커피나 진통제 등 약국 약을 자주 사용하는 일

– 미성년자(청소년)가 술을 마시거나 담배를 피우는 일

– 법으로 금지된 약물을 사용하는 일

– 법으로 금지된 약물은 아니라도 사용자의 정상적인 생활에 지장을 주고 사용자 본인과 주변사람들에게 피해를 주는 약물을 사용하는 일
(예: 성인의 알코올 남용)

2) 약물 오남용의 현황

중독사고는 어린이에게 비교적 쉽게 노출될 수 있는 의약품이나 살충제, 표백제와 같은 화학제품을 의도하지 않은 상태에서 억지로 먹거나 흡입 또는 다른 경로를 통해 노출됨으로써 발생한다.

최근 3년간 소비자위해감시시스템(CISS)에 수집된 중독사고 위해사례를 중독사고 현황, 연령 및 성별 현황, 발생 장소별, 치료기간별, 위해품목별 현황에 대해 조사

한 내용은 다음과 같다.

(1) 약물 오남용의 실태

❶ 중독사고 현황

최근 3년간 소비자위해감시시스템(CISS)에 수집된 중독사고 위해 사례는 총 1,004건으로 2012년 388건에서 매년 감소하는 추세이긴 하나 아직도 중독사고 피해를 입고 있는 실정이다(한국소비자원, 2015).

(단위: 건, %)

구분	2012년	2013년	2014년	합계
중독건수 (증감률)	388 –	352 (↓9.3)	264 (↓25.0)	1,004

출처: 한국소비자원(2015).

❷ 연령 및 성별에 따른 중독사고 현황

6세 이하의 취학 전 어린이 사고가 831건으로 전체 어린이 중독사고의 80% 이상을 차지하고 있었으며, 특히 걸음마기(1~3세)에 발생하는 중독사고(601건)가 전체 어린이 중독사고(1,004건)의 절반 이상을 차지하고 있어 안전에 취약한 것으로 나타났다.

성별로는 활동성이 강한 남자 어린이의 중독사고(557건, 55.5%)가 여자 어린이의 중독사고(447건, 44.5%)보다 더 높은 것으로 나타났다.

(단위: 건, %)

구분		남아	여아	합계
취학 전	1세 미만(영아기)	60(52.6)	54(47.4)	114(100.0)
	1~3세(걸음마기)	318(52.9)	283(47.1)	601(100.0)
	4~6세(유아기)	75(64.7)	41(35.3)	116(100.0)
	소계	453(54.5)	378(45.5)	831(100.0)
취학	7~14세(취학기)	104(60.1)	69(39.9)	173(100.0)
합계		557(55.5)	447(44.5)	1004(100.0)

출처: 한국소비자원(2015).

❸ 사고 발생 장소별 현황

'가정'이 760건(75.7%)으로 가장 높은 비율을 차지하고 있어서 보호자의 각별한 주의가 필요하다.

(단위: 건, %)

구분	건수	비율
가정	760	(75.7)
상업시설	53	(5.3)
여가 및 문화놀이 시설	24	(2.4)
교육시설	23	(2.3)
교통시설-도로/시설 모두 포함	8	(0.8)
스포츠/레저시설	3	(0.3)
의료서비스시설	3	(0.3)
기타	130	(12.9)
합계	1,004	(100.0)

출처: 한국소비자원(2015).

❹ 치료기간별 현황

'1~2주 미만' 치료를 받은 경우가 286건(28.49%)으로 가장 많았고, '당일'이 156건(15.54%), '1주 미만'이 57건(5.68%)으로 나타났다.

(단위: 건, %)

구분	건수	비율
당일	156	(15.5)
1주 미만	57	(5.7)
1~2주 미만	286	(28.5)
2~4주 미만	44	(4.4)
1~3개월 미만	1	(0.1)
기타	460	(45.8)
합계	1,004	(100.0)

출처: 한국소비자원(2015).

❺ 위해품목별 현황 및 위해사례 분석 현황

위해품목별로 살펴보면 의약품이 245건(24.4%)으로 가장 높은 비율을 차지하였고,

특히 의약품에는 보호자가 매일 복용하는 만성질환 관련 의약품(혈압약, 당뇨약 등)이 포함되어 있어 가정 내에서 의약품 보관 · 관리를 철저히 해야 한다. 또 감기약, 해열제, 피임약, 안약 등도 다수 발견되어 가정 및 유아교육기관에서 상비하는 의약품 보관에 주의가 필요하다.

이 밖에도 살충제 68건(6.7%), 표백제 64건(6.4%), 세탁세제 33건(3.3%) 등이 중독사고 상위품목으로 나타났다.

(단위: 건, %)

발생품목	건수	비율	발생품목	건수	비율
의약품	258	(25.7)	손세정제	14	(1.4)
살충제	68	(6.7)	탈취제	14	(1.4)
표백제	64	(6.4)	식기세척용품	11	(1.1)
비누&세탁소용제	33	(3.3)	담배	11	(1.1)
기타어패류& 어패가공식품	28	(2.8)	방향제	10	(1.0)
매니큐어용품	22	(2.2)	접착제	10	(1.0)
소독살균제	18	(1.8)	세정제	9	(0.9)
체온계	16	(1.6)	화장품	8	(0.8)
방습제	14	(1.4)	기타	396	(39.4)
합계				1,004	(100.0)

출처: 한국소비자원(2015).

(2) 중독사고의 유형 및 사례

가정 및 유아교육기관에서 영유아에게 쉽게 노출될 수 있는 생활용품, 미술활동용품, 건축자재들을 입에 넣거나 접촉, 흡입하였을 때 매우 위험하다. 영유아가 직접 흡입하지 않더라도 영유아의 피부는 매우 연약하기 때문에 접촉한 것만으로도 손상을 입을 수 있다.

❶ 중독사고의 유형

한국소비자원(2015)에 어린이 중독사고를 다음과 같이 세 유형으로 제시하였다.

㉠ **약품 또는 가정용 화학제품의 오음으로 인한 중독**

가정 내에서 의약품이나 화장품, 가정에서 청소나 방향을 위해 사용하는 각종 화학제품을 부주의하게 관리하여 영유아가 잘못 먹거나 마시는 경우에 심하면 사망에 이를 수도 있다. 암모니아, 포름알데히드, 방습 탈취 · 방향제에는 톨루엔 등이 포함되어 있다.

출처: http://naver.com.

㉡ **페인트 납중독**

집 안팎에서 사용하는 페인트 및 페인트 먼지나 조각, 놀이터 시설에 칠해진 흙, 장난감에 사용된 페인트 등에서 기준치를 넘는 납이 녹아 있는 경우 영유아에게 흡수되어 성장발육에 심각한 영향을 미칠 수도 있다.

㉢ **살충제, 농약 중독**

여름철 모기약, 쥐약, 바퀴벌레 등의 살충제를 부주의하게 사용하는 경우 영유아에게 심각하게 해를 줄 수 있고 채소나 과일에 남아 있는 농약도 영유아뿐만 아니라 성인에게도 문제가 될 수 있다.

출처: http://naver.com.

이외에도 놀잇감, 시계 안에 들어 있는 작은 원형의 건전지를 삼켰을 때 질식, 화상 등의 위험을 초래할 수 있으므로 위험하다.

❷ 중독사고의 사례

영유아의 중독사고는 대부분 가정에서 발생하고 있으며 6세 이하의 취학 전 영유아의 사고가 중독사고의 80%를 차지하고 있음을 앞에서 살펴본 바 있다. 빙초산, 구강청결제에 의한 중독사고 사례 및 의약품에 의한 사례를 살펴보도록 한다.

㉠ 빙초산

빙초산은 석유를 정제하여 제조한 아세트산(초산)의 화학적 합성품을 말하는데, 이를 삼킬 경우 심한 궤양괴사를 초래하고 식도협착이나 천공을 일으킬 수 있다. 또한 피부에 노출되었을 때 화상을 동반할 수 있고 눈에 튈 경우에 시력 상실까지 초래한다.

최근 3년간 소비자위해감시시스템(CISS)에 수집된 빙초산 안전사고는 총 44건이었고 그 중 11건이 만 14세 이하 어린이 안전사고였으며, 특히 만 5세 미만의 사고가 9건이나 차지하였다.

사례 1	2012년 2월에 서울에서 만 3세 남자 어린이가 빙초산으로 인해 팔, 다리에 2도 화상을 입고 병원 치료
사례 2	2013년 4월 서울에서 만 1세 남자 어린이가 빙초산을 왼쪽 허벅지와 뺨에 흘려 신체 표면에 10% 미만의 화상을 입고 병원 치료
사례 3	2013년 12월 경기 지역에서 만 2세 남자 어린이가 빙초산을 마셔 소화관 부분에 이물이 발생하여 병원 치료

출처: 한국소비자원(2015).

㉡ 구강청결제

구강청결제는 구강 세척을 통해 입안의 청량감을 유지시키고 충치와 잇몸질환 예방 등 구강위생 관리에 사용되는 제품이다. 이를 삼킬 경우 중추신경계의 중독증상, 위장관 점막의 손상이나 구토, 설사 등을 유발할 수 있다. 최근 3년간 소비자위해감시시스템에 수집된 구강청결제 어린이 안전사고는 총 2건으로 집계되었다.

사례 1	2012년 8월 서울에서 만 3세 남자 어린이가 구강청결제를 마시고 중독작용으로 병원 치료
사례 2	2013년 12월 서울에서 만 4세 남자 어린이가 구강청결제를 삼킨 후 복통 발생하여 병원 치료

ⓒ 캡슐형 세제

캡슐형 세제는 물에 녹는 수용성 필름에 고농축 액체 세제를 1회분씩 포장한 제품으로 전 세계적으로 사용이 증가하고 있다. 그러나 캡슐형 세제의 색상, 형태가 젤리나 장난감, 치발기 등으로 오인하게 할 수 있어 호기심이 왕성한 어린이가 입에 넣고 터뜨리는 사고가 발생하고 있다. 아직까지 국내에서 캡슐형 세제의 시장 규모가 크지 않아 위해사례가 많지 않지만 미국을 비롯한 유럽, 일본 등지에선 매년 캡슐형 세제로 인한 어린이 안전사고가 다발하고 있다. 2013년에는 미국에서 이것을 삼킨 어린이가 사망한 경우도 있었다(한국소지바원, 2016).

[그림 10-4] **캡슐형 세제 제품**

캡슐형 세제를 삼킨 어린이는 구토를 하게 되고 이 과정에서 내용물이 기도로 흡인되면 기관 및 기관지 등과 폐포에 심각한 손상을 일으킬 수 있다. 또한 이로 인한 호흡곤란, 급성호흡곤란증후군 등이 발생하고 위와 장의 점막 손상에 의해서 궤양이 생기거나 심하면 구멍이 나는 등의 합병증이 발생할 수 있으며, 다량을 섭취하게 되면 의식을 상실하거나 발작 등을 일으킬 수 있다. 눈에 튈 경우에는 결막과 각막에 직접 자극을 주게 되고 심하면 화학적 화상과 이에 따른 각막 혼탁 등에 의해 실명에 이를 수도 있을 만큼 매우 위험하다. OECD 보고에 따르면 미국의 경우 2012년부터 2013년까지 17,000건 이상의 6세 미만 어린이 중독사고가 접수되었고, 그 중 769명이 입원치료를 받은 것으로 나타났다. 일본에서는 2014년부터 2016년 1월까지 148건의 사고가 접수되었으며 그 중 88건이 삼킴 사고였다. 한편 한국소비자원이 시중에 유통되고 있는 캡슐형 세제 총 8종을 대상으로 조사한 결과, 합성세제 사용상 주의표시 기준을 지키지 않은 제품이 절반인 4개 제품으로 나타났다(한국소비자원, 2016).

사례 1	2013년 미국에서 7개월 된 어린이가 캡슐형 세제를 삼킨 후 병원으로 이송된 지 한 시간 만에 사망함
사례 2	2012년 미국의 4세 어린이가 캡슐형 세제를 손에 쥐고 있다가 세제가 터지면서 눈에 튀어 각막 찰과상 진단을 받음
사례 3	2014년 캐나다에서 17개월 된 어린이가 캡슐형 세제를 삼킨 후 구토를 심하게 하고 목이 50% 가량 부어 기도 삽관을 실시함

출처: 한국소지바원(2016).

(3) 정책 현황

한국소비자원 소비자안전국 위해정보팀은 2015년 5월에 어린이 중독사고를 예방하기 위해 국내 어린이보호포장 관련 규정, 어린이보호포장 도입 제품 검토를 통해 중독사고 예방의 중요성을 부각시켰다.

❶ 국내 어린이보호포장 관련 규정

어린이보호포장은 어린이의 중독사고 예방을 위해 "성인이 개봉하기는 어렵지 않지만 만 5세 미만의 어린이가 일정 시간 내에 내용물을 꺼내기 어렵게 설계 · 고안된 포장"을 말한다.

㉠ 화학제품

「화학물질의 등록 및 평가 등에 관한 법률」에 따른 위해우려제품 중 세정제, 코팅제, 접착제, 방향제를 어린이보호포장 대상으로 정하였다(「위해우려제품 지정 및 안전 · 표시기준」 제7조제3항).

㉡ 의약품

경구로 투여되는 의약품 중 특정 성문을 함유한 의약품을 안정용기 · 포장 대상 물품으로 정하고 있다(「의약품 등의 안전에 관한 규칙」 제73조제1항).

1. 1회 복용량에 30밀리그램 이상의 철 성분을 함유한 의약품
2. 아스피린 성분을 함유한 의약품
3. 개별포장(낱알모음포장 또는 1병 단위의 포장 등 소량포장단위)당 1그램을 초과한 아세트아미노산 성분을 함유한 의약품
4. 개별포장당 1그램을 초과한 이부프로펜 성분을 함유한 의약품
5. 소아용의약품 중 내용액제
6. 개별포장당 0.045밀리그램을 초과한 로페라마이드 성분을 함유한 의약품
7. 개별포장당 나프록센 성분이 250밀리그램을 초과한 나프록센 및 그 염류를 함유한 의약품
8. 개별포장당 케토프로펜 성분이 50밀리그램을 초과한 케토프로펜 및 그 염류를 함유한 의약품
9. 개별포장당 66밀리그램을 초과한 디펜히드라민 및 그 염류를 함유한 의약품

※ 다만, 의사의 처방에 따라 조제에 사용되는 의약품은 제외

㉢ 화장품

화장품 중 특정 성분 및 함유량에 관한 조건을 정하고 있다(「화장품법 시행규칙」 제18조 제1항).

1. 아세톤을 함유하는 네일 에나멜 리무버 및 네일 폴리시 리무버
2. 어린이용 오일 등 개별포장당 탄화수소류를 10퍼센트 이상 함유하고 운동점도가 21센티스톡스(섭씨 40도 기준) 이하인 비에멀젼 타입의 액체 상태의 제품
3. 개별포장당 메틸 살리실레이트를 5퍼센트 이상 함유하는 액체 상태의 제품

※ 다만, 일회용 제품, 용기 입구 부분이 펌프 또는 방아쇠로 작동되는 분무용기 제품, 압축 분무용기 제품(에어로졸 제품 등)은 제외

❷ 어린이 보호포장 도입 제품 검토

어린이 중독사고는 대부분 가정에서 발생하고 있고 어린이 중독사고를 일으키는 위해품목 중 빙초산이나 구강청결제는 어린이에게 심각한 위험으로 작용할 가능성이 크기 때문에 어린이보호포장 도입을 검토해야 한다.

빙초산의 경우 경고문구 등 취급상 주의사항은 표시하고 있으나, 개폐구는 어린이 보호 조치가 없는 일반용기를 사용한다.

• 빙초산 제품에 기재되어 있는 취급상 주의문구 표시

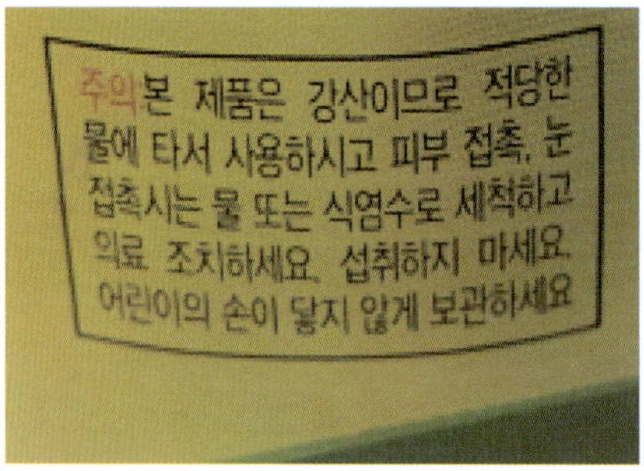

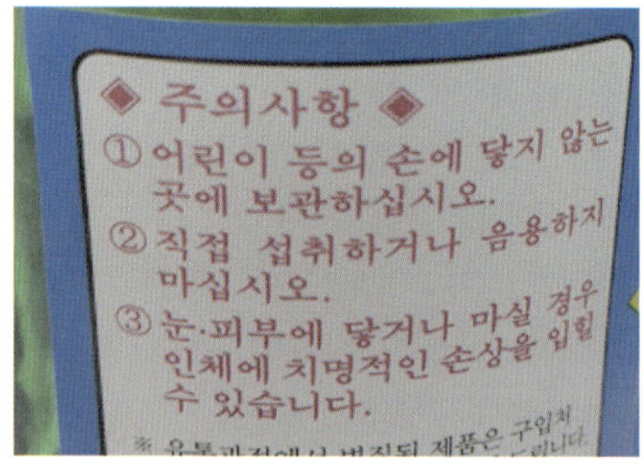

• 어린이보호 조치가 없는 일반용기 사용 제품

• 사업자가 자율적으로 어린이보호포장 용기를 사용하고 있는 제품
(뚜껑 아랫부분을 누르고 돌려야 함)

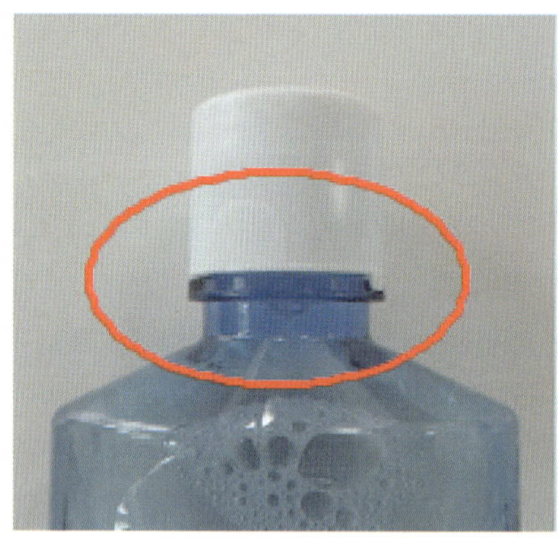

해외에서 캡슐형 세제로 인한 안전사고가 빈번하게 발생하고 있고, 국내에서도 관련 제품이 유통되고 있으므로 캡슐형 세제를 어린이 보호포장 대상에 포함시킬 필요가 있다.

• EU에서는 '유해 물질의 분류, 라벨표기, 포장에 관한 EU 법안'에 캡슐형 세제의 외부포장과 가용성 포장에 관한 규정을 도입하였음
• 미국에서는 캡슐형 세제의 라벨표기, 디자인, 포장에 관한 가이드라인을 제공하였으며 제품 포장 표준 제정 절차를 진행 중임

〈참고〉 OECD 캡슐형 세제 국제의식개선캠페인 포스터

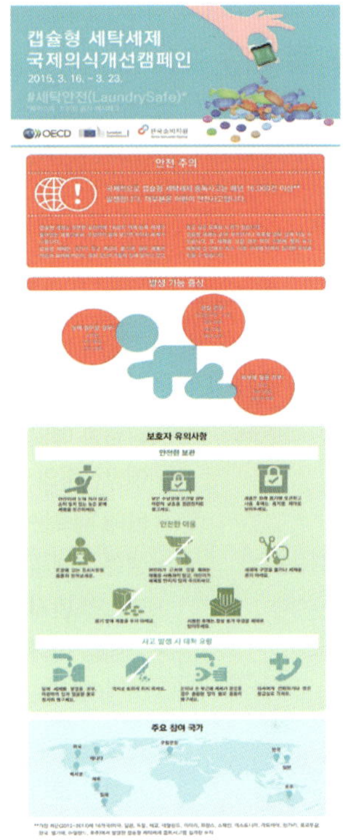

〈참고〉 중독사고 대처방법과 어린이 보호 포장 용기

■ **중독사고 대처 방법**

- ☎ 1339 응급의료정보센터: 응급처치 지도, 질병 상담, 병원안내
- 병원에 갈 때 유아가 삼킨 물질이나 그 용기, 구토물을 가지고 가며, 토하도록 하지 않습니다.

■ **어린이 보호 포장 용기와 마크**

성인이 개봉하기에는 어렵지 아니하지만 만5세 미만의 어린이가 일정 시간 내에 내용물을 꺼내기 어렵게 설계, 고안된 포장 용기이다. 예를 들면, 스프레이방식의 경우 단추를 열어야 분무가 가능한 방식, 회전식 병마개는 압력을 가해 눌러야 개봉이 가능한 방식 등 다양한 형태의 안전마개 등이 있다.

방향제나 세정제 등 어린이들에게 손상을 입힐 수 있는 유해 화학물질 이 함유된 제품들은 어린이가 함부로 뚜껑을 열 수 없도록 안전마개를 해야 한다. 가정에서 사용되고 있는 화학제품(방향제, 세정제, 접착제, 광택제, 얼룩제거제, 부동액, 자동차 용 유리세정제) 용기에 어린이보호포장을 하도록 의무화하도록 한다. 이들 제품은 어린이가 마시거나 냄새를 맡을 경우 중독이나 환각상태에 빠질 수 있고, 소화기관 화상과 피부 손상을 일으킬 수 있는 유해 화학 물질이 함유 돼 있다.

출처: 소방방재청(2010).

3) 약물 오남용 교육의 내용 및 방법

(1) 법적 기준

「아동복지법 시행령」(시행 2017.12.20.)의 교육기준 제28조제1항 관련한 내용은 다음과 같다.

구분	감염병 및 약물의 오용 · 남용 예방 등 보건위생관리 교육
실시 주기(총시간)	• 3개월에 1회 이상(연간 10시간 이상)
교육내용	• 감염병 예방을 위한 개인위생 실천 습관 • 예방접종의 이해 • 몸에 해로운 약물 위험성 알기 • 생활 주변의 해로운 약물 · 화학제품 그림으로 구별하기 • 모르면 먼저 어른에게 물어보기 • 가정용 화학제품 만지거나 먹지 않기 • 어린이 약도 함부로 많이 먹지 않기
교육방법	• 전문가 또는 담당자 강의 • 시청각 교육 • 사례분석

출처: 아동복지법(2017).

(2) 약물 오남용 교육의 내용

영유아에게 약을 먹을 때는 더욱 주의를 기울여야 한다. 반드시 의사의 처방에 의한 약을 먹여야 하는데 처방해 준 약을 먹을 때도 안전에 주의하여야 한다.

부모 및 교사는 처방약을 안전하게 먹는 방법에 대해 잘 알고 실천에 옮겨야 할 것이다.

❶ 처방약을 안전하게 먹는 방법(교육과학기술부, 2014)

㉠ 약이 꼭 필요한 경우인지 먼저 확인한다.

자녀가 감기에 걸렸을 때 약을 먼저 먹는 것보다 가장 좋은 것은 충분한 휴식과 수분 보충이라는 것은 세계보건기구(WHO)에서도 인정한 진실이다.

㉡ 약을 사용해야 할 경우에는 낮은 용량부터 시도하는 것이 좋다.

약을 더 많이 자주 먹는다고 해서 병이 더 빨리 낫는 것은 아니다. 이는 부작용의 위험을 초래하기도 한다.

㉢ 정확한 용량을 먹도록 한다.

㉣ 여분으로 받은 시럽병/계량스푼을 세척해서 사용한다.

대부분의 병원이나 약국에서 시럽병이나 계량스푼을 세척해서 제공하지 않기 때문에 먼지나 이물질이 묻어 있을 수 있다.

㉤ 미리 약을 섞지 않도록 한다.

약은 먹이기 직전 혼합하는 것이 좋다.

㉥ 보관 장소를 엄수한다.

특별히 보관 장소나 방법에 대한 주의 설명을 듣지 않은 경우에 그늘진 실온에 보관한다.

㉦ 약을 먹을 때는 보리차나 맹물로 먹인다.

㉧ 복용이 끝난 약은 남겨 두지 말고 약국을 이용하도록 한다.

자녀가 아플 때 부모는 유아교육기관으로 자녀가 먹을 약을 보내는 경우가 있다. 이때 그냥 보내는 것이 아니라 부모가 약을 보낼 때 유념해야 할 사항을 알고 담임 선생님께 투약의뢰서를 작성하여 보내도록 한다. 그래야만 부작용을 최소화할 수 있다.

❷ 유아교육기관으로 약을 보낼 때 유념해야 할 사항

㉠ 자녀가 왜 약을 먹어야 하는지 알려주어야 한다.

ⓛ 약은 등원 시 담임 선생님께 직접 전해 주는 것이 좋으며, 그렇지 못할 경우 인계가 가능하도록 꼭 연락을 해 두어야 한다.

ⓒ 올바른 용량 및 용법대로 먹을 수 있도록 투약시간, 복용량, 횟수, 보관법, 주의사항 등의 정보가 담긴 투약의뢰서를 같이 보내야 한다.

ⓔ 약을 1회 분량씩 개별봉투에 담아 보내는 것이 좋다. 약의 효능에 문제가 없다면 가루약과 물약을 미리 섞어 한 병에 담아 보내고, 복용 시 바로 섞어야 한다면 가루약, 물약 각각 1회 분량을 지퍼백에 담아 보낸다.

ⓜ 이때 약통에는 자녀의 이름을 반드시 기재해서 보내야 한다. 교실에 약을 먹어야 하는 유아가 많은 경우에 혼동이 생길 수도 있다.

투약 의뢰서 (예시)

반　명 : ○○반
유아명 : 김○○
증　상 : 감기
약의 종류 및 용량 : 물약 6cc
투약시간 : 점심 식후 30분
보관방법 : 실온보관
특별히 부탁하는 사항 : 없음

○○○○년 ○월 ○일
의 뢰 자　○○○

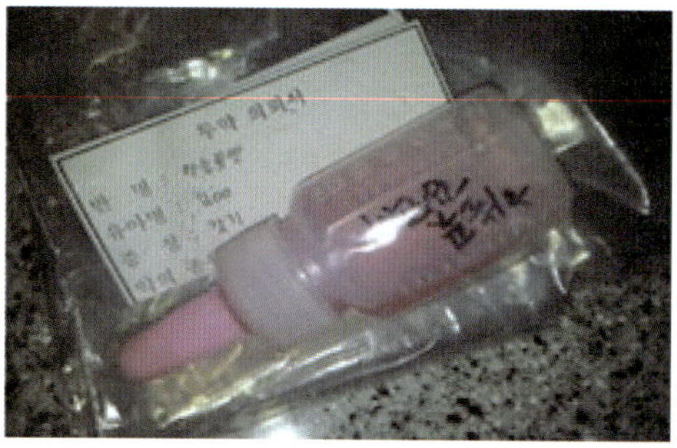

❸ 약품 보관방법

㉠ 의약품은 원래의 용기에 첨부문서와 함께 보관한다.
다른 병에 옮겨서 보관하게 되면 옮긴 것을 모르는 사람은 잘못 먹을 수도 있다. 또한 용기와 약품 이름과 유통기한 등을 표기하여 보관하는 것이 좋다.

ⓛ 영유아는 손에 잡히는 것은 입에 가져가기 쉽기 때문에 영유아 손에 닿지 않는 곳에 두는 것이 좋다.

ⓒ 약의 보관방법을 확인하고 약 종류에 따라 적절하게 보관해야 한다.
냉장보관을 제외한 나머지 약들은 햇볕이 들지 않는 시원하고 건조한 곳에 보관한다. 햇볕과 습기는 약 성분을 변하게 한다.

ⓔ 먹고 남은 약은 가까운 약국에 가져다주어 폐기하도록 한다.

출처: 보건복지부 외(2012). 소비자를 위한 안전상비 의약품 길라잡이.

(3) 약물 오남용 예방교육의 방법

❶ 약물 오남용 예방법 및 체크리스트

약품 또는 가정용 화학제품의 오음으로 인한 중독, 페인트 납중독, 살충제 및 농약 중독, 빙초산, 캡슐세제에 대한 예방수칙은 다음과 같다.

- 모든 가정용품과 약품은 영유아의 눈에 띄지 않고 만질 수 없는 곳에 보관한다. 독성이 의심되는 가정용품을 사용하는 중에는 열린 상태로 내버려 두지 않도록 한다.
- 전화기 옆에는 응급실 등의 전화번호를 적어둔다.
- 구토제 시럽은 의사의 처방에 의해서만 사용하도록 한다.
- 항상 제품설명서를 읽고 지시에 따라 영유아의 체중과 나이에 맞게 약을 먹이고, 영유아의 약과 함께 제공되는 계량스푼만을 사용한다.
- 집 안에 납 성분이 포함된 페인트를 사용하였는지 점검한다. 납 성분이 든 페인트라면 봉함제로 덧바르거나 전문가에게 의뢰하여 제거하도록 한다. 납이 든 먼지의 위험을 감소하기 위해 영유아의 손, 장난감, 고무젖꼭지, 우유병 등을 자주 씻어 납의 오염을 줄이도록 한다.
- 살충제나 다른 가정용 화학제품을 사용하기 전에 영유아나 영유아 장난감, 애완동물을 격리시킨다. 영유아와 애완동물은 살충성분이 완전히 마르거나 표시에서 권장하는 시간 동안 격리시킨 채 둔다.

- 살충제를 영유아가 음식이나 음료로 오인할 수 있는 용기에 절대로 옮겨 담지 않으며, 쥐약이나 바퀴벌레약을 영유아가 손댈 수 있는 곳에 설치하지 않는다.
- 몸에 뿌리는 해충약을 영유아에게 사용할 때는 먼저 지시사항을 읽은 다음 상처나 과민한 피부에 뿌려서는 안 되고 눈이나 입, 손, 얼굴에 직접 뿌려서는 안 된다. 피부를 충분히 감싼 뒤나 옷을 입은 위에 뿌리도록 하되 속옷 위에 뿌려서는 안 된다.
- 빙초산의 경우 보관은 원래 용기로 유지하고 불가피하게 덜어서 보관해야 한다면 빙초산임을 한 눈에 알 수 있도록 정확하고 알기 쉽게 표기한다.
  ※ 음료수 페트병에 덜어 놓는 행위는 절대 해서는 안 된다.
- 세제나 빙초산 등을 낮은 수납장에 보관할 경우, 수납장을 잠그거나 어린이 보호 잠금 장치가 되어 있는지 반드시 확인한다. 다 쓴 제품 용기를 다른 물건, 특히 음식을 담는 용도로 사용하지 않는다.

가정이나 교육기관에서 약물 오남용 예방을 위한 수칙을 잘 준수하고 있는지 자가 체크리스트를 점검해 볼 필요가 있다. 약물안전사고 예방을 위한 체크리스트를 조희연 · 김진선(2016)은 다음과 같이 11가지를 제시하고 있다.

- 부엌이나 세탁장에서 사용하거나 보관하는 유해물질들이 아동보호포장으로 되어 있는가?
- 어린이가 접근하기 쉬운 보관함에 자물쇠나 안전빗장이 되어 있는가?
- 배수관 세척제나 표백제와 같은 위험물질은 모두 본래의 용기에 보관하고 있는가?
- 사용한 가사용 세제와 용기를 안전하게 처분하는가?
- 살충제와 같은 유해제품이 음식물과 안전한 거리를 두고 보관되어 있는가?
- 욕실에 보관하고 있는 모든 약의 뚜껑이 어린이들이 쉽게 열 수 없는 것인가?
- 유독성 세제와 화장품, 목욕용품 등이 어린이가 닿을 수 없도록 보관되어 있는가?

- 모든 장식물은 무독성인가?
- 독이 있는 식물이 어린이의 손이 닿지 않는 곳에 있는가?
- 침대 옆 탁자나 화장대에 약, 술, 담배 등의 위험물질이 없는가?
- 화장수, 향수, 아세톤이 어린이의 손에 닿지 않는 곳에 보관되어 있는가?

❷ 약물 오남용 예방교육 프로그램

가정이나 교육기관에 있는 의약품을 비롯한 화학제품을 오남용했을 때 위험성을 재미있는 활동으로 전개해 알려주어 사고의 발생률을 낮춰야 한다. 약물 오남용 예방과 가정용 화학제품 사고 예방을 위한 프로그램은 다음과 같다.

〈표 10-7〉 **약물 오남용, 화학제품 예방교육 프로그램**

안전주제	단원명	활동명	활동단계	활동유형
약물 오남용 예방	부모님이 주신 약만 먹어요	약은 무엇인가요?	사전활동	이야기 나누기
		부모님이 주신 약만 먹어요	본 활동	이야기 나누기
		알약과 초콜릿은 달라요	확장활동	언어, 과학
가정용 화학제품 사고예방	가정용 화학제품, 위험할 수 있어요	어린이 보호 포장 용기	사전활동	과학
		가정용 화학제품, 위험할 수 있어요	본 활동	이야기 나누기
		먹어도 되는 것, 만져도 되는 것, 위험한 것을 분류해요	확장활동	수 · 조작

출처: 소방방재청(2010). 유아안전교육 프로그램.

<table>
<tr><td>활동명</td><td>어떤 약이 필요할까요?</td><td>활동유형</td><td>게임</td></tr>
<tr><td>활동목표</td><td colspan="3">• 아픈 부위에 따른 정확한 진단과 약품 사용법을 알 수 있다.
• 아픈 부위에 따른 올바른 약품 사용을 구분할 수 있다.</td></tr>
<tr><td>누리과정 관련요소</td><td colspan="3">• 신체운동건강 – 안전하게 생활하기 – 비상 시 적절히 대처하기
• 의사소통 – 듣기 – 낱말과 문장 듣고 이해하기</td></tr>
<tr><td>활동자료</td><td colspan="3">• 약품 그림 자료 5장(30개)
• 약국 그림 자료 1장</td></tr>
<tr><td>활동방법</td><td colspan="3">① 사람 그림 자료를 보여 아픈 곳을 찾아본다.
(눈, 배, 무릎, 열, 벌레에 물렸을 때)
② 아픈 사람 그림 자료에 알맞은 자석 약품을 찾아 붙인다.
</td></tr>
</table>

출처: 유아안전교육교수자료세트. 약물오남용 예방.

❸ 의약품 부작용 발생대처와 신고방법

안전상비의약품, 구입이 편해진 만큼 소비자 스스로 주의가 필요합니다.

- 약 복용 후, 부작용(과민증, 두드러기, 발열 등)이 나타나면 즉시 복용을 중지하십시오.
- 가까운 병 · 의원 및 약국에 가서 의사 · 약사의 도움을 받아야 합니다.

의약품 상담, 부작용 보고문의는
한국의약품안전관리원 1644-6223

부작용 인터넷/팩스 보고는
한국의약품안전관리원 홈페이지
http://www.drugsafe.or.kr
FAX:02-2172-6701

모바일 부작용 신고, 의약품 검색은
스마트폰 앱 **'온라인의약도서관'**
(**http://drug.kfda.go.kr**)

출처: 보건복지부 외(2012). 소비자를 위한 안전상비 의약품 길라잡이.

4 재난대비 안전교육

재난은 예고없이 갑작스럽게 우리의 안전을 위협한다. 교사는 각 지역에서 주로 발생하는 재난에 대한 이해와 함께 교사 스스로 재난에 대처할 수 있는 방법을 익혀 영유아에게 바람직한 역할 모델을 제공할 수 있어야 한다.

1) 재난의 개념

재난은 학자와 국가에 따라 다양하게 정의되고 있다. '재난'은 어원상 'disaster'로 'dis'는 '분리, 파괴, 불일치', 'aster'는 'astrum' 또는 'star'라는 의미로 해석된다. 즉, 재난이란 별의 불길한 모습을 상징하는 것으로 '하늘로부터 비롯된 인간의 통제가 불가능한 해로운 영향'이라는 의미를 갖는다.

「재난 및 안전관리 기본법」(재난안전법, 2017.7.26. 시행)에 따라 재난을 정의해 보면, 재난이란 국민의 생명 · 신체 · 재산과 국가에 피해를 주거나 줄 수 있는 것으로서 '자연재난'과 '사회재난'으로 나누어 살펴볼 수 있다.

〈표 10-8〉 **안전관리 기본법에서의 재난 유형**

자연재난	사회재난
태풍, 홍수, 호우(豪雨), 강풍, 풍랑, 해일(海溢), 대설, 낙뢰, 가뭄, 지진, 황사(黃砂), 조류(藻類) 대발생, 조수(潮水), 화산활동 등	• 화재 · 붕괴 · 폭발 · 교통사고(항공사고 및 해상사고를 포함한다) · 화생방사고 · 환경오염사고 등으로 인하여 발생하는 대통령령으로 정하는 규모 이상의 피해 • 에너지 · 통신 · 교통 · 금융 · 의료 · 수도 등 국가기반체계의 마비 • 「감염병의 예방 및 관리에 관한 법률」에 따른 감염병 또는 「가축전염병예방법」에 따른 가축전염병의 확산 등으로 인한 피해

2) 재난의 유형 및 안전

(1) 지진

지진은 오랫동안 누적된 변형 에너지가 갑자기 방출되면서 지각이 흔들리는 것으로 지구를 구성하는 판이 움직이기 때문에 일어난다. 지진은 지구 내부의 활동과 판구조 운동으로 인해 지구 내부, 특히 지각에서 장시간 축적된 에너지가 순간적으로 방출되면서 그 에너지의 일부가 지진파의 형태로 지표면까지 도달하여 지반이 흔들리는 현상이다. 우리나라는 1978년 지진 관측 이후 2016년까지 1,450여 차례의 지진이 발생하였고, 2018년 2월까지 포항에는 본진에 이은 잦은 여진이 발생하고 있다. 우리나라에서 일어난 지진 중 가장 큰 지진은 2016년 9월 12일 경주에서 발생한 규모 5.8의 지진이었다. 지진은 건물 및 도로의 파괴, 산사태 등을 유발하고 지진 시 화재로 인한 재산피해와 인명피해가 크게 발생한다. 영유아교육기관에서 지진 발생 시 올바른 대처요령을 영유아에게 교육함으로써 피해를 줄일 수 있도록 해야겠다.

전 세계적으로 발생한 대형 지진 사례

인도네시아 자바 섬 지진

2006년 7월 17일 인도네시아 자바 섬 남쪽 약 235km 해안에서 일어난 규모 7.7의 지진으로, 해일로 말미암아 바닷가 해변 호텔과 가옥, 선박 등이 파괴되고 많은 인명피해와 재산피해를 발생시켰다.

중국 쓰촨성 대지진

2008년 5월 12일 오후 2시 28분 중국 쓰촨성 일대에 일어난 규모 7.8의 강진으로 많은 사람이 사망하고, 건물과 도로 파괴 등의 재산피해가 발생했다.

아이티 지진

2010년 1월 12일 아이티에서 일어난 규모 7.0의 강진으로, 아이티 대통령궁을 비롯한 많은 건물이 무너지고, 큰 인명피해가 발생했다.

일본 고베 지진

1995년 1월 17일에 일본에서 일어난 규모 7.2의 지진으로, 6,432명이 사망했고 40,000여 명이 부상당하였으며 1,400억 달러가 넘는 재산 피해가 발생했다.

인도 구자라트 지진

2001년 1월 26일에 인도에서 일어난 규모 7.7의 지진으로 20,085명이 사망하였다.

파키스탄 북부 지역의 지진

2005년 10월 8일에 파키스탄에서 일어난 규모 7.6의 지진으로, 86,000여 명이 사망하고 69,000여 명이 부상당하였다.

출처: http://www.go119.org 어린이 안전학교.

낮잠 자던 어린이집 원생들, 헬멧 쓰고 침착 대피
작년 경주 지진 후 착실한 대피훈련…흔들림 멈추자 파출소로 이동

평소 대피훈련을 해온 부산의 한 어린이집이 15일 오후 원생들이 낮잠을 자던 중 강한 지진이 발생했음에도 침착하게 대피한 사실이 뒤늦게 알려졌다.

부산 좌천파출소 등에 따르면 이날 오후 포항 인근에서 규모 5.4의 지진이 발생하고 5분여가 지났을 무렵 좌천파출소로 어린이집 원생 20여 명과 선생님 6명이 우르르 몰려왔다. 이 원생들은 파출소와 골목 하나를 사이에 둔 한 은행 직장어린이집에 다니는 아이들이었다. 한 번씩 파출소에 견학 와서 경찰관 직업 체험을 하던 원생들이었지만 이날은 달랐다. 포항지진의 여파로 어린이집 건물이 심하게 흔들리자 선생님 인솔하에 파출소로 대피한 것이었다.

2017.11.15. [부산경찰청 제공=연합뉴스 김선호기자]

지진 대비 안전

❶ 집 안에서의 안전을 확보한다

- 탁자 아래와 같이 집 안에서 대피할 수 있는 안전한 대피 공간을 미리 파악해 두기
- 유리창이나 넘어지기 쉬운 가구 주변 등 위험한 위치를 확인해 두고 지진 발생 시 가까이 가지 않기
- 깨진 유리 등에 다치지 않도록 두꺼운 실내화를 준비하기
- 화재를 일으킬 수 있는 난로나 위험물은 주의하기

❷ 집 안에서 떨어지기 쉬운 물건을 고정한다

- 가구나 가전제품이 흔들릴 때 넘어지지 않도록 고정하기
- 텔레비전, 꽃병 등 떨어질 수 있는 물건은 높은 곳에 두지 않기
- 그릇장 안의 물건들이 쏟아지지 않도록 문을 고정하기
- 창문 등의 유리 부분은 필름을 붙여 유리가 파손되지 않도록 하기

❸ 집을 안전하게 관리한다

- 가스 및 전기를 미리 점검하기
- 건물이나 담장은 수시로 점검하고, 위험한 부분은 안전하게 수리하기
- 건물의 균열을 발견하면 전문가에게 문의하여 보수하고 보강하기

❹ 비상용품을 준비하고 보관할 장소를 알아 두기

- 비상 시를 대비하여 비상용품을 준비해 두고, 보관할 장소와 사용방법을 알아 두기
- 지진 발생 시 화재가 발생할 수 있으니 소화기를 준비해 두고, 사용방법을 알아 두기

❺ 평상시 가족회의를 통하여 위급한 상황에 대비한다

- 가스, 전기를 차단하는 방법을 알아 두기
- 머물고 있는 곳 주위의 넓은 공간 등 대피할 수 있는 장소를 알아 두기
- 비상 시 가족과 만날 곳과 연락할 방법 정해 두기
- 응급처치하는 방법을 반복적으로 훈련하여 익혀 두기

지진 시 비상용품

- 비상식품: 물, 통조림, 라면 등 가열하지 않고 먹을 수 있는 것
- 생활용품: 간단한 옷, 화장지, 물티슈, 라이터, 여성용품, 비닐봉투
- 기타: 라디오, 손전등 및 건전지, 휴대전화 예비배터리, 비상금, 비상연락망 등

지진 정보 얻는 방법

- 지진 정보를 얻을 수 있는 정부 기관의 연락처를 알아두기
- 정부에서 제공하는 스마트폰 재난정보 어플리케이션을 설치해 두기: 행정안전부 안전디딤돌, 기상청 지진 정보 서비스 트위터(twitter.com/KMA_earthquake)

지진 발생 시 안전

❶ 튼튼한 탁자 아래에 들어가 몸을 보호한다

- 지진으로 크게 흔들리는 시간은 길어야 1~2분 정도이다.
- 중심이 낮고 튼튼한 탁자의 아래로 들어가 탁자 다리를 꼭 잡고 몸을 보호하기
- 탁자 아래와 같은 피할 곳이 없을 때는 방석 등으로 머리를 보호하기

❷ 가스와 전깃불을 차단하고 문을 열어 출구를 확보한다

- 흔들림이 멈춘 후 당황하지 말고 화재에 대비하여 가스와 전깃불 끄기
- 문이나 창문을 열어 언제든 대피할 수 있도록 출구 확보하기
- 흔들림이 멈추면, 출구를 통해 밖으로 나가기

※ 지진이 발생했을 때 불이 나면 침착하고 빠르게 불을 꺼야 한다. 지진 시에는 많은 사고 및 도로의 손상으로 소방차가 출동하지 못하는 경우가 있으므로 평소에 불을 끄는 방법을 알아 두도록 한다.

❸ 집에서 나갈 때는 발을 보호할 수 있는 신발을 신고 이동한다

- 지진이 발생하면 유리 조각이나 떨어져 있는 물체 때문에 발을 다칠 수 있으니, 발을 보호할 수 있는 신발 신고 이동하기

❹ 계단을 이용하여 밖으로 대피한다

- 지진이 나면 엘리베이터를 타지 말고, 계단을 이용하여 건물 밖으로 대피하기
- 밖으로 나갈 때는 떨어지는 유리, 간판, 기와 등을 주의하며, 소지품으로 몸을 보호하면서 침착하게 대피하기

❺ 건물 담장과 떨어져 이동한다

- 건물 밖으로 나오면 담장, 유리창 등이 파손되어 다칠 수 있으니, 건물과 담장에서 최대한 멀리 떨어져 가방이나 손으로 머리를 보호하면서 대피하기

※ 빌딩이 많은 도심지에서는 깨진 유리창이나 간판 등이 떨어져 다칠 우려가 있으므로, 주변에 가까운 공원이나 넓은 공간이 없다면 최근에 지은 튼튼한 건물 안으로 들어가 우선 몸을 보호한다.

※ 담장이나 전봇대는 지진으로 기반이 약해져 넘어지기 쉬우므로 절대 기대지 말아야 한다.

❻ 넓은 공간으로 대피한다

- 떨어지는 물건에 주의하며 신속하게 운동장이나 공원 등 넓은 공간으로 대피하기
- 이동할 때는 차량을 이용하지 않고 걸어서 대피하기

❼ 올바른 정보에 따라 행동한다

- 대피 장소에서는 안내에 따라 질서 지키기
- 지진 발생 직후에는 근거 없는 소문이나 유언비어가 유포될 수 있으니, 라디오나 공공기관의 안내 방송 등이 제공하는 정보에 따라 행동하기

대피 시 주의사항

- 화재가 발생하면 손수건 등으로 코와 입을 막은 후 연기를 피하여 최대한 자세를 낮추고 안내에 따라 대피한다.
- 야간에는 넘어지거나 추락할 위험이 있으니, 손전등을 사용하여 조심해서 대피한다.
- 겨울철에는 추위로 몸 상태가 나빠질 수 있으니, 두꺼운 옷이나 휴대용 난로 등을 준비하여 추위에 대비한 후 대피한다.
- 지하상가 등의 공간에서는 정전 시 벽에 붙어 이동하고, 가까운 출입구를 통해 밖으로 나간다.
- 끊어진 전선을 비롯한 사고의 위험이 있는 물건은 만지지 않도록 주의한다.
- 대피 중에 휴대전화, 이어폰 등을 사용하면 발을 헛디뎌 부상의 위험이 있으므로 사용을 자제한다.
- 화장실, 욕실에 있을 때는 거울이나 전구 등의 파손으로 다칠 수 있으니, 욕실에서 나와 안전한 장소로 이동한다.
- 갇혔을 때는 주변의 딱딱한 물건을 이용하여 소리를 내어 구조 요청을 한다.

(2) 태풍 · 호우

태풍(typhoon)은 열대 저기압으로 수온이 27℃ 이상의 해면에서 발생하는 경우가 대부분이다. 많은 수증기와 바람을 동반하고, 중심 부근에 강한 비바람을 동반하는 특징이 있다. 태풍의 중심인 태풍의 눈은 바람이 약하고 날씨가 대체로 맑은 구역이 생성된다. 호우(heavy rain)는 많은 비가 오는 것을 뜻하는 것으로, 특히 단시간에 많은 비가 올 때를 말한다. 평균적인 강우보다 많은 비가 올 때를 집중호우라고 한다. 우리나라 대표적인 태풍 피해사례로는 2002년 8월 31일 상륙한 태풍 루사이다. 태풍 루사는 우리나라 전 지역에 강한 폭풍우를 만들어 내고, 기상 관측 이래 유례없는 막대한 인명과 재산상 피해를 가져다 주었다. '06~'16년 동안 태풍 · 호우로 인하여 평균 10건의 재해 발생과 21.6명의 인명피해 및 4,831억 원의 재산피해가 발생하였다. 태풍 · 호우는 하천범람, 산사태, 해일 등으로 이어져 재산피해는 물론 인명피해를 유발하기 때문에 각별한 주의와 사전 대비가 필요하다(행정안전부).

사전준비

❶ 내 지역의 정보는 미리미리 확인한다

- 내가 거주하거나 생활하는 지역의 홍수, 태풍, 침수(저지대), 산사태, 해일 등 재해위험요소를 사전에 확인하기

❷ 재난에 대한 위험정보를 수신할 수 있도록 준비한다

- 태풍, 집중호우 등 기상특보나 홍수, 산사태 등 재난 예 · 경보를 수신할 수 있도록 TV, 라디오 청취 등을 가능하도록 하고 스마트폰 앱(안전디딤돌) 등을 미리 설치하기

❸ 가족과 사전에 비상에 대비한 약속을 정한다

- 비상 시를 대비하여 지역에 대피할 장소(국민재난안전포털, www.safekorea.go.kr이나 지자체 홈페이지의 임시대피소, 이재민 임시주거시설등 참고)와 안전한 이동방법에 대해 숙지하고, 어린이에게 알려주기

- 가족이 각각 이동할 때를 대비하여 다시 만날 장소를 사전에 정하기

❹ 비상 시 안전한 이동방법, 대피요령 등을 숙지해 둔다

- 비상상황이 예견될 때는 가족과 즉시 연락해서 함께 안전한 곳으로 이동할 수 있도록 하고, 상황이 급박할 경우에는 즉시 그 자리를 피하고 가족과는 따로 연락해서 자신의 이동경로 알려주기
- 피난길에는 하천변, 산길 등 위험한 지름길은 피하고, 도로나 교량이 휩쓸려 간 길은 지나지 않기
- 이동 길에 전신주나 변압기 등의 주변은 피하기

❺ 재난이 발생할 경우를 대비하여 비상용품을 사전에 준비한다

- 응급약품, 손전등, 식수, 비상식량, 라디오, 휴대전화 충전기, 휴대용 버너, 담요 등 비상용품을 사전에 한 곳에 구비해 두고 응급 상황이 발생하면 바로 휴대할 수 있도록 준비하기
- 차량이 있는 경우에는 차량의 연료를 미리 채워 두기. 차량이 없을 경우 차량에 있는 가까운 지인과 사전에 같이 이동할 수 있도록 약속해 두기

❻ 재난에 대비한 지속적인 관심과 정비를 한다

- 비상용품의 유효기간을 지속적으로 확인하여 교체하고, 대피장소, 이동 경로 등에 대해서는 지속적으로 관심을 가지고 정비하기

태풍 · 호우 예보 시 안전

❶ 태풍이나 호우의 진로 및 도달시간을 파악한다

- TV, 라디오, 인터넷, 스마트폰 등으로 기상상황을 미리 파악하여 대비하기
- 스마트폰 '안전디딤돌' 어플리케이션을 통해 기상상황을 파악하기

❷ 산간 · 계곡 · 하천 · 방파제 등 위험지역에서는 안전한 곳으로 이동한다

- 산간 · 계곡 · 하천 · 방파제 등에서 야영이나 물놀이를 멈추고 안전한 곳으로

대피하기
- 저지대나 상습침수지역, 산사태 위험지역, 지하공간이나 붕괴 우려가 있는 노후주택 · 건물의 주민은 안전한 곳으로 이동 준비하기

❸ 주택이나 차량 등 재산보호를 위해 사전에 대비한다
- 바람에 날아갈 위험이 있는 지붕, 간판 등은 사전에 결박하고, 창문은 창틀에 테이프 등으로 단단히 고정하기
- 하천이나 해변, 저지대에 주차된 차량은 안전한 곳으로 이동하기
- 가정의 하수구나 집 주변의 배수구를 미리 점검하고 막힌 곳은 뚫기
- 모래 주머니, 방수판 등을 이용하여 침수가 예상되는 아파트 지하주차장, 건물이나 농경지는 기상 특보가 발령되기 전까지 정비하기
- 시설하우스 등 농업시설물은 버팀목이나 비닐끈 등으로 견고히 묶어 피해를 예방하기
- 선박이나 어망 · 어구 등은 사전에 결박하여 피해를 최소화하기
- 공사장, 비탈면이 있는 지역은 안전 상태를 미리 확인하기

❹ 비상용품 준비 등 재난발생에 대비한다
- 비상 시 신속히 응급용품을 가지고 이동 대피할 수 있도록 사전에 배낭 등에 모아두기
- 상수도 공급 중단의 상황이 발생될 수 있으므로, 욕실 등에 미리 물을 받아두기
- 정전에 대비하여 비상용 랜턴, 양초, 배터리 등을 구비해 두기
- 긴급상황 정보수신을 위해 스마트폰에 안전디딤돌 앱을 설치하고, 가까운 동사무소 등과의 긴급 연락망을 확인하기

태풍 · 호우 특보 중 안전

❶ 나와 가족, 지인들의 안전을 위해 외출을 자제하고 지속 정보를 청취한다

- 태풍 · 호우 시에는 외출을 자제하고, TV, 라디오 등을 통해 기상정보를 청취하여 내가 있는 지역의 상황을 지속 관찰하기
- 외부에 있는 가족, 지인과 연락하여 안전확인과 위험정보 등을 공유하기
- 차량으로 이동 중에는 속도를 줄여서 운전하고, 개울가, 하천변, 해안가, 지하차도 등 급류에 휩쓸릴 수 있거나 침수위험지역은 접근하지 않기

❷ 건물, 집 안 등 실내에서의 안전수칙을 숙지한다

- 건물의 출입문, 창문은 닫아서 파손되지 않도록 하고, 실내에서는 창문이나 유리문에서 되도록 떨어져 있기
- 침수의 위험이 없는 지역에서는 바람으로 인해 피해를 입지 않도록 가급적 욕실과 같이 창문이 없는 방이나 집 안의 제일 안쪽으로 이동하기
- 가스 누출로 2차 피해가 발생할 수 있으므로 사전에 차단하고, 감전의 위험이 있으므로 집 안팎의 전기시설은 만지지 않기
- 정전 시에는 양초를 사용하지 말고 휴대용 랜턴을 사용하기

❸ 위험지역은 접근하지 말고, 즉시 안전한 지역으로 대피한다

- 태풍 · 호우 특보가 발효된 지역의 해안가, 상습침수지역, 산간 · 계곡 등 위험지역에 있거나 대피권고를 받을 경우 즉시 안전한 지역으로 대피하기
- 공사장, 가로등, 신호등, 전신주, 지하공간 등 위험지역에는 접근하지 않기
- 태풍 · 호우 시에는 개울, 하천변, 해안가에 접근하지 말고, 농촌지역에서도 논둑이나 물꼬를 보러 나가지 않기
- 이동식 가옥이나 가시설, 지하실 등에 거주할 경우에는 단단한 건물로 즉시 이동하기
- 선박은 사전에 항구에 결박하고, 운행 중인 경우 태풍의 이동경로에서 최대한 멀리 대피하기

(3) 폭염

폭염이란 일정 온도 이상의 기온이 수일 동안 지속되는 것을 말한다. 폭염에 대한 정의는 지역에 따라 더운 날씨의 영향이 다르게 나타날 수 있기 때문에 나라마다, 지역마다 조금씩 다를 수 있다. 우리나라의 경우 기상청에서 발표하는 최고기온인 열파지수가 100 이상인 날이 3일 이상 지속되는 경우를 폭염이라고 정의한다.

〈표 10-9〉 폭염특보기준

폭염주의보	폭염경보
일 최고기온이 33℃ 이상인 상태가 2일 이상 지속될 것으로 예상될 때	일 최고기온이 35℃ 이상인 상태가 2일 이상 지속될 것으로 예상될 때

폭염으로 인해 매년 평균('11~'16년) 1,059명의 온열질환자가 발생하고 있고, 11명이 사망하며, 가축 2,103천여 마리와 어류 5,675천여 마리가 폐사하는 피해가 발생하고 있다. 폭염은 물 부족, 전력사용 급증 등으로 인한 1~3차 산업에 직접적인 피해를 끼치는 것은 물론 불쾌지수 상승으로 사회적 문제 야기 등 많은 피해를 유발하기도 한다.

폭염 특보 기준을 살펴보도록 하자.

폭염 주의보 발령 시 안전

- 야외활동을 최대한 자제하고, 외출이 꼭 필요한 경우에는 챙이 넓은 모자와 가벼운 옷차림을 하고 물병을 반드시 휴대하기
- 물을 많이 마시고, 카페인이 들어간 음료나 주류는 마시지 않기
- 냉방이 되지 않는 실내는 햇볕을 가리고 맞바람이 불도록 환기하기
- 창문이 닫힌 자동차 안에는 노약자나 어린이를 홀로 남겨두지 않기
- 거동이 불편한 노인, 신체허약자, 환자 등을 남겨두고 장시간 외출할 경우에는 친인척, 이웃 등에 보호 부탁하기
- 현기증, 메스꺼움, 두통, 근육경련 등의 증세가 보이는 경우에는 시원한 곳으로 이동하여 휴식을 취하고 시원한 음료를 천천히 마시기

〈표 10-10〉 더위 관련 질병과 대처

종류	증상	대처요령
땀띠(한진)	땀을 많이 흘려 피부가 자극을 받으면 붉은 색이나 무색의 좁쌀같은 발진이 생기는 것을 말한다. 긁으면 땀구멍이 막혀서 피부상태가 나빠지고 화상이나 습진으로 악화될 수 있다.	일단 환자를 시원한 곳으로 옮기고, 땀에 젖은 옷을 마른 옷으로 갈아입히고 상처부위를 잘 닦아 주어야 한다. 환자가 가려움을 호소할 경우에는 의사의 진료에 따라 항히스타민을 처방할 수 있다.
열경련	땀을 많이 흘렸을 때 우리 몸에 꼭 필요한 수분과 염분이 부족해서 생기는 것으로 주로 근육 중심으로 경련이 일어나는 증상이다. 심하면 구토를 유발한다.	환자는 그늘에서 쉬게 하고 소금을 물에 녹여 섭취하게 해 주어야 한다. 의사의 진료에 따라 조치한다.
열사병	고온 다습한 환경에서 몸의 열이 발산하지 못하여 생기는 병으로 높은 온도와 습도에 방치되거나 바람이 통하지 않는 뜨거운 방에 오래 있을 경우 발생할 수 있다. 열사병이 생기면 얼굴이 창백해지고 식은땀이 나며, 현기증이나 순간적으로 정신착란을 일으킬 수 있다.	즉시 119에 신고하고, 환자를 그늘로 옮겨 겉옷을 벗기고, 미지근한 물로 몸을 적셔 체온이 내려가도록 한 후 의사 또는 의료기관 등의 지시에 따른다.
울열증	태양열 아래 오랜 시간 노출되었을 경우 체온은 매우 높지만 땀이 나지 않는 상태가 되고 두통과 구토 증세를 동반하며 심할 경우 의식을 잃을 수 있다.	그늘로 옮겨 겉옷을 벗기고 미지근한 물로 옷을 적셔 물이 증발하며 체온을 낮출 수 있다. 의식이 있을 경우 물을 주고, 체온이 돌아오면 옷이나 담요로 몸을 따뜻하게 하여 냉기를 없애준다.
화상	태양열로 인해 피부가 그을리거나 수포까지 발생할 수 있다. 신체의 3분의 2 이상 화상을 입으면 생명이 위험할 수 있다.	그늘로 환자를 이동시켜 햇빛에 노출되지 않게 하고 피부에 수포가 생긴 경우에는 거즈를 이용하여 덮어주되 세균 감염 위험이 있으므로 수포를 터뜨려서는 안 된다.

폭염 경보 발령 시 안전

- 12시에서 오후 5시 사이에는 야외활동 금지하기
- 심장마비 위험이 있기 때문에 사전준비 없이 물에 들어가거나 갑자기 찬물로 샤워하지 않기
- 늦은 시간의 과다한 운동은 숙면을 방해하기 때문에 자제하고 정신적 긴장감을 줄 수 있는 드라마 시청, 컴퓨터 게임 등을 장시간 하지 않기

- 가벼운 옷을 입어 자외선을 방지하고 노출 부위는 선크림 등 자외선 차단제를 발라 피부를 보호하기
- 선풍기를 창문 쪽으로 돌려 환기를 유도하기. 장시간 연속 사용은 자제하기
- 거동이 불편한 고령, 독거노인, 신체허약자, 환자 등은 외출을 금지하고 가족 및 친척 · 이웃이 자주 상태를 점검하기

(4) 황사

황사는 몽골과 중국의 사막에 있는 미세한 모래먼지가 바람에 날려 하늘을 덮었다 떨어지는 현상을 말한다. 황사와 미세먼지는 화석연료의 연소, 공장과 자동차의 배출가스 등 인간의 활동으로 배출되며, 인체에 유해한 탄소류 · 대기오염물질 등으로 구성된다. 우리나라에 영향을 미치는 황사의 주요 발원지는 고비사막 · 내몽골고원, 중국북동 사막지역, 황토고원 등이다. '07~'16년 최근 황사 발생 현황을 살펴보면, 총 23회 52일 발생하였고, 특히 3~5월에 집중하여 나타났다. 연간 황사의 발생 일수는 해마다 증가하는 추세에 있다.

〈표 10-11〉 **황사주의보, 경보 발령기준**

황사주의보	황사경보
황사로 인해 1시간 평균 미세먼지(PM_{10}) 농도 400 ㎍/㎥ 이상 2시간 이상 지속할 것으로 예상될 때	황사로 인해 1시간 평균 미세먼지(PM_{10}) 농도 800 ㎍/㎥ 이상 2시간 이상 지속할 것으로 예상될 때

〈서울을 덮은 황사(위키피디아, 2014)〉

〈표 10-12〉 황사와 미세먼지의 비교

	황사	미세먼지
정의	• 중국, 몽골의 사막지대 등에서 불어오는 흙먼지 • 입자 크기에 대한 기준은 없지만 우리 나라에 영향을 미치는 황사의 경우 통상 1~10㎛ 수준	• 직경이 10㎛ 이하인 먼지로서 10㎛ 이하인 PM_{10}과 2.5㎛ 이하인 $PM_{2.5}$로 구분
성분	주로 토양 성분	일부 광물성분도 있으나 주로 탄소 또는 이온성분
영향	농작물 등의 생육방해, 반도체 공장 등 조업방해 등의 부정적 영향과 토양의 산성화 예방이라는 긍정적 영향 병존	코 점막을 통해 걸러지지 않고 흡입 시 폐포까지 직접 침투하여 천식이나 폐질환 유병률, 조기사망률 등이 증가 * 긍정적 영향은 거의 언급되지 않음
예보제	황사 경보 실시 *옅은, 짙은, 매우 짙은 황사 등 3가지 황사 강도 적용	• 좋음, 보통, 나쁨, 매우나쁨의 네 단계로 구분 • 미세먼지 실시간 농도가 건강에 위해한 수준으로 상승 시 해당지역 지자체장이 주의보나 경보를 발령
소관부처	기상청	환경부

출처: 국민안전재난포털.

황사 발생 시 안전

	황사예보 발령 시	황사주의보/경보 발령 시
가정	• 황사가 실내로 들어오지 못하도록 창문 등을 점검한다. • 실내 공기정화기, 가습기 등을 준비한다. • 외출 시에 필요한 보호안경, 마스크, 긴소매 의복 등을 준비한다. • 포장되지 않은 식품은 오염되지 않도록 위생용기 등에 넣는다.	• 가능한 한 외출을 삼가하고 외출 시에는 보호안경, 마스크, 긴소매 의복을 착용하며 귀가 후에는 손발 등을 깨끗이 씻고 양치질을 한다. • 황사가 들어오지 못하도록 창문을 닫고 공기정화기와 가습기를 사용하여 실내공기를 쾌적하게 유지한다. • 황사에 노출된 채소, 과일, 생선 등 농수산물은 충분히 세척 후 요리한다. • 2차 오염을 방지하기 위하여 식품가공 · 조리 시 손을 철저히 씻고 조리도구, 기구 등이 오염되지 않도록 관리하며 주변환경을 청결히 한다.

	황사예보 발령 시	황사주의보/경보 발령 시
학교 등 교육기관	• 기상청에서 발표한 기상예보를 분석하여 지역실정에 맞게 휴업 또는 단축수업을 신중히 검토한다. • 학생들의 비상연락망을 점검, 연락체계를 유지하고 휴업 조치 시 맞벌이부부 자녀에 대해서는 학교에서 자율학습을 하도록 한다. • 학생과 학부모를 대상으로 황사 피해예방 행동요령을 지도 · 홍보한다.	• 유치원생과 초등학생들의 실외활동을 금지하고 수업단축 또는 휴업한다. ※ 실외학습, 운동경기 등을 중지하거나 연기한다.

출처: 국민안전재난포털.

(5) 미세먼지

미세먼지란 우리 눈에 보이지 않을 정도로 아주 가늘고 작은 먼지 입자를 말한다. 미세입자는 먼지 핵에 여러 종류의 오염물질이 엉겨 붙어 구성된 것으로 호흡기를 통해 우리 인체에 유입된다. 미세먼지를 장기간 흡입 시, 미세한 입자는 코 점막을 통해 걸러지지 않고 허파꽈리까지 직접 침투하여 천식, 폐질환, 조기사망에까지 영향을 미친다. 특히 영유아, 노인, 호흡기 질환자 등 민감군은 일반인보다 건강에 영향을 크게 미칠 수 있기 때문에 각별한 주의가 필요하다(국민재난안전포털, 환경부).

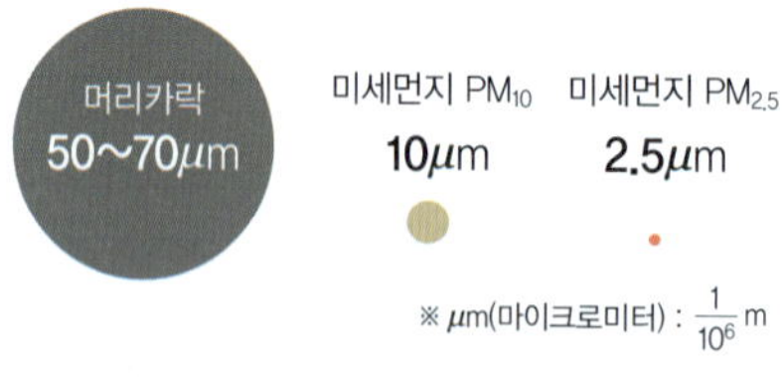

〈미세먼지의 상대적 크기 비교〉

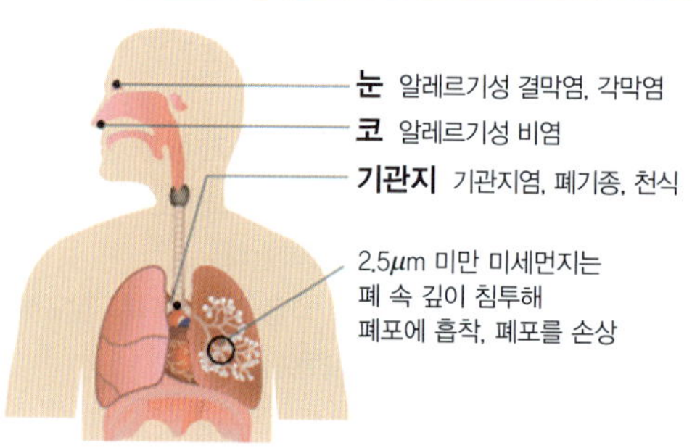

〈미세먼지가 인체에 미치는 영향〉

출처: 국민재난안전포털, http://www.safekorea.go.kr/20180215

미세먼지 발생 시 안전

국민재난안전안전포털, 대기환경보전법 시행규칙, 〈별표 7〉 대기오염경보단계별 대기오염물질의 농도 기준(제14조 관련)

❶ 미세먼지 많은 날 생활안전

〈표 10-13〉 미세먼지 예보 등급

예보구간	좋음	보통	나쁨	매우 나쁨
예측농도(㎍/㎥, 일) – PM_{10}	0~30	31~80	81~150	151 이상
예측농도(㎍/㎥, 일) – $PM_{2.5}$	0~15	16~50	51~100	101 이상
예측농도(ppb, 1H) – O_3	0~30	31~80	81~150	151 이상

〈표 10-14〉 예보등급에 따른 생활안전

구분	미세먼지		오존(O_3)	
	민감군	일반인	민감군	일반인
보통	실외활동 시 특별히 행동에 제약을 받을 필요는 없지만 몸 상태에 따라 유의하여 활동		실외활동 시 특별히 행동에 제약을 받을 필요는 없지만 몸상태에 따라 유의하여 활동	
나쁨	장시간 또는 무리한 실외활동 제한, 특히 천식을 앓고 있는 사람이 실외에 있는 경우 흡입기를 더 자주 사용할 필요가 있음	장시간 또는 무리한 실외활동 제한, 특히 눈이 아픈 증상이 있거나, 기침이나 목의 통증으로 불편한 사람은 실외활동을 피해야 함	장시간 또는 무리한 실외활동 제한	장시간 또는 무리한 실외활동 제한, 특히 눈이 아픈 증상이 있는 사람은 실외활동을 피해야 함
매우 나쁨	가급적 실내활동, 실외 활동 시 의사와 상의	장시간 또는 무리한 실외활동 제한, 목의 통증과 기침 등의 증상이 있는 사람은 실외활동을 피해야 함	가급적 실내활동	실외에서의 활동을 제한하고 실내생활 권고

* 민감군: 어린이, 노인, 천식 같은 폐질환 및 심장질환을 앓고 있는 어른

❷ 미세먼지 발생 시 안전

㉠ 미세먼지 주의보와 안전

■ 주의보 시 행동요령

PM_{10} 주의보 발령	24시간 이동평균농도 120㎍/㎥ 이상 또는 시간평균농도 200㎍/㎥ 이상 2시간 지속
PM_{10} 주의보 해제	24시간 이동평균농도 100㎍/㎥ 미만 또는 시간평균농도 150㎍/㎥ 미만
$PM_{2.5}$ 주의보 발령	24시간 이동평균농도 65㎍/㎥ 이상 또는 시간평균농도 120㎍/㎥ 이상 2시간 지속
$PM_{2.5}$ 주의보 해제	24시간 이동평균농도 150㎍/㎥ 이상 또는 시간평균농도 250㎍/㎥ 이상 2시간 지속

- 민감군은 실외활동 제한 및 실내생활 권고
- 일반인은 장시간 또는 무리한 실외활동을 줄임(특히, 눈이 아프거나, 기침 또는 목의 통증이 있는 경우 실외활동 자제)
- 부득이 외출 시 황사(보호) 마스크 착용(폐 기능 질환자는 의사와 충분한 상의 후 사용권고)
- 교통량이 많은 지역 이동 자제
- 유치원 및 어린이집 실외수업 자제
- 공공기관 운영 야외 체육시설 운영 제한
- 공원 · 체육시설 · 고궁 · 터미널 · 철도 및 지하철 등을 이용하는 시민에게 과격한 실외활동 자제 홍보

㉡ 미세먼지 경보와 안전

■ 경보 시 행동요령

PM_{10} 경보 발령	24시간 이동평균농도 250㎍/㎥ 이상 또는 시간평균농도 400㎍/㎥ 이상 2시간 지속
PM_{10} 경보 해제	24시간 이동평균농도 120㎍/㎥ 미만 또는 시간평균농도 200㎍/㎥ 미만
$PM_{2.5}$ 경보 발령	24시간 이동평균농도 50㎍/㎥ 미만 또는 시간평균농도 100㎍/㎥ 미만
$PM_{2.5}$ 경보 해제	24시간 이동평균농도 150㎍/㎥ 이상~250㎍/㎥ 미만 또는 시간평균농도 200㎍/㎥ 이상~400㎍/㎥ 미만

출처: 국민재난안전포털.

- 민감군은 실외활동 금지(실외활동 시 의사와 상의)
- 일반인은 장시간 또는 무리한 실외활동 자제(기침 또는 목의 통증이 있는 경우 실내 생활 유지)
- 부득이 외출 시 황사(보호) 마스크 착용(폐 기능 질환자는 의사와 충분한 상의 후 사용권고)
- 교통량이 많은 지역 이동 금지
- 유치원 및 어린이집 실외수업 금지, 수업단축 또는 휴교
- 공공기관 운영 야외 체육시설 운영 중단
- 공원 · 체육시설 · 고궁 · 터미널 · 철도 및 지하철 등을 이용하는 시민에게 과격한 실외활동 자제 홍보

③ 안전지도

- 물을 자주 마시고 청결을 유지한다.
- 비누를 이용하여 30초 이상 손 씻기를 지도한다.
- 실내 청소 시 청소기 사용 자제, 공기청정기를 사용하도록 권고한다.
- 후속 조치로는 실내 공기 환기 및 오염된 물품을 세척하도록 한다.

미세먼지 발생 시 놀이활동은 이렇게 해요

- 예측농도 약간 나쁨: 장시간 실외활동을 자제한다.
- 예측농도 나쁨: 무리한 실외활동을 자제하고, 대체활동을 한다.
- 예측농도 매우나쁨: 실내놀이로 대체하여 활동한다.
- 미세먼지 발생 시 실외활동을 하게 된다면 보호안경, 마스크, 모자 등을 착용하고, 가능한 한 긴 소매 옷을 입는다. 실외활동 후에는 손과 발을 깨끗이 씻고, 특히 눈은 미지근한 물로 헹구어 주며, 양치질을 하여 입안을 깨끗이 해 준다.

④ 참고할만한 기관안내

- 행정안전부 홈페이지, 재난안전정보 http://www.mois.go.kr/home/safetys
- 국민재난안전포털 http://www.safekorea.go.kr
- 교육부 학교안전정보센터 http://schoolsafe.kr
- 국가화재정보센터 http://nfds.go.kr

- 국립재난안전연구원 http://www.ndmi.go.kr
- 국민안전방송 http://tv.mois.go.kr
- 기상과학아카데미 http://metacademy.go.kr
- 생활안전지도 http://www.safemap.go.kr
- 서울소방재난본부 http://fire.seoul.go.kr
- 서울시민안전체험관 http://safe119.seoul.go.kr
- 서울종합방재센터 http://119.seoul.go.kr
- 한강홍수통제소 http://www.hrfco.go.kr
- 화학물질안전원 http://nics.me.go.kr

활동명	숨은 글자를 찾아요	활동유형	언어영역
활동목표	• 재난대비 표지판의 의미와 글자를 배울 수 있다. • 재난의 상황에서 표지판을 보고 적절한 태도를 취할 수 있다.		
누리과정 관련요소	• 신체 운동 건강 – 안전하게 생활하기 – 비상 시 적절히 대처하기 • 자연탐구 – 탐구하는 태도 기르기 – 호기심을 유지하고 확장하기 • 의사소통 – 듣기 – 이야기 듣고 이해하기		
활동자료	• 철가루가 들어 있는 판 1개 • 자석으로 쓰인 글자가 숨어 있는 카드 3개		
활동방법	① 자석이 숨어 있는 카드를 유아에게 보여준다. ② 표지판이 무엇을 의미하는지 물어본다. ③ 철가루가 들어 있는 판에 카드를 넣고 흔든다. ④ 유아에게 나타난 글자를 읽어보도록 유도한다.   		

출처: 아이코리아. 유아안전교육 교수자료세트. 재난대비안전.

5 아동학대 안전교육

복지부, 학대 아동 조기 발견 · 지원 시스템 가동

학대 등 위기 아동에 대한 보호망이 보다 강화된다.

17일 보건복지부에 따르면 학대 등 위기 상황에 빠진 아동을 조기에 발견해 지원하는 국가 차원의 'e아동행복지원시스템'이 다음달 19일부터 전국에서 본격적으로 가동된다. 정부는 현재 서울과 경기, 인천 등 세 군데서 시행한 이 지원시스템의 시범사업을 마무리하고 전국으로 확대하면서 전담 공무원도 각 시군구에 배치할 계획이다.

이 지원시스템은 장기결석이나 예방접종 및 건강검진 미실시 등 각종 빅데이터를 활용해 아동학대 등 위험징후를 예측한 뒤 읍면동 복지센터에서 전담 공무원이 직접 해당 고위험 가정을 방문해 조사와 상담으로 실제 가정위기상태를 점검하는 방식으로 작동한다.

정부는 이를 통해 위기가정으로 확인되면 드림 스타트(Dream Start) 등 각종 아동복지 프로그램을 연계해 지원하고, 아동학대로 판정되면 아동보호전문기관을 통해 응급보호는 물론 피해 아동에 대한 법률상담 · 치료를 제공한다.

복지부는 또 학대 피해 아동을 전문적으로 치료하고 신체적 · 정신적 고통에서 조기 회복하도록 돕고자 4월부터 국공립 의료기관 등을 전담의료기관으로 지정해 운영할 계획이다.

출처: 2018-02-17 스포츠서울 김자영 기자.

1) 아동학대의 정의

아동학대는 가정 내 부모 및 양육자를 포함한 성인이 아동에게 가하는 적극적이며 의도적인 행위로서 학대로 인한 위해의 결과가 비교적 명백한 상태이며, 관찰 가능한 상처를 초래한 행위(송영혜, 2012)로 아동의 건강한 성장발달을 저해 당하는 행위를 말한다. 「아동복지법」 제3조에 의하면, 아동학대를 '보호자를 포함한 성인이 아동의 건강 또는 복지를 해치거나 정상적 발달을 저해할 수 있는 신체적 · 정신적 · 성적 폭력이나 가혹행위를 하는 것과 아동의 보호자가 아동을 유기하거나 방임하는 것'으로 정의하고 있다.

아동학대의 개념을 이해하기 쉽도록 아동학대 유형에 따른 내용을 정리해 보면 다음과 같다.

〈표 10-15〉 아동학대의 유형

유형	내용
신체학대	• 떠밀고 움켜잡거나 뺨을 때리는 행위 • 꼬집고 물어뜯는 행위 • 물건을 사용하여 위협하거나 때리는 행위 • 주먹으로 때리거나 발로 차는 행위 • 흉기로 위협하거나 저해하는 행위 • 라이터, 담뱃불, 다리미 등으로 화상을 입히는 행위 • 화학물질 혹은 약물 등으로 상해를 입히는 행위 • 연령에 적합하지 않은 노동착취 행위
정서학대	• 감정이나 기분, 인격을 심하게 무시하고 모욕하는 행위 • 심한 욕설과 고함을 지르며 비난하거나 위협하는 행위 • 아동이 보는 앞에서 부부간 심한 싸움이나 폭행 등을 통해 가정폭력에 노출되도록 하는 행위 • 보호자의 특정 종교에 대한 집착을 아동에게 강요하는 행위 • 아동에게 시설 등에 보내겠다고 지속적으로 위협하는 행위 • 좁은 공간에 장시간 감금하거나 위협하는 행위 • 수치심을 주거나 경멸하고 적대거부적인 태도를 보이는 행위 • 경멸적인 언어폭력 또는 거부적이고 적대적인 일방적 감정표현하는 행위 • 잠을 재우지 않는 행위 • 옷을 벗겨 밖으로 내쫓는 행위 • 강제적으로 머리카락을 자르게 해서 수치심을 주는 행위 • 발달 수준에 맞지 않는 비현실적인 기대로 괴롭히는 행위 • 형제나 친구 등과 비교하거나 차별하고 편애하는 행위
성학대	• 성적 유희, 자위행위 장면의 노출, 관음증 등의 행위 • 아동을 대상으로 하는 강간 및 추행 • 음란물을 아동에게 보여주거나 판매하는 행위 • 강간 등 성적 접촉 행위, 매춘이나 매매 등의 행위 • 아동에게 유사 성행위를 하는 행위 • 음란물의 판매 행위 등과 관련된 성적 착취 행위 • 아동이 동의했다 하더라도 어른이나 나이가 많은 청소년이 성적인 행동을 유도하는 것 • 아동의 호기심을 자극하여 음란한 매체에 접촉하도록 하는 행위 • 아동에게 약물이나 술을 먹이고 성적 행동을 강요하는 행위
방임	• 기본 의식주를 제공하지 않거나 상해와 위험에서 보호하지 않고 방치하는 등의 신체적 방임 • 학교에 보내지 않거나 무단결석을 허용, 준비물을 챙겨주지 않는 등의 교육적 방임 • 보호자가 아동을 가정 내 둔 채로 가출하는 행위 • 반드시 요구되는 의료적 처치를 하지 않는 등의 의료적 방임 • 약속에 무신경하거나 마음에 상처를 주는 등의 정서적 방임 • 보호자가 아동을 의무교육기관에 보내지 않는 행위 • 아동을 보호하지 않고 버리는 행위의 유기

2) 아동학대 현황

〈2017 통계로 보는 보건복지〉 보도자료에 의하면, 아동학대가 2006년 5,202건에서 2016년 18,700건으로 10년간 3.6배 증가되었다. 증가된 여러 가지 이유가 있겠지만, 아동학대 사건에 대한 사회적인 관심이 늘어났고, 2014년 9월 29일 「아동학대범죄의 처벌 등에 관한 특례법」 시행의 영향, 전국의 아동보호전문기관 설치 수가 증가함으로 인해 많은 신고가 이뤄졌기 때문으로 볼 수 있다(조순아, 2018).

〈표 10-16〉 「아동학대 범죄의 처벌 등에 관한 특례법」 시행 전, 후

구분	시행 전	시행 후
신고의무자 범위확대	아동학대 범죄를 알게 된 경우 신고	아동학대 범죄를 알게 된 경우나 의심이 있는 경우에도 신고 의무화
처벌규정강화	• 3년 이상의 유기징역 • 집행유예 가능	• 무기징역 또는 5년 이상의 징역 • 별도의 감정 사유가 없는이상 집행유예 불가
과태료	300만원 이하	500만원 이하
아동학대 신고절차	신고전화 129/1577-1391	신고전화 112로 통일
기타 변경내용	-	• 아동학대 현장 출동 시 응급조치 후 학대 행위자에 대한 임시조치의 근거 규정 마련 • 아동학대 가해자에 대한 격리, 접근금지, 친권행사 제한, 상담위탁 등 임시조치 • 형사처벌이 아니라 보호처분을 우선 • 피해자의 의사를 반영하여 처리해야 함

출처: 노충래(2015). 아동학대 예방을 위한 사회적 협력 강화와 입법과제(제2세션).

■ 신고의무자(「아동학대 범죄의 처벌 등에 관한 특례법」 제10조제2항 규정)

1. 가정위탁지원센터의 장과 그 종사자
2. 아동복지시설의 장과 그 종사자(아동보호전문기관의 장과 그 종사자는 제외한다)
3. 「아동복지법」 제13조에 따른 아동복지전담공무원
4. 「가정폭력방지 및 피해자보호 등에 관한 법률」 제5조에 따른 가정폭력 관련 상담소 및 같은 법 제7조의2에 따른 가정폭력피해자 보호시설의 장과 그 종사자
5. 「건강가정기본법」 제35조에 따른 건강가정지원센터의 장과 그 종사자
6. 「다문화가족지원법」 제12조에 따른 다문화가족지원센터의 장과 그 종사자
7. 「사회복지사업법」 제14조에 따른 사회복지 전담공무원 및 같은 법 제34조에 따른 사회복지시설의 장과 그 종사자
8. 「성매매방지 및 피해자보호 등에 관한 법률」 제5조에 따른 지원시설 및 같은 법 제10조에 따른 성매매피해상담소의 장과 그 종사자
9. 「성폭력방지 및 피해자보호 등에 관한 법률」 제10조에 따른 성폭력피해상담소, 같은 법 제12조에 따른 성폭력피해자보호시설의 장과 그 종사자 및 같은 법 제18조에 따른 성폭력피해자통합지원센터의 장과 그 종사자
10. 「소방기본법」 제34조에 따른 구급대의 대원
11. 「응급의료에 관한 법률」 제2조제7호에 따른 응급의료기관등에 종사하는 응급구조사
12. 「영유아보육법」 제7조에 따른 육아종합지원센터의 장과 그 종사자 및 제10조에 따른 어린이집의 원장 등 보육교직원
13. 「유아교육법」 제20조에 따른 교직원 및 같은 법 제23조에 따른 강사 등
14. 삭제 [2016.5.29] [[시행일 2016.11.30]]
15. 「의료법」 제3조제1항에 따른 의료기관의 장과 그 의료기관에 종사하는 의료인 및 의료기사
16. 「장애인복지법」 제58조에 따른 장애인복지시설의 장과 그 종사자로서 시설에서 장애아동에 대한 상담 · 치료 · 훈련 또는 요양 업무를 수행하는 사람
17. 「정신건강증진 및 정신질환자 복지서비스 지원에 관한 법률」 제3조제3호에 따른 정신건강복지센터, 같은 조 제5호에 따른 정신의료기관, 같은 조 제6호에 따른 정신요양시설 및 같은 조 제7호에 따른 정신재활시설의 장과 그 종사자
18. 「청소년기본법」 제3조제6호에 따른 청소년시설 및 같은 조 제8호에 따른 청소년단체의 장과 그 종사자
19. 「청소년 보호법」 제35조에 따른 청소년 보호 · 재활센터의 장과 그 종사자
20. 「초 · 중등교육법」 제19조에 따른 교직원, 같은 법 제19조의2에 따른 전문상담교사 및 같은 법 제22조에 따른 산학겸임교사 등
21. 「한부모가족지원법」 제19조에 따른 한부모가족복지시설의 장과 그 종사자
22. 「학원의 설립 · 운영 및 과외교습에 관한 법률」 제6조에 따른 학원의 운영자 · 강사 · 직원 및 같은 법 제14조에 따른 교습소의 교습자 · 직원
23. 「아이돌봄 지원법」 제2조제4호에 따른 아이돌보미
24. 「아동복지법」 제37조에 따른 취약계층 아동에 대한 통합서비스지원 수행인력
25. 「입양특례법」 제20조에 따른 입양기관의 장과 그 종사자

〈표 10-17〉 **아동학대 발생** (단위: 건)

	2006년	2009년	2010년	2011년	2012년	2013년	2014년	2015년	2016년
계	5,202	5,685	5,657	6,058	6,403	6,796	10,027	11,715	18,700
중복학대	1,799	2,241	2,394	2,621	3,015	2,922	4,814	5,347	8,980
신체학대	439	338	348	466	461	753	1,453	1,884	2,715
정서학대	604	778	773	909	936	1,101	1,582	2,046	3,588
성학대	249	274	258	226	278	242	308	428	493
방임(유기)	2,111	2,054	1,884	1,836	1,713	1,778	1,870	2,010	2,924

자료: 보건복지부 아동권리과

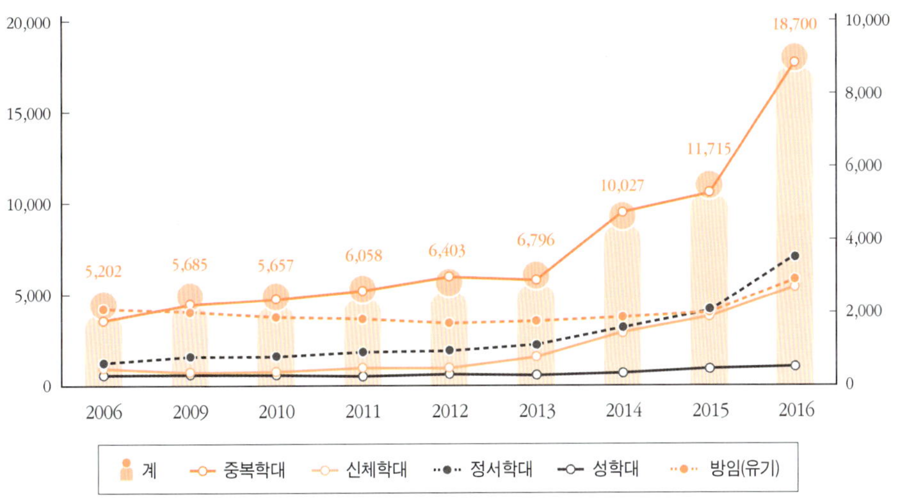

출처: 보건복지부. 2017 통계로 보는 보건복지 보도참고자료. 2017.12.29.

2016년 아동학대의 유형은 정서학대가 3,588건, 방임이 2,924건, 신체학대 2,715건, 성학대 493건 등의 순이며, 중복으로 가해진 경우 역시 8,980건에 이른다. 아동학대가 한 가지 유형으로만 발생하지 않고, 여러 유형의 학대가 복합적으로 나타나는 중복 학대의 비율이 높다는 것은 학대로 인한 피해양상이 심각함을 의미한다고 할 수 있다(굿네이버스, 2017).

3) 아동학대의 징후와 후유증

영유아기는 아직 미성숙한 시기로 한번의 일시적 학대가 가해지더라도 그 피해는 치명적이 될 수 있고, 아동학대 행위가 지속적으로 이루어진다면 영유아의 바람직한 성장을 방해하는 것은 물론, 심각한 후유증을 발생시킬 수 있다. 특히 0~2세 영아의 경우 사망으로 이어질 수도 있는 등 그 피해는 심각해질 수 있다. 아동학대 징후와 후유증에 대해 살펴보도록 하자.

(1) 아동학대 징후

아동학대 유형에 따른 징후에는 어떠한 것이 있는지 살펴보고, 의심이 가는 등의 일이 발생했을 경우 세심한 관찰 및 신고하도록 한다.

〈표 10-18〉 **아동학대 징후**

유형	징후	
	신체적 징후	행동적 징후
신체학대	• 발생과 회복에 상당한 시간차가 있는 상처 • 비슷한 크기로 드러나는 반복적인 상처 • 담뱃불 자국, 뜨거운 물에 의한 화상자국, 다리미 등 가열도구에 의한 화상 자국, 회복의 속도가 차이가 나는 화상 자국 • 입, 입술, 눈, 외음부 등의 상처 • 겨드랑이, 팔뚝이나 허벅지의 안쪽 부분 등 일상적으로 다치기 어려운 부위의 상처 • 골격계통의 손상, 시간적 차이가 나는 골절, 척추의 손상, 걷지 못하는 아이에게 발생된 대퇴부 골절 등 • 기흉, 폐 좌상 등의 흉부 손상	• 공격적이거나 위축되는 등 극단적인 행동 표현, 지나치게 의기소침하거나 공포, 불안감을 갖고 다른 사람들과 자연스럽게 대화하지 못함 • 부모에 대한 두려움과 공포 • 위험에 대한 지속적이고 반복적인 경계심 표출 • 집에 가는 것을 두려워하고 거부함 • 어른과의 접촉을 기피함 • 영양 공급이 부족하다고 판단되거나 부적절한 음식이나 음료를 마셨다고 추정됨
정서학대	• 발달 지연 및 성장 장애 • 신체 발달의 저하현상	• 특정 물건을 계속 빨고 있거나 물어뜯음 • 행동장애, 과잉행동 등 • 히스테리 및 강박, 공포 등 정신신경성 이상반응 • 언어적 장애현상 • 부모가 유아를 지나치게 낮게 평가하거나 험담하며 얕본다.

유형	징후	
	신체적 징후	행동적 징후
성학대 (성폭력)	• 질에 생긴 상처나 긁힌 자국 • 음경이나 음낭에 생긴 상처자국 • 질염, 만성요로감염 등의 증상 • 항문 주변의 멍, 찰과상, 홍진 • 괄약근의 손상 • 입천장이나 입술 부분의 손상	• 지나친 성적묘사나 표현 • 해당연령에 맞지 않은 조숙한 성 지식 • 악몽, 불안, 야뇨, 손가락 빨기 등의 퇴행 현상 • 지나친 자위행위 • 타인이나 장난감 등에 행하는 성적인 행위 • 7세 미만 유아의 경우 잦은 소변 • 밥맛을 잃거나 반대로 평소보다 음식에 지나치게 집착
방임	• 발달지연 및 성장의 장애 • 비위생적인 부분이 드러난 신체상태 • 예방접종과 의학적인 치료가 이루어지지 않아 나타나는 불량한 건강상태 • 아동에게 지속적으로 악취가 나는 경우	• 계절에 맞지 않은 옷을 입고 다니는 경우 • 음식을 구걸하거나 훔치는 행위 • 도벽과 같은 비행현상 • 학교에 지나치게 일찍 등교하거나 늦게 집에 가려고 하는 행동 • 지속적인 피로나 불안정감을 호소 • 잦은 지각과 결석

출처: 정재경 외(2015). 아동안전관리. 동문사. pp.227–230.

(2) 아동학대 후유증

아동학대에 대한 후유증은 신체적 후유증과 정신적 후유증으로 살펴볼 수 있다.

〈표 10–19〉 **아동학대 후유증 유형**

유형	내용
신체적 후유증	• 신체손상: 신체 일부의 변형, 피부의 결손, 자상, 화상, 기능 손실 (예: 청력저하, 시력저하, 대소변 조절능력의 조절 등) • 발육부진: 예상 신장과 체중에 미달함
정신적 후유증	• 지능손상: 지능발달에서 결함을 보임 • 충동조절 능력의 저하: 높은 충동성으로 인해 각종 충동적인 행동들을 보임 • 감정의 불안정성: 불안, 우울, 감정의 기복 등을 보임 • 사회성의 저하: 또래 관계 및 대인 관계를 잘 맺지 못하거나 유지가 어려움 • 학교 부적응: 학교를 자주 빠지거나 졸업을 하지 못함 • 각종 정신과적 장애(반응성 애착장애, 탈억제형 사회적 참여 장애, 외상 후 스트레스 장애, 급성 스트레스 장애, 적응 장애)

출처: 보건복지부 외(2016). 2016 보육교직원 안전교육 강사세미나 자료집. p.43.

성폭력에 대한 후유증을 앞서 기술한 후유증 외 성적 · 사회적 후유증과 관련된 내용을 좀 더 구체적으로 나타내면 〈표 10-20〉과 같다.

〈표 10-20〉 **성폭력 후유증**

구분	후유증
심리적 후유증	• 단기적으로는 화내거나 울고 예민함 • 공포, 불안, 강박행동, 분노와 우울, 특정 인물 · 장소와 물건을 무서워하거나 회피, 퇴행 현상을 보임 • 악몽과 불면증 또는 야뇨증이 생김
신체적 후유증	• 질과 회음부의 손상, 성병 감염, 두통이나 복통이 생김 • 골반 동통, 성기이상 등의 피해가 장기화되면 사춘기로 가면서 임신과 낙태, 불임 등을 초래함
성적 후유증	• 초기에는 자위나 성기 부위를 때리는 성적인 놀이나 성에 대한 집착이 나타남 • 장기적으로는 성에 대한 부정적인 태도가 나타남 • 지속적으로 피해를 당하는 피해자에게서 성에 대한 공포, 혐오, 과도한 성적 호기심, 성 불감증 등이 나타남
사회적 후유증	• 집 안에만 머무르며, 외부와의 소통을 단절함 • 타인 기피 현상이 나타남 • 부모에게 지나치게 매달리고 의존하는 경향을 보임 • 후유증은 장기적으로 사회활동 기피 또는 알코올중독이나 약물중독으로 이어지기도 함

출처: 김영실 외(2011, 2016). 영유아 안전관리. 공동체., p.256.

학대로 인한 경험은 평생에 걸쳐 개인에게 영향을 주며 개인의 자존감을 손상시키고, 원만한 대인관계 형성을 어렵게 한다. 부정적이고 반사회적인 행동을 낳게도 할 수 있고, 비행과 학교 폭력 유발, 학대받은 아동이 부모가 되어 또다른 학대를 할 수 있다는 점에서 아동학대의 부정적 영향은 매우 심각하다고 할 수 있다(문선화 외, 2010). 교사는 아동학대를 발견하거나 의심이 있는 경우 신고하여 영유아가 적절한 보호와 서비스를 받아 건강하게 자랄 수 있도록 해야 할 것이다.

4) 아동학대 예방교육

아동학대 예방을 위한 영유아교육의 목표는 다음과 같다.

① 아동학대가 발생하는 장소에 따라 이에 대처하는 태도를 기른다.
② 아동학대를 당하지 않기 위한 방법과 적절한 대처방법을 안다.
③ 아동학대를 당했을 경우 도움을 구하거나 대처방법을 안다.

아동학대 예방을 위한 교육목표에 따라 현장에서 이루어질 수 있는 교육내용을 살펴보자.

① 아동에게 보장되어야 할 4가지 권리에 대한 지식

아동의 권리

Ⓐ 생존권: 건강하고 안전하게 자랄 수 있는 권리
적절한 생활수준을 누릴 권리, 안전한 주거지에서 살 권리, 충분한 영양섭취, 생명유지, 건강과 의료혜택을 받을 권리
Ⓑ 보호권: 모든 폭력, 차별이나 재난으로부터 보호받을 권리
차별, 학대, 방임, 폭력, 고문, 징집, 부당한 형사처벌, 과도한 노동, 약물과 성폭력으로부터 보호받을 권리
Ⓒ 발달권: 적절한 교육을 받고 놀 수 있는 권리
교육을 받을 권리, 여가를 즐길 권리, 문화생활과 정보를 얻을 권리, 생각과 양심과 종교의 자유를 누릴 권리
Ⓓ 참여권: 우리의 생각을 자유롭게 표현할 수 있는 권리
자신의 삶에 영향을 주는 문제들에 대한 발언권과 의사를 자유롭게 표현할 수 있는 권리

출처: 정재경 외(2015). 아동안전관리. 동문사. p.237; 어린이재단(2009). 그런데 권리가 뭐예요?

② 아동학대의 개념과 아동학대의 유형에 대한 지식
③ 부당한 대우를 받을 때 교사와 부모에게 알리는 방법
④ 집, 부모, 영유아교육기관 등 도움을 받을 수 있는 곳과 전화번호 알기
⑤ 좋은 느낌과 나쁜 느낌을 구별하기
⑥ 성인이 위협을 가하거나 협박할 때 거부하는 의사표현 방법 알기
⑦ 어른이 부당한 요구를 할 때 단호한 거절과 자기의 의사표현 하기

성폭력 예방을 위한 영유아 교육내용 구성을 표로 살펴보자.

〈표 10-21〉 **유아 성폭력 예방교육 내용 1**

<table>
<tr><th colspan="2">구분</th><th>신체</th><th>감정</th><th>상황</th></tr>
<tr><td rowspan="2">나
(피해
예방)</td><td>성교육</td><td>• 신체부위의 명칭알기
• 신체 부위의 기능 알기
• 신체 부위의 중요성 알기</td><td>• 일반적인 내 기분 인식하기
• 일반적인 내 기분 표현하기</td><td></td></tr>
<tr><td>성폭력
예방</td><td>• 내 몸의 소중함 인식하기
• 내 몸 보호하기</td><td>• 신체 접촉 시 내 기분 인식하기
• 신체 접촉 시 내 기분 표현하기</td><td>• 성폭력 상황 인식하기
• 성폭력 상황 대처하기(즉각 및 사후대처)
• 성폭력 유발 요인 이해하기</td></tr>
<tr><td rowspan="2">타인
(가해
예방)</td><td>성교육</td><td>• 남자와 여자의 신체 특징 이해하기
• 어른과 유아의 신체 특징 이해하기</td><td>• 일반적인 타인의 기분 인정하기
• 일반적인 타인의 기분 존중하기</td><td></td></tr>
<tr><td>성폭력
예방</td><td>• 타인의 몸 소중함 인식하기
• 타인의 몸 보호하기</td><td>• 신체 접촉 시 타인의 기분 인정하기
• 신체 접촉 시 타인의 기분 존중하기</td><td></td></tr>
</table>

출처: 교육인적자원부(2006). 유아를 위한 성교육 프로그램.

〈표 10-22〉 **유아 성폭력 예방교육 내용 2**

구분	교육내용
위험한 상황 인식하기	• 내 몸의 소중함 • 좋은 느낌과 나쁜 느낌의 구분 • 위험한 상황(성폭력)의 개념
위험한 상황에 대처하기	• 낯선 사람의 개념 • 낯선 사람에 대한 대처방법 • 위험한 상황에 대처하는 바른 태도
위험한 상황에 내 몸 보호하기	• 도움을 받을 수 있는 대상 • 위험한 상황에서 자신을 보호하는 방법 • 위험한 상황에서 다른 사람에 도움을 청하는 방법
위험한 상황 알리기	• 좋은 비밀과 나쁜 비밀의 구분 • 위험한 상황(성폭력)을 알리는 방법 • 성폭력을 당했을 때 도움받는 방법

출처: 권덕수 외(2014). 아동안전관리. 정민사.

〈예시〉

활 동 명	성폭력안전 – 내 몸의 이름을 알아요
활동목표	1. 신체 부위의 명칭에 관심을 갖는다. 2. 신체 부위를 탐색하며 다양한 움직임을 시도한다.
활동자료	그림자료, 인형
활동방법	1. '머리, 어깨, 무릎, 발' 노래를 들려주며 신체에 관심을 가질 수 있도록 한다. – 노래를 듣고 영아가 관심을 보이는지 관찰한다. 2. 노래를 부르며 영아의 놀이에 적절한 반응을 해 준다. – 눈(코, 입)으로 무엇을 할 수 있을까? – 침을 꿀꺽 삼켜보자. 목이 움직여지는 것이 느껴지니? – 어깨는 으쓱으쓱, 팔은 무엇을 할 수 있을까? – 배꼽은 무엇을 할 수 있을까? – 다리는 무엇을 할 수 있을까? – 무릎과 발을 움직여보자. 3. 신체 기능에 관심을 가질 수 있도록 돕는다. – 우리 몸속에는 무엇이 있을까? – 우리 몸속에는 심장과 폐, 혈관도 있구나! – 음식을 먹으면 소화하는 기관도 있네. 4. 내 몸의 신체 부위 명칭에 대해 알아보고, 신체를 조절해 움직여본다.
활동사진	 〈'귀 코 입!'〉  〈그림 자료를 통해 신체부위 명칭 알아보기〉
활동평가	• 영아들과 '머리, 어깨, 무릎, 발' 노래를 부르며 기본적인 신체 명칭에 대해 알아보았음. 익숙한 노래에 자연스럽게 안전교육에 관심을 갖는 모습을 보였고, 교사가 '어디 있나' 노래를 부르며 다시 신체 부위를 찾아볼 수 있도록 하니 잘 찾는 모습도 관찰되었음. 이후 그림 자료를 통해 내 몸의 신체 명칭을 알아보는 시간을 가졌고, 인형을 탐색해 보며 직접 신체 부위를 탐색하기도 했음 • 아직 영아들이 소중한 부분에 대해 인지하기 어렵지만, 이후 우리 몸 내의 소중한 부분에 대해서도 지도해 보아야겠음

출처: 서울 성동구 구립 서울숲더샵 어린이집. 영아반 성폭력 안전교육.

<table>
<tr><td>활동명</td><td>좋은 느낌 싫은 느낌</td><td>활동유형</td><td>이야기 나누기</td></tr>
<tr><td>활동목표</td><td colspan="3">• 다른 사람과 자신의 감정을 알고, 표현하고 말할 수 있다.
• 기분표현 막대의 내용을 이해하고, 상황에 맞는 막대를 들 수 있다.</td></tr>
<tr><td>누리과정 관련요소</td><td colspan="3">• 신체운동건강 – 안전하게 생활하기 – 비상 시 적절히 대처하기
• 의사소통 – 말하기 – 느낌, 생각, 경험 말하기
• 사회관계 – 나와 다른 사람의 감정 알고 조절하기 – 나의 감정 조절하기</td></tr>
<tr><td>활동자료</td><td colspan="3">• 좋은 느낌 싫은 느낌
이야기 나누기 그림 자료 12장, 기분표현 막대 4장(32개)

</td></tr>
<tr><td>활동방법</td><td colspan="3">① 유아에게 어떠한 감정들이 있는지 물어본다.
② 기분표현 막대에 대해 설명하고 이야기 나누기 그림 자료를 읽어준다.
③ 그림 자료 속 물음에 맞는 기분표현 막대를 유아가 들어보게 한다.
④ 유아와 감정 표현에 관한 이야기를 나눈다.</td></tr>
</table>

유아교육기관에서 교사는 유아의 일상생활 및 행동으로부터 나타나는 변화를 빠르고 정확하게 발견할 수 있다. 그렇기 때문에 교사는 아동학대를 조기에 발견하고 이에 대한 대책을 마련함으로써 학대 발생 가능성을 줄이고 예방할 수 있을 것이다. 유아교사는 학대가 일어날 수 있는 부모와 유아의 특성을 미리 파악하여 사전에 효율적인 아동양육 방법이나 유아의 행동특성 이해, 영유아 발달에 관한 지식을 부모에게 교육함으로써 가정에서의 아동학대를 사전에 방지할 수도 있을 것이다(이기숙 외, 2011, 2016).

아동학대에 대한 예방교육은 영유아를 대상으로 하는 교육방법과 교사를 대상으로 하는 학대 예방교육이 같이 이루어져야만 한다. 교사는 신고의무자이면서 성인으로 교사 스스로 아동학대에 대하여 바르게 알고 영유아를 보호, 교육할 수 있는 책임감 있는 자세가 필요할 것이다. 교사를 대상으로 하는 아동학대 예방교육의 내용으로는 아동학대와 관련된 전반적 개념 이해, 아동학대 유형별 영유아의 신체 및 행동적 주요 징후들, 아동학대 신고의무자로서 교사의 역할과 법률적인 의무사항 숙지, 아동학대 신고기관 및 절차, 학대 아동에 대한 지원을 위한 아동보호전문기관 연계방안 마련 등이 있다.

6 화재 안전교육

2015년 1월 10일에 발생한 경기 의정부 대봉그린아파트 화재로 인명피해 130명 재난피해는 46억 원에 이르는 손실을 가져왔다. 외벽이 드라이비트(내부스티로폼) 마감처리로 인해 급격히 상승부로 연소되어 진화하는 데 더욱 어려움이 있었던 화재사고였다. 불과 그 한 달 전(2017. 12. 21.) 제천 사우나에서 화재가 발생해 사망을 비롯한 다수의 인명피해 및 재산 손실이 발생했다. 1년 중 화재가 많이 발생하는 것은 겨울철(12 ~ 2월)이며 이는 겨울에 불의 사용도가 높고 취급의 부주의가 가장 큰 원인이다(국민안전처, 2017). 이와 같은 화재피해를 위해 영유아, 교사 및 부모를 대상으로 화재 안전교육을 실시하여 화재를 예방할 수 있는 능력과 화재 발생 시 대처할 수 있는 능력을 기르도록 해야 한다.

1) 화재 안전교육의 개념

화재란 집이나 물건이 불에 타는 재앙이나 재난(국립국어원)을 말하는 것으로 '사람의 의도에 반하여 발생 혹은 확대하고 또는 방화에 의하여 발생하여 소화의 필요가 있는 연소현상으로, 이를 소화할 때는 소화시설 또는 이와 같은 정도의 효과가 있는 것의 이용을 필요로 하는 것'으로 정의된다(정재경 외, 2017). 화재사고는 인적 손실뿐만 아니라 물적 손실 그리고 더 나아가 평생 정신적인 충격으로 해어나지 못할 트라우마를 남길 수 있다.

화재 안전교육이란 영유아 및 교사를 대상으로 스스로 위험으로부터 자신을 보호할 수 있도록 화재에 대한 안전지식과 태도, 기술을 습득하게 하여 화재로 인한 피해를 사전에 예방할 수 있도록 하는 것이다. 제28조(아동의 안전에 대한 교육)에 명시된 내용을 살펴보면, 아동복지시설의 장, 「영유아보육법」에 따른 어린이집의 원장, 「유아교육법」에 따른 유치원의 원장 및 「초 · 중등교육법」에 따른 학교의 장은 법 제31조제1항에 따라 화재에 대한 안전에 대한 교육을 계획하고 수립하여 교육을 실시할 때는 〈별표 3〉의 교육기준에 따라야 한다.

2) 화재 발생 현황 및 이슈 분석

(1) 화재 발생 현황

최근 5년('12~'16년)간 총 214,164건의 화재가 발생하여 사망자 1,458명과 부상자 9,246명이 발생하였다. 1월은 본격적인 추위로 난방기 사용이 늘면서 화재의 위험이 높다.

〈표 10-23〉 **최근 5년('12~'16년)간 화재 발생 현황 – 재난연감**

구분	발생건수(건)	인명피해(명)		
		소계	사망	부상
합 계	214,164	10,704	1,458	9,246
2016년	43,413	2,024	306	1,718
2015년	44,435	2,093	253	1,840
2014년	42,135	2,181	325	1,856
2013년	40,932	2,184	307	1,877
2012년	43,249	2,222	267	1,955

출처: 행정안전부(2018).

일 년 중 최근 5년('12~'16년) 동안 1월에 20,892건(9.8%)의 화재가 발생한 것으로 나타났다.

〈표 10-24〉 최근 5년('12~'16년)간 월별 화재 발생 현황 – 재난연감

발생건수(건)	합계	1월	2월	3월	4월	5월
합 계	214,164	20,892	20,749	24,947	19,182	19,253
2016년	43,413	4,621	4,689	4,883	3,704	3,653
2015년	44,435	3,678	3,792	6,549	3,544	4,206
2014년	42,135	4,256	3,827	4,629	4,172	3,968
2013년	40,932	3,990	3,823	4,805	3,793	3,409
2012년	43,249	4,347	4,618	4,081	3,969	4,017

발생건수(건)	6월	7월	8월	9월	10월	11월	12월
합 계	16,205	14,153	15,335	14,056	15,720	15,371	18,301
2016년	3,021	2,925	3,601	2,813	2,760	3,168	3,575
2015년	3,677	2,876	3,104	3,352	3,484	2,773	3,400
2014년	2,891	2,885	2,532	2,662	3,242	3,113	3,958
2013년	2,769	2,782	3,144	2,721	3,033	3,214	3,449
2012년	3,847	2,685	2,954	2,508	3,201	3,103	3,919

출처: 행정안전부(2018).

화재 발생 원인은 부주의 106,900건(49.9%)이 제일 높고 전기적 요인(22.4%), 기계적 요인 22,082건(10.3%) 순으로 발생하였다.

〈표 10-25〉 최근 5년('12~'16년)간 원인별 화재 발생현황 – 재난연감

발생건수(건)	합 계	전기적	기계적	가스누출	화학적	교통사고
합 계	214,164	47,978	22,082	842	2,035	2,660
2016년	43,413	8,962	5,187	177	625	486
2015년	44,435	8,980	4,511	146	452	520
2014년	42,135	9,445	4,064	168	360	511
2013년	40,932	10,103	4,059	181	322	567
2012년	43,249	10,488	4,261	170	276	576

출처: 행정안전부(2018).

(2) 화재 재난 이슈 분석

화재 이슈에 대한 빈도 추이 분석 내용은 [그림 10-5]와 같이 '14년에 큰 이슈(고양 터미널 화재, 펜션화재) 후 하락 추세를 보이고 있으나 2017년 12월에 제천 사우나 화재로 인해 다시 이슈화된 것으로 보인다. 월간 1월은 화재 이슈가 가장 높은 달로 전월 대비 약 78% 증가된 것으로 나타났다.

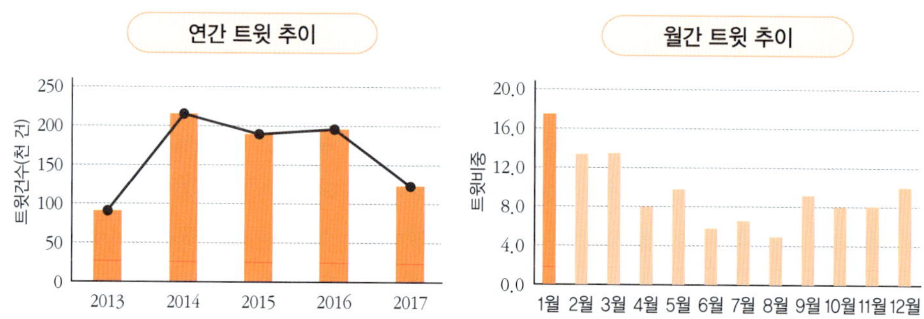

[그림 10-5] 빈도 추이 분석

출처: 행정안전부(2018).

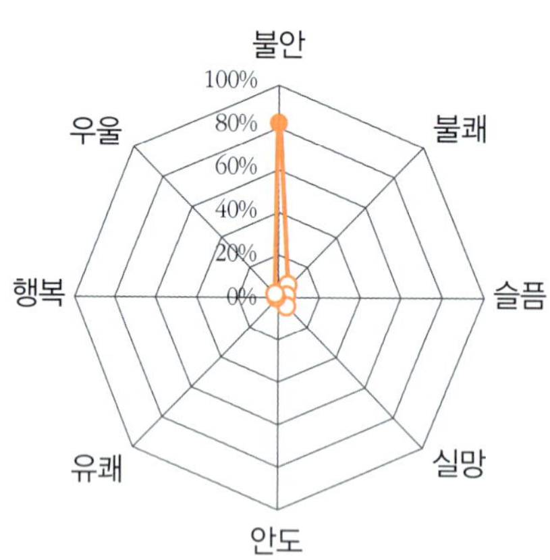

화재 감성은 불안(80%)이 지배적

- 불법 주차 차량들, 화재 발생 시 소방도로 확보 불가 및 운전자들의 시야 방해로 대형 피해 우려('13년)
- 대구 동성로 화재로 인한 인명피해 우려, 화재진압에 대한 걱정('14년)
- 고층건물 화재소식을 들을 때면 대피공간인 발코니를 확장해버린 우리 아파트 걱정이 든다.('15년)
- 최근 차량 화재 사건이 잇따라 발생하면서 불안('16년)

[그림 10-6] 감성 분석

출처: 행정안전부(2018).

- '15년 의정부 대형화재, '17년 여수수산시장 화재 및 2호선 잠실새내역화재 이슈
- 인테리어 작업 중 화재 이슈와 펜션 화재에 대한 이슈 급증

[그림 10-7] 연관어 분석

3) 화재 안전교육의 목적 및 목표

화재 안전교육의 목적은 영유아가 불의 위험성에 대해 알고 화재가 발생하지 않도록 예방할 수 있고, 만약 화재가 발생한다면 안전하게 대피하는 방법에 대해 알 수 있도록 한다.

윤선화(2012)는 화재안전교육의 구체적인 목표를 8가지로 설명하였다.

첫째, 화재가 발생하는 이유에 대해서 알고, 화재의 위험성을 이해하여 화재를 예방하는 방법을 알고 실천할 수 있다.

둘째, 화재가 발생했을 때 안전한 행동요령을 알고 실천할 수 있다.

셋째, 화재가 발생하여 대피가 어려운 상황에 처했을 때 적절한 행동요령을 알고 실천할 수 있다.

넷째, 옷에 불이 붙었을 때 안전한 행동요령을 알고 이를 실천할 수 있다.

다섯째, 소방서에 신고하는 방법을 알고 이를 실천할 수 있다.

여섯째, 화상을 당했을 때 응급처치 요령을 알고 이를 실천할 수 있다.

일곱째, 화재예방을 위한 여러 가지 도구와 기계가 있음을 알고 어떠한 역할을 하는지 이해할 수 있다.

여덟째, 소방서와 소방관의 역할을 알고 고마운 마음을 갖는다.

4) 화재 안전교육의 내용 및 방법

(1) 법적 기준

「아동복지법 시행령」(시행 2017.12.20.)의 교육기준 제28조제1항 관련한 내용은 다음과 같다.

구분	재난대비 안전교육
실시 주기(총시간)	• 6개월에 1회 이상(연간 6시간 이상)
교육내용	• 화재의 원인과 예방법 • 뜨거운 물건 이해하기 • 옷에 불이 붙었을 때 대처법 • 화재 시 대처법 • 자연 재난의 개념과 안전한 행동 알기
교육방법	• 전문가 또는 담당자 강의 • 시청각 교육 • 실습교육 또는 현장학습 • 사례 분석

출처: 아동복지법(2017).

(2) 화재 안전교육의 내용 및 행동 요령

❶ 화재 안전교육의 내용

㉠ 화재 발생 시 대피방법

- 불을 발견하면 '불이야'하고 큰소리로 외쳐서 다른 사람에게 알린다.
- 화재경보 비상벨을 누른다.

- 엘리베이터는 절대 이용하지 않도록 하며 계단을 이용한다.
- 아래층으로 대피가 불가능한 때는 옥상으로 대피한다.
- 낮은 자세로 안내원의 안내를 따라 대피한다.
- 불길 속을 통과할 때는 물에 적신 담요나 수건 등으로 몸과 얼굴을 감싼다.
- 방문을 열기 전에 문손잡이를 만져본다.
  - 손잡이를 만져 보았을 때 뜨겁지 않으면 문을 조심스럽게 열고 밖으로 나간다.
  - 손잡이가 뜨거우면 문을 열지 말고 다른 길을 찾는다.
- 대피한 경우에는 바람이 불어오는 쪽에서 구조를 기다린다.
- 밖으로 나온 뒤에는 절대 안으로 들어가지 않는다.
  - 다른 출구가 없으면 구조대원이 구해 줄 때까지 기다린다.
  - 연기가 방 안에 들어오지 못하도록 문틈을 옷이나 이불로 막는다(물을 적시면 더욱 좋다).
- 연기가 많을 때 주의사항
  - 연기층 아래에는 맑은 공기층이 있다.

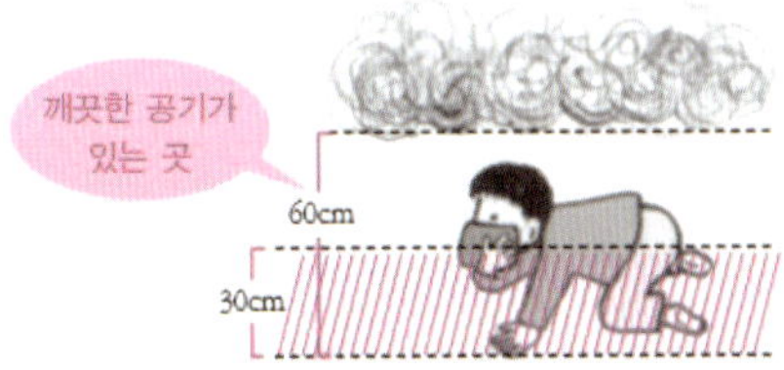

  - 연기가 많은 곳에서는 팔과 무릎으로 기어서 이동하되 배를 바닥에 대고 가지 않도록 한다.
  - 한 손으로는 코와 입을 젖은 수건 등으로 막아 연기가 폐에 들어가지 않도록 한다.
- 옷에 불이 붙었을 때는 두 손으로 눈과 입을 가리고 바닥에서 뒹굴어 준다.

출처: 소방방재청(2010). 유아안전교육 프로그램. p.35.

㉡ 불이 난 곳에 갇혔을 때 조치 방법

- 건물 내에 화재발생으로 불길이나 연기로 인해 피해가 어려울 때는 무리하게 통로나 계단 등을 통하여 피하기보다는 건물 내에서 안전조치를 취한 후 갇혀 있다는 사실을 외부로 알린다.
- 연기가 새어들어 오면 낮은 자세로 엎드려 담요나 타올 등에 물을 적셔 입과 코를 막고 짧게 호흡을 한다.
- 일단 실내에 고립되면 화기나 연기가 없는 창문을 통해 소리를 지르거나 물건 등을 창밖으로 던져 갇혀 있다는 사실을 외부로 알린다.

- 실내에 물이 있으면 불에 타기 쉬운 물건에 물을 뿌려 불길의 확산을 지연시킨다.
- 화상을 입기 쉬운 얼굴이나 팔 등을 물에 적신 수건 또는 두꺼운 천으로 감싸 화상을 예방한다.

- 아무리 급한 상황일지라도 반드시 구조된다는 신념을 가지고 기다려야 하며, 창밖으로 뛰어 내리거나 불길이 있는데도 함부로 문을 열어서는 안 된다.

ⓒ 소화기 설치 및 사용 방법

■ 소화기 설치 방법

- 소화기는 눈에 잘 띄고 통행에 지장을 주지 않도록 설치한다.
- 습기가 적고 건조하며 서늘한 곳에 설치한다.
- 유사 시에 대비하여 수시로 점검하여, 파손, 부식 등을 확인한다.
- 한 번 사용한 소화기는 다시 사용할 수 있도록 허가업체에서 약제를 재충약한다.

■ **소화기 사용 방법**

- 소화기를 불이 난 곳으로 옮긴다.
- 손잡이 부분의 안전핀을 뽑아준다.
- 바람을 등지고 서서 호스를 불쪽으로 향하게 한다.
- 손잡이를 힘껏 움켜쥐고 빗자루로 쓸듯이 뿌린다.
- 소화기는 잘 보이고 사용하기에 편리한 곳에 두되 햇빛이나 습기에 노출되지 않도록 한다.

㉣ 화재 신고방법

- 침착하게 전화 119번을 누른다.
- 불이 난 것을 말한다.
- 화재의 내용을 간단 · 명료하게 설명한다(우리집 주방에 불이 났어요. 2층 집이에요).
- 주소를 알려준다(○○구 ○○동 ○○○번지예요 / ○○초등학교 뒤 쪽이에요).
- 소방서에서 알았다고 할 때까지 전화를 끊지 않는다.
- 공중전화는 빨간색 긴급통화 버튼을 누르면 돈을 넣지 않아도 긴급신고(119, 112 등) 통화를 할 수 있다.
- 휴대전화의 경우, 사용 제한된 전화나 개통되지 않은 전화도 긴급신고가 가능하다.

- 장난전화를 하지 않는다.

㉤ 화재 발생 시 안전수칙

- 화재가 발생하면 먼저 화재경보기를 누르고, 소방서에 바로 신고한다.
- 화재가 발생한 사무실에서 탈출할 때는 문을 반드시 닫고 나와야 하며, 탈출하면서 열린 문이 있으면 모두 닫는다.
- 연기가 가득한 장소를 지날 때는 최대한 낮은 자세로 대피한다.
- 닫힌 문을 열 때는 손등으로 문의 온도를 확인하고 뜨거우면 절대로 열지 말고 다른 비상 통로를 이용한다.
- 건물 밖으로 빠져 나오면 건물에서 떨어진 안전한 장소로 이동하여 모든 인원이 탈출하였는지 확인한다.
- 대피하지 못한 사람이 있을 경우에는 즉시 소방관에게 인원수와 최종적으로 확인된 위치를 알려주어야 한다.
- 탈출한 경우에는 절대로 다시 화재 건물로 들어가지 않는다.
- 건물 밖으로 대피하지 못한 경우에는 밖으로 통하는 창문이 있는 방으로 들어가서 구조를 기다린다.
- 방 안으로 연기가 들어오지 못하도록 문틈을 커튼 등으로 막고, 주위에 물이 있으면 옷에 물을 적셔 입과 코를 막고 숨을 쉰다.
- 전화가 있다면 119로 전화하여 자신의 위치를 정확하게 알린다.
- 엘리베이터는 이용하지 않는다.
- 특히, 장애인과 같이 혼자 대피하기 어려운 사람에게 비상 시 도움을 줄 동료를 반드시 지정해 둔다.

㉥ 화재감지기와 화재발신기 설치

■ 화재감지기

화재감지기를 설치함으로써 화재를 조기에 발견하여 화재 발생 초기에 진압하여 피해를 최소화할 수 있다. 자동화재 탐지설비가 설치되지 않는 기존 건물이나 관련 법규의 설치대상에 포함되지 않은 건물 같은 경우에는 단독형 화재감지기를 설치하는 것이 바람직하다.

단독형 연기감지기(연기를 10초간 지속적으로 감지하면 경보를 발생하게 됨)는 복도, 계단, 교실 등에 설치하는 것이 바람직하며, 단독형 열감지기(70℃까지 온도가 상승하면 감지하여 경보를 발하게 됨)는 주방 등의 장소에 설치하는 것이 바람직하다.

■ **화재발신기**

화재가 발생하면 화재가 났음을 알리는 신호 기계 장치이다.

〈화재감지기〉

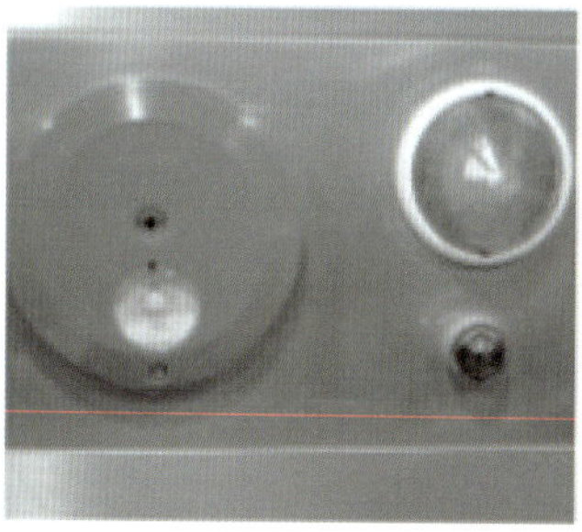

〈화재발신기〉

ⓢ 유도등 및 유도표시

화재 발생 시 해당 소방대상물 내에 있는 수용인원을 안전 장소로 피난시키기 위하여 설치하는 것으로, 정상 상태에서는 상용전원으로 점등되고 정전되었을 때는 비상전원으로 자동 전환된다. 피난에 활용되는 모든 피난 출구의 상부에는 피난구 유도등 또는 유도표지를 설치해야 한다. 통로유도등 또는 유도표지는 피난출구와 연결되는 주요 지점에 연속적으로 설치해야 하며, 피난출구의 방향을 정확하게 표시해야 한다.

■ **피난유도등**

피난구 또는 피난경로로 사용되는 출입구의 위치를 표시하는 초록색의 등화로서 아래의 출입구 바닥으로부터 높이 1.5m 이상의 위치에 설치한다. 피난유도등의 조명도는 피난구로부터 30m의 거리에서 문자 및 색채를 쉽게 식별할 수 있는 것으로 하여야 한다.

■ **통로유도등**

표시면과 조사면의 구조는 바닥면과 피난 방향을 비출 수 있어야 하며 표시면은 옆 방향으로 일부가 보이도록 10mm 이상 돌출하여야 한다. 구부러진 모퉁이 및 보행거리 20m마다 설치하고 바닥으로부터 1m 이하의 위치에 설치한다.

〈피난유도등〉

〈통로유도등〉

❷ 원인별 화재 원인 및 예방 요령

㉠ 전기화재

일상생활에 있어 없어서는 안 될 전기는 우리나라 화재발생 원인의 다수를 차지하고 있다. 이런 전기화재는 낡은 전기기구나 부실공사로 인해 발생도 하지만 부분은 전기용품에 대한 지식이나 상식부족 또는 사용하는 사람의 부주의나 방심으로 인하여 전기기구의 과열 탄화상태를 가져와 발생하는 것으로 날로 증가하고 있는 실정이다. 따라서 전기용품을 사용할 때는 올바른 사용법의 숙지와 세심한 주의가 필요하다.

전기화재 예방 요령을 살펴보면 다음과 같다.

- 전기기구를 사용하지 않을 때는 스위치를 끄고 플러그를 뽑아 둔다.
- 가전제품의 플러그를 뽑을 때는 선을 잡아당기지 말고 플러그 몸체를 잡고 뽑도록 한다.
- 개폐기(두꺼비집)는 과전류 차단장치를 설치하고 습기나 먼지가 없는 사용하기 쉬운 위치에 부착한다.

- 개폐기에 사용하는 퓨즈는 규격퓨즈를 사용하고 퓨즈가 자주 끊어질 경우 근본적으로 그 원인이 무엇인가를 규명, 개선한다.
- 각종 전기공사 전기시설 설치 시 전문 면허업체에 의뢰하여 정확하게 규정에 의한 시공을 하도록 한다.
- 콘센트에 플러그를 깊숙하게 꽂지 않으면 흔들려 열이 발생하므로 완전히 꽂아 사용하도록 한다.
- 누전으로 인한 화재를 예방하기 위해서 차단기를 설치하고 한 달에 1~2회 작동유무를 확인한다.
- 전선이 꼬이거나 묶어서 사용하면 열이 발생하여 위험하므로 선이 꼬이지 않도록 한다.
- 전기담요는 자주 밟거나 사용하면 접힌 부분에 열이 발생하며, 각종 장식용 트리 등에 설치한 소형구는 너무 오랫동안 사용하지 않도록 한다.
- 한 개의 콘센트나 소켓에서 여러 선을 끌어 쓰거나 한꺼번에 여러 가지 전기기구를 꽂는 문어발식 사용을 하지 않는다.
- 비닐선은 열에 견디는 힘이 약하다. 따라서 백열등이나 고열기구 등 고열을 발생하는 기구에는 고무코드 선을 사용한다.
- 비닐선이나 양탄자 밑으로 전선이 지나지 않도록 한다.
- 전기기구 구입 시 『전』, 『검』, 또는 『KS』 표시가 있는지 확인하고 사용 전에는 반드시 사용설명서를 읽어본다.
- 전선이 쇠붙이나 움직이는 물체와 접촉되지 않도록 한다.

㉡ 담뱃불 화재

담뱃불로 인한 화재가 전체화재('98년도)의 약 12.2%를 차지하고 있다. 담뱃불의 온도는 약 섭씨 500℃이고 피우고 있을 때는 약 섭씨 800℃나 되는 열을 지니고 있다. 따라서 담배는 지정된 장소에서 흡연하는 습관을 가져야 하며 담배꽁초는 불씨를 완전히 제거한 후 재떨이에 버려야 한다. 새로 제정 공포된 「국민보건증진법」에도 다중 출입 장소, 공공장소, 일정규모 이상의 건축물에는 반드시 흡연 장소를 지정하여 흡연토록 하고 있다.

주요 원인은 술에 취한 채 잠자리에서 흡연, 어른이 무심코 버린 담배꽁초가 발화, 담배 불씨를 완전히 끄지 않은 채 휴지통에 버려서 발화 · 재털이의 담배 불씨를 완전히 끄지 않은 채 재떨이를 쓰레기통에 비우고 퇴근하여 발화 등이 있다.

담뱃불 화재 예방 요령을 살펴보면 다음과 같다.

- 휘발유, 가스, 화학약품 등 인화성이 강한 물질이 있는 장소나 실내에서는 금연을 하며, 이러한 곳 에는 "금연구역" 표시를 붙여 주의를 환기시켜 준다.
- 보행 중에는 흡연을 삼가고 꽁초는 아무데나 버리지 않는다.
- 흡연은 지정된 장소에서 하도록 하고 담배꽁초는 반드시 재떨이에 버리도록 한다.
- 불씨가 튀지 않도록 재떨이에 약간의 물을 부어 놓는다.
- 담배를 피울 수 있는 장소는 편리하고 안전한 곳을 택하여 "흡연구역"으로 지정한다.
- 담배를 피우다가 급한 용무로 잠깐 자리를 비울 경우 반드시 담뱃불을 끄고 나가야 한다.

ⓒ 방화

강력범죄인 동시에 공공안전의 한 범죄인 방화(放火)는 최근 들어 지속적으로 증가하고 있는 실정이다. 더욱이 방화에 의한 화재는 의도적으로 발생하기 때문에 조기진압이 어려워 많은 재산과 인명피해를 가져오는 화재이다.

원인으로는 가정불화가 가장 많고 부부 또는 친구 등과의 싸움, 비관자살, 주벽, 정신이상 등으로 비정상적인 심리 상태에서 발생하며, 주요 방화 장소는 차량, 주택, 음식, 점포, 작업장 순이다. 특히 사회의 발달에 따라 보험과 연계된 방화는 더욱 지능화, 전문화되는 양상을 보이고 있다.

방화에 의한 화재 예방 요령을 살펴보면 다음과 같다.

- 차량방화를 예방하기 위해서 주택가나 도로상에 함부로 주차하지 않는다.
- 빈집 또는 건물의 화재예방을 위해 시건장치 후 외출한다.

- 주변의 정신질환자에 대한 행동을 항상 예의 주시하고 보호자는 성냥이나 라이터 등의 보관에 유의한다.
- 실내청소 후 내다버린 쓰레기 중 타기 쉬운 물건을 방치하지 않도록 하며 항상 깨끗이 정리정돈한다.

㉣ **불장난 화재**

영유아는 놀기를 좋아하며 호기심이 많아 하고 싶은 일이 있으면 서슴없이 행하는 습성이 있다. 따라서 어린이들은 성냥, 라이터, 촛불, 모닥불, 폭죽놀이 등 손에 닿기 쉬운 것이면 무엇이던 가지고 불장난을 하게 되므로 영유아들에 대한 어른들의 각 별한 주의가 필요하다.

원인으로는 성냥, 라이터, 난롯불, 아궁이불, 전기다리미, 촛불놀이, 폭죽놀이, 화약놀이 등에 의해 발화되며 불장난하는 어린이들은 6세에서 13세 미만의 어린이가 가장 많고 부모가 외출 중인 토요일 오후나 일요일, 공휴일 등 학교수업이 없는 날에 많이 발생하고 있다.

불장난에 의한 화재 예방 요령을 살펴보면 다음과 같다.

- 성냥, 라이터 등은 어린이의 손에 닿지 않는 곳에 보한다.
- 성냥, 라이터, 폭죽놀이, 깡통놀이 등을 하지 않도록 단속한다.
- 영유아에게 불에 대한 올바른 인식을 갖도록 교육시킨다.
- 영유아에게 석유난로 등을 켜거나 끄도록 심부름시키지 않는다.
- 외출 시에는 모든 화기의 안전점검을 하고 어린이에게 불조심에 대한 주의를 환기시킨다.
- 영유아에게 119 허위신고(장난전화)를 하지 못하도록 교육시킨다.

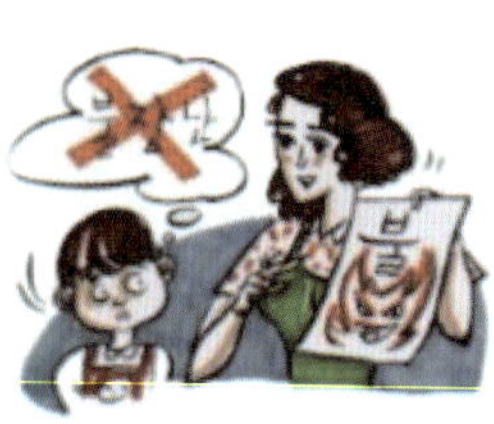

ⓜ 가스화재

생활에 있어 가스는 사용하기에 편리할 뿐만 아니라 열량이 높고 공해가 적어 가정이나 직장 등에서 주요에너지로 사용되고 있으나 잘못 다루면 가스중독 또는 폭발을 동반한 대형화재를 유발한다. 따라서 가스배관과 연소기 등의 정기점검을 철저히 실시하고 가스사용 안전수칙을 준수하여야 한다.

공급자와 사용자의 원인으로 구분하여 살펴보면 다음과 같다.

공급자	사용자
• 용기밸브의 오조작 • 용기교체 작업 누설화재 • 잔량 가스처리 취급 미숙 • 가스충전 작업 중 누설폭발 • 고압가스 운반기준 미 이행 • 배관내의 공기치환작업 미숙 • 용기본관실 화재(연탄 등) 사용 • 배달원의 안전의식 결여	• 실내의 용기보관 가스누설 • 점화 미확인으로 누설폭발 • 환기불량으로 인한 질식사 • 가스 사용 중 장시간 이탈 • 성냥불로 누설확인 중 폭발 • 호스 접속불량 방치 • 조정기 분해 오조작 • 콕크 조작 미숙 • 인화성 물질(연탄 등) 동시 사용

가스화재 예방요령을 사용 전, 사용 중, 사용 후로 구분하여 살펴보면 다음과 같다.

■ 사용 전

- 가스불을 켜기 전에 새는 곳이 없는지 냄새를 맡아 확인한다.
- 가스 연소 시에는 많은 공기가 필요하므로 창문을 열어 실내를 환기시킨다.
- 가스레인지 주위에는 가연물을 가까이 두지 않도록 한다.

■ 사용 중

- 점화용 손잡이를 천천히 돌려 점화시키고 불이 붙어 있는지 꼭 확인한다.
- 요리 시에는 자리를 뜨지 않도록 한다.
- 가스연소 시에는 파란 불꽃이 되도록 공기 조절기를 조절하여 사용토록 한다.

■ **사용 후**

- 가스사용 후에는 콕크와 중간밸브를 반드시 잠근다.
- 장기간 집을 비울 때는 용기밸브(LPG 경우)나 메인밸브(도시가스)까지 잠궈 두는 것이 안전하다.
- 가스레인지는 자주 이동하지 말고 한 곳에 고정하여 사용한다.

평상시에도 연소 시 불구멍(번헤드)이 막히지 않도록 항상 깨끗이 청소하고 호스(배관)와 이음새 부분에서 혹시 가스가 새지 않는지 비눗물이나 검액 등으로 수시 누설 여부를 확인한다.

〈참고〉 화재 시 발생하는 연기

■ **연기의 특성**

연기를 마시면 유독성 물질로 인해 기도와 폐에 손상을 주거나 생명을 잃을 수 있기 때문에 연기를 마시면 매우 위험하다. 화재 시 연기는 위에서 내려오고 깨끗한 공기는 바닥 면으로부터 30~60cm 사이에 있다. 따라서 연기가 보이면 손과 무릎을 이용하여 기어서 밖으로 나가야 한다. 코와 입을 막을 때는 물에 적신 수건을 이용하는 것이 더 좋다.

■ **대피동작 유의점**

한 손으로 바닥을 짚고 무릎으로 기어서 이동하며, 다른 손으로 입과 코를 막는다. 기어가는 동작은 바닥 면에 납작 엎드리지 않도록 하고 손으로 코와 입을 막는 동작을 할 때는 코와 입을 동시에 막는다. 유아가 동작을 익숙하게 할 때까지 세부동작으로 나누어 정확하게 연습하도록 지도한다.

■ **화재 발생 시 행동요령**

- **안전대피요령**

  유아교육기관에서의 화재가 발생하면 유아는 겁을 먹거나 당황하게 되어 침착하게 행동하는 것이 어려워진다. 교사는 침착하게 상황을 판단하고 유아를 안전하게 대피하도록 지도한다. 정전에 대비하여 손전등을 비상용품으로 비치해두며 대피할 때는 계단에서 뛰거나 난간에 힘을 가하지 않도록 지도한다.

- **교사행동요령**

  영유아와 같이 뛰지 않고 영유아를 통제하면서 소리 지르지 않는다. 안전대피요령을 항상 숙지하고 행동한다.

- **교육 및 훈련**

  평소 대피 경로의 동선을 사전에 충분히 숙지한다. 대피 경로(계단 등)에 물건을 쌓아 두지 않고 교육과 훈련은 정기적으로 충실히 이행한다.

❸ 화재예방교육 프로그램 및 자가점검표

㉠ 교육 프로그램

윤선화(2012)는 유아화재사고예방을 위한 화재 안전교육프로그램 개발 방향 탐색을 통해 유아 화재 사고 예방을 위해 유아의 발달에 적합한 화재안전교육을 실시하여야 하며, 다양한 시청각 매체와 체험활동 프로그램을 제공해 주어야 한다고 밝힌 바 있다.

영유아는 불에 의해 일어날 수 있는 위험을 이해하는 것이 매우 부족하고, 오히려 불에 친근감을 갖기도 한다. 즉 생일케이크의 촛불이나 불꽃놀이 등을 통해 불과 관련된 경험은 재미있고, 편안한 느낌을 가질 수 있기 때문에 불을 조절하는 것이 어렵지 않다고 생각하기도 한다. 또한 영유아는 조그마한 불씨가 집 전체를 태울 만큼의 힘이 있다는 것을 이해하기 어렵다. 따라서 영유아의 발달단계에 적합한 내용을 가지고 영유아의 개념과 이해수준에서 화재안전교육 프로그램이 개발되어야 한다. 즉, 유아에게 소화기사용법을 가르치는 것보다 불이 났을 때 빨리 대피하는 것을 가르치거나 불이 났다는 것을 성인에게 알리는 것이 중요하다는 점을 가르치는 것이 좋다.

다양한 시청각 매체와 체험활동 프로그램, 노래를 활용한 예방법 등을 제공해 주는 것이 바람직하다.

소방방재청(2010)에서 제시한 화재 및 재난 사고 예방을 위한 프로그램은 〈표 10-26〉과 같다.

〈표 10-26〉 **화재 및 재난 예방교육 프로그램**

안전주제	단원명	활동명	활동단계	활동유형
화재 시 주변에 알리기	불이야! 불이야!	소리를 듣고 알 수 있어요	사전활동	과학, 언어
		불이야! 불이야!	본 활동	언어
		화재감지기, 화재발신기는 무엇일까요?	확장활동	과학, 언어
화재 시 위험행동	숨지 마세요	어느 것이 더 찾기 쉬울까?	사전활동	과학
		숨지 마세요	본 활동	이야기 나누기
		비상대피도를 보고 걸어보아요	확장활동	신체, 과학

안전주제	단원명	활동명	활동단계	활동유형
화재 시 연기 피하는 방법	뜨거운 연기를 피해요	불이 나면 나쁜 연기가 생겨요	사전활동	과학
		뜨거운 연기를 피해요	본 활동	이야기 나누기
		연기 아래로 대피하는 동작을 연습해요	확장활동	신체
화재신고	119로 신고하지요	어디에 전화할까요?	사전활동	언어, 역할
		119로 신고하지요	본 활동	이야기 나누기, 음악
		119로 전화해요	확장활동	역할
옷에 불이 붙었을 때 대처 방법	멈춰요 엎드려요 뒹굴어요	옷에 불이 붙었어요	사전활동	이야기 나누기, 신체
		멈춰요 엎드려요 뒹굴어요	본 활동	이야기 나누기
		불이 붙었어요	확장활동	이야기 나누기, 신체

출처: 소방방재청(2010). 유아안전교육 프로그램.

㉡ 자가점검표

화재가 발생했을 때 빠르고 신속한 대처도 중요하지만, 무엇보다도 더욱 중요한 것은 화재가 발생하지 않도록 예방하는 것이 중요하다. 가정이나 유아교육기관에서 화재예방을 위한 자가점검을 해 볼 수 있다.

점검내용		예	아니오
소방시설	소화기가 있나요?		
	소화기 사용 방법을 알고 있나요?		
	화재감지기가 설치되어 있나요?		
대피	대피도가 있나요?		
	화재대피계획을 세우고 틈틈이 연습하고 있나요?		
	대피로가 물건 등으로 막혀 있지는 않나요?		
화재예방 및 교육	가스 밸브 사용 후 잠그고 있나요?		
	전기기구를 사용하지 않을 때나 외출할 때 스위치를 끄고 플러그를 뽑아 두나요?		
	성냥이나 라이터 등의 물건들은 영유아가 손댈 수 없는 곳에 있나요?		
	자녀나 영유아에게 화재 안전에 대한 주의를 주고 있나요?		

출처: 소방방재청(2010). 유아안전교육 프로그램. p.19.

활동명	"숨지 마세요"	활동유형	대집단 활동: 이야기 나누기
활동목표	• 불이 났을 때 숨는 행동을 하지 않는다. • 불이 났을 때 불이 난 장소에서 나와 대피해야 함을 안다.		
누리과정 관련요소	• 신체 · 운동 건강영역 – 안전하게 생활하기 – 비상 시 적절히 대처하기		
활동자료	• 「우리는 안전 어린이 [1]」-4 : 멈춰서 울고 있는 유아, 소화기로 불을 끄려는 유아, 숨는 유아, 밖으로 빨리 나가는 유아 그림		
활동방법	① 불이 났을 때 유아의 모습 그림 자료를 보며 화재 시 바른 대피 방법에 대해 이야기를 나눈다. – 그림을 보니 어떤 일이 일어났니? – 놀라서 울기만 한다면 어떻게 될까? – 소화기로 불을 끌 수 있을까? 소화기는 누가 사용하는 물건이니? – 무서워서 숨어 버리면 어떻게 될까? ② 「우리는 안전 어린이 [1]」-4 보여주며 이야기 나눈다. – 불이 났을 때 바르게 행동한 친구는 누구이니? ③ 불이 났을 때 숨는 행동이 위험한 것임에 대해 이야기 나눈다. – 숨어 있는 건 소방관이 찾기 힘들기 때문에 위험한 행동이다.		
유의점	• 불이 났을 때 숨지 않도록 한다.		
활동평가	• 불이 났을 때 숨는 행동을 왜 하지 말아야 하는지 설명할 수 있는지 평가한다.		
확장활동	• 기관 내 비상대피도, 피난유도등, 통로유도등의 위치를 확인한다. • 비상대피도, 피난유도등, 통로유도등 경로와 표시대로 걸어본다.		

출처: 소방방재청(2010). 유아안전교육프로그램. pp.20–22.

7 미디어 안전

1) 미디어의 이해와 영유아 사용 현황

장난감 대신 준 스마트폰 탓?… 유아 · 아동 과의존 비상

지난해 우리나라 청소년 10명 중 3명은 여전히 '스마트폰 과의존 위험군'에 포함되는 것으로 조사됐다.

그나마 청소년은 조금씩 줄어들고 있지만 스마트폰에 지나치게 의존하는 유아와 아동 비율은 급격히 증가했다.

과학기술정보통신부와 한국정보화진흥원은 만 3세 이상 69세 이하 스마트폰(인터넷) 이용자 2만 9,712명을 대상으로 실시한 2017년 스마트폰 과의존 실태조사 결과를 8일 발표했다.

조사 결과에 따르면 고위험군과 잠재적 위험군을 합친 전체 스마트폰 과의존 위험군은 18.6%로 2016년(17.8%)보다 0.8%포인트 증가했다. 다만 2015년(+2%포인트)과 2016년(+1.6%포인트)에 비해서 상승폭은 둔화됐다.

성별로는 여성 과의존 위험군이 19.3%로 남성(18%)에 비해 계속 높았다. 연령별 과의존 위험군은 청소년이 30.3%로 가장 높고, 이어 성인(17.4%), 60대(12.9%), 유아 · 아동(12.4%) 순이다.

지난해 스마트폰 과의존 위험군 청소년은 최고치였던 2015년의 31.6%보다 1.3%포인트 감소했지만, 성인(3.9%포인트), 60대(1.2%포인트), 유아 · 아동(6.7%포인트)은 모두 증가했다. 특히 유아 · 아동은 전 연령대 중 가장 큰 폭으로 상승했다.

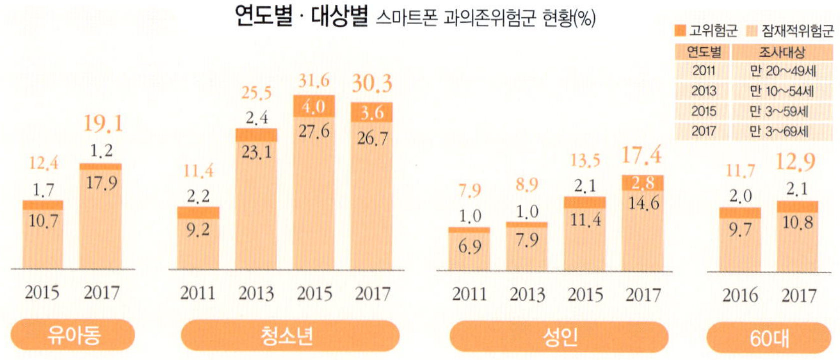

과의존 위험군 유아 · 아동의 경우 스마트폰으로 주로 이용하는 콘텐츠는 게임(89%), 영화 · TV · 동영상(71.4%)이었다. 청소년은 메신저(98.8%)와 게임(97.8%)을 주로 했다. 한국정보화진흥원은 "유아와 아동들에서는 과의존 요인 중 다른 어떤 것보다 스마트폰을 갖고 노는 것을 좋아하는 '현저성'이 두드러지게 나타났고, 부모가 과의존 위험군일 경우 자녀 역시 위험군에 속하는 비율이 높게 조사됐다"고 설명했다.

과기정통부는 이번 조사 결과를 바탕으로 연령대별 과의존 문제 해결을 위한 맞춤형 프로그램을 강화하고, 영아 · 유아 중심의 다각적인 방안을 발굴 · 추진할 계획이다.

과기정통부 송정수 정보보호정책관은 "스마트폰의 바른 사용을 위해서는 이용자 한 사람 한 사람의 능동적인 실천 노력도 요구된다"고 강조했다.

출처: 2018.02.08. 한국일보 김창훈 기자 chkim@hankookilbo.com

오늘날 미디어를 통한 정보와 문화의 공유는 직 · 간접적으로 우리의 삶을 변화시켰다. 유아 역시 TV, 컴퓨터, 스마트기기 등과 같은 미디어기기 사용이 급증하면서, 미디어는 유아의 삶에 있어서도 꽤 중요한 부분을 차지한다. 최근엔 스마트폰, 태블릿PC(스마트 패드)에 이어 스마트 TV까지 등장하면서 새로운 형태의 서비스가 다양한 단말기를 매개로 제공하는 스마트 미디어 환경이 빠르게 조성되고 있다(홍대식 · 김성유, 2012). 영유아는 말을 배우기도 전에 스마트 미디어를 통한 인터넷 환경에 익숙해지고 있고, 그 환경 안에서 새로운 디지털 기기를 자연스럽게 받아들이고 있는 것이다(황슬하 · 강진숙, 2014). 미디어 사용이 과거 TV에 한정되던 것과 달리 정보통신기술의 발달로 인터넷이 빠르게 확산되면서 컴퓨터뿐만 아니라 스마트폰, 태블릿PC와 같은 스마트기기를 시간과 장소에 구애받지 않고 영유아도 자연스럽게 접하게 되고, 사용하고 있는 추세다. 성인과 영유아가 공공장소에 있는 경우, 대부분 부모는 아이에게 스마트폰의 프로그램을 설정하여 보여주곤 한다.

미래창조과학부(2015) 연구에 의하면, 만 3~9세 유아와 아동 중 52.0%가 스마트기기를 사용하고 있고, 연령이 증가할수록 이용시간과 횟수가 늘어나는 것으로 나타났다. 스마트 미디어의 대표적인 기기인 스마트폰의 이용시간 및 횟수 역시 만 3~4세 유아 중 50.4%가 하루 평균 52.4분 2.3회를 사용하였고, 만 5~6세 유아 중 51.3%는 하루 평균 72분 3.1회를 사용하는 것으로 조사되었다.

과학기술정보통신부와 한국정보화진흥원(2017)은 만 3세 이상 69세 이하 스마트폰(인터넷) 이용자 29,712명을 대상으로 실시한 2017년 스마트폰 과의존 실태조사에서 유아와 아동이 12.4%로 2016년 스마트폰 과의존 위험군으로 유아와 아동이 6.7%였던 것에 비해 큰 폭으로 상승했다고 보고하고 있다.

현대의 유아들은 아주 어린 시기부터 자연스럽게 전자미디어 환경에 노출된다. 미디어 환경의 변화는 순기능은 물론 역기능도 갖는다. 영유아기에 미디어에 과도하게 노출되거나 무분별하게 사용하게 되었을 때 학습능력의 저하, 발육 부진, 사회성 결여 등과 같은 부작용을 갖게 될 수 있다(홍혜경, 2002; Miller, 2001). 너무나도 어린 시기부터 인터넷에 노출되면서 인터넷 중독이 나타나기도 한다. 가상세계와 현실세계의 혼동, 폭력물 및 성충동, 통신언어의 무차별 접근 등 영유아이기 때문에 성인보다 더 큰 후유증을 갖기도 한다. 하지만 전자미디어의 역기능에 대한 우려 때문에 전자미디어로부터 영유아를 보호하고자 모든 것을 차단한다는 것은 매우 불가능하고 제한적인 방법이 아닐 수 없다. 미디어는 어떠한 환경에서 어떻게 사용하느냐에 따라 부정적일 수도, 긍정적일 수도 있을 것이다. 교사는 유아들이 미디어를 올바르게 활용하고, 미디어의 유해성으로부터 스스로를 보호할 수 있는 능력과 태도를 갖출 수 있도록 교육해야 한다. 즉, 역기능보다는 순기능을 갖는 미디어로 활용함으로써 현대사회에 적합한 미디어 활용능력을 길러 주도록 해야 한다(박찬옥 외, 2007). 미디어 안전교육은 아직 미성숙한 영유아가 미래사회의 능동적이고 바람직한 미디어 사용자가 되기 위해 밑거름이 될 수 있도록 영유아 발달에 적합한 체험적이고 안전교육으로서의 기본 생활 교육으로 이루어져야 할 것이다.

2) 미디어 안전교육

미디어 안전교육을 위한 교육목표를 살펴보도록 하자.

① 전자미디어의 역기능으로부터 유아를 보호하기보다는 전자미디어의 순기능을 적극적으로 활용할 수 있는 방법을 안내한다.

② 전자미디어를 학습의 도구로 사용하는 것은 물론 학습의 대상으로서 전자미디어에 관해 알도록 한다.

③ 전자미디어가 제공하는 다양한 정보를 수동적으로 수용하기보다는 비판적으로 분석하고 해석할 수 있는 태도를 기른다.

④ 전자미디어가 제공하는 재미와 편리함에 이끌려가기보다는 유아의 필요에 따라 전자미디어를 선택하고 능동적으로 사용할 수 있도록 한다.

⑤ 자신과 타인에 대한 인터넷 세계에서의 존중과 배려의식을 가질 수 있도록 인터넷 윤리의식을 갖도록 한다.

전자미디어 교육 목표에 따른 교육 내용을 미디어 종류별로 살펴보도록 하자.

전자미디어 종류		교육내용
컴퓨터 및 인터넷 안전	영유아	〈안전수칙〉 ① 컴퓨터를 공동 장소에 놓는다. 영유아가 스스로 일방적 접속을 하지 못하도록 한다. 가족이 모두 사용할 수 있는 공동 장소에 컴퓨터를 놓아두었을 때, 자연스럽게 컴퓨터 사용 시간을 줄일 수 있고, 유해한 게임 사용을 방지할 수 있다. 영유아의 발달에 긍정적인 컴퓨터 프로그램 사용은 격려하고, 가족이 함께 참여하고 이야기 나눌 수 있는 시간으로 활용한다. ② 컴퓨터를 사용함에 있어 영유아의 신체적 조건에 적합한 책상, 의자, 마우스, 보안경을 준비한다. 성인의 신체 크기에 맞는 의자나 책상에 앉아 장시간 노출될 경우 거북목 증후군, 손목터널 증후군, 안구건조증 등 신체적 질환으로 나타날 수 있다. ③ 대화를 통해 컴퓨터 사용을 제한하는 이유를 설명한다. 강제 규제 및 일방적인 규칙 지키기는 영유아의 반발심만 키우게 된다. 컴퓨터 사용에 대하여 장점과 단점을 함께 이야기 나누는 것이 바람직하다. ④ 영유아 스스로 컴퓨터 사용 요일을 정하고 지킬 수 있도록 한다. 컴퓨터 사용 시간, 일정(요일)을 미리 정하고 사용할 수 있도록 한다. 이를 위해 소프트웨어를 설치하거나 알람시계 등을 설치해 둘 수 있다. ⑤ 사용 시간을 확인한다. 컴퓨터 사용 시간은 영유아기의 학습에 대한 집중력인 약 30분을 넘지 않도록 한다. 또한 식사 시간이나 저녁 9시 이후에는 게임을 하지 않도록 한다. ⑥ 영유아와 정해 놓은 규칙은 일관성 있게 지킬 수 있도록 한다. ⑦ 컴퓨터 외 다양한 놀이를 할 수 있도록 한다. 또래나 가족과 함께하는 시간을 늘릴 수 있도록 한다.
	부모와 교사	① 방송통신심의위원회(www.kocsc.or.kr), 학부모정보감시단(www.cyberparents.or.kr) 등 유해 사이트 차단 프로그램을 다운받는다. ② 컴퓨터 과사용으로 인하여 또래와 적절한 의사소통을 하지 못하거나 고집만을 내세운다면 전문기관에 상담을 의뢰하는 등 적절한 해결책을 찾아야 한다. ③ 영유아의 발달 정도에 맞는 콘텐츠를 선정한다. ④ 꼭 필요할 때, 미리 약속을 한 시간 외에는 컴퓨터의 전원을 끄게 한다. ⑤ 게임 시간보다 몸을 움직이며 놀 수 있는 활동으로 유도한다. ⑥ 영유아의 게임에 부모나 교사가 적극적으로 참여한다.

게임 중독 체크리스트

한국 정보문화진흥원에서는 유아기부터 시작되는 초기 인터넷 경험이 가져올 수 있는 부작용에 대하여 지적하고 있습니다. 세 살 컴퓨터 습관이 평생을 좌우합니다. 부모님께서 자녀의 상태를 평가해 보시고 가정에서의 환경이 어떤지 점검해 주세요.

아래 항목에 대한 아이의 상태를 부모가 평가해 해당 칸에 표시하세요.

① 전혀 그렇지 않다 ② 때때로 그렇다 ③ 자주 그렇다 ④ 항상 그렇다

■ 게임 중독 행동특성 문항

1	친구들과 만나는 것보다 집에서 게임하는 것을 더 좋아한다.	①	②	③	④
2	또래와 놀 때에 주로 게임을 한다.	①	②	③	④
3	가족이나 친지의 모임에서도 게임만 하려고 한다.	①	②	③	④
4	외출을 할 경우(게임을 하고 싶어) 집에 빨리 들어오려고 한다.	①	②	③	④
5	놀이나 대화내용이 주로 게임과 관련된 것이다.	①	②	③	④
6	게임 아이템을 사달라고 하거나 캐시 충전을 해달라고 조르는 경우가 있다.	①	②	③	④
7	게임 이외의 다른 활동에는 별다른 흥미가 없다.	①	②	③	④
8	일상생활 중에도 게임에 대한 생각을 많이 한다.	①	②	③	④
9	밖에서 노는 것보다 집에서 게임하기를 원한다.	①	②	③	④
10	게임을 못하게 하면 불안해하거나 다른 일에 의욕을 보이지 않는다.	①	②	③	④
11	게임을 하지 못한 날에는 괜한 심통을 부리거나 사소한 일에 화를 낸다.	①	②	③	④
12	게임을 할 때 자기도 모르게 욕을 하거나 흥분된 모습을 보인다.	①	②	③	④
13	게임을 할 때 컴퓨터가 느리거나 게임 사이트에 문제가 생기면 안절부절못하며 과격하게 행동한다.	①	②	③	④
14	폭력적이거나 잔인한 게임 장면에 아무렇지도 않게 반응한다.	①	②	③	④

■ 게임 중독 환경특성 문항

1	부모의 형편상(직장생활, 질병 등) 집에서 아이의 하루생활을 관리하는 데 어려움이 있다.	①	②	③	④
2	우리 아이는 혼자서 시간을 보내는 경우가 많다.	①	②	③	④
3	우리 아이가 게임을 하는 데 보내는 시간이 얼마나 되는지 알고 있다.	①	②	③	④
4	아이가 하는 게임의 종류나 시간에 대해 일관된 양육 기준을 가지고 관리한다.	①	②	③	④

■ **유아의 게임 중독 경향성 분류 기준**

게임 중독 환경특성 \ 게임 중독 행동특성	부적절(22점 이상)	적절(21점 이하)
부적절(9점 이상)	위험군	환경개선군
적절(8점 이하)	잠재군	일반군

■ **척도 해설**

- 위험군: 게임 중독으로 발전할 경향성을 가진 집단
- 잠재군: 유아의 게임 행동을 보다 적절히 조절해 주지 않으면 앞으로 게임 중독 위험성이 높은 집단
- 환경개선군: 환경적 문제의 개선이 이루어지지 않으면 앞으로 문제가 나타날 가능성이 있는 집단

출처: 교육인적자원부(2007). 부모와 함께하는 전자미디어 교육활동. pp.16-17.

컴퓨터를 많이 하면...

- **거북목 증후군**: 오랫동안 컴퓨터 모니터를 내려다보면 목이 거북이처럼 앞으로 쭉 빠져 구부러지는 증상. 어깨 앞으로 목이 빠져나간 상태의 자세는 좋지 않다. 이런 상태로 오래 있으면 목과 머리가 아프게 된다.
- **손목터널 증후군**: 컴퓨터 마우스를 오래 사용하다 보면 손목터널(인대와 손목의 뼈를 둘러싸고 있는 인대) 안에 있는 신경이 눌려 엄지부터 4번째 손가락 반까지 감각에 이상이 생기고 저리고 아픈 증상이 나타난다.
- **안구건조증**: 컴퓨터 모니터를 집중하여 오래 보는 경우 눈을 깜빡이는 횟수가 줄어들어 눈이 건조해지거나 지방층이나 수성층이 너무 많이 증발하여 '안구건조증'이 생긴다. 안구건조증이 생기면 눈에 이물감, 뻑뻑함, 눈꺼풀이 무거운 느낌, 따가움, 시린 느낌, 가려움, 충혈, 눈의 피로감, 바람이나 연기에 예민해지는 느낌 등의 증상이 생긴다.

컴퓨터를 사용할 때 바른 자세

① 바른 자세로 컴퓨터를 이용하기 위해서는 눈의 위치와 모니터의 위치 및 높이가 정면이 되도록 조절해 줘요.

② 의자는 너무 깊거나 낮지 않은지 살펴보고, 장시간 컴퓨터 활동을 지속하는 것은 머리, 허리, 눈, 목 등에 해롭기 때문에 정해진 시간동안 사용하고 스트레칭을 할 수 있도록 해요.

출처: 교육인적자원부(2007). 부모와 함께하는 전자미디어 교육활동. pp.13.

가정에서 건강한 인터넷 사용 습관 기르기

- 컴퓨터를 자녀 돌보기용으로 활용하지 않기
- 자녀가 컴퓨터를 할 때는 반드시 옆에 함께 있어주기
- 미리 요일과 시간을 정해놓고 그 시간만 사용하는 습관을 기르기
- 컴퓨터를 켤 때는 부모님의 허락을 받고 켜도록 하기
- 컴퓨터를 끌 때는 자신의 의지를 동원해서 자녀 스스로 끄도록 도와주기

출처: 교육인적자원부(2007). 부모와 함께하는 전자미디어 교육활동. p.15.

컴퓨터 건강 체조 해보기

_____ 반 이름 : ____________

컴퓨터를 지나치게 오래 사용하는 것은 건강에 좋지 않습니다. 눈과 목이 아프고 손목이나 어깨, 허리도 아팠던 경험이 있진 않나요? 노래에 맞춰 자녀와 함께 컴퓨터 건강 체조를 해보면서 건강도 챙기고 즐거운 시간을 경험하시길 바랍니다.

1. 자녀와 함께 노래를 불러보아요.

이렇게 돌려봐요

작사/작곡 안세정

눈을 돌려요 이렇게 이렇게 목을 돌려요 이렇게 이렇게
어깨도 돌려요 이렇게 이렇게 손목도 이렇게 돌려봐요
팔을 흔들어요 하나 둘 셋 넷 허리도 빙그르르 하나 둘 셋 넷
신나게 팔다리 흔들어요 온몸을 흔들어요 얍

2. 노래에 맞춰 건강 체조를 따라해 보세요.

눈을 돌려요 이렇게 이렇게

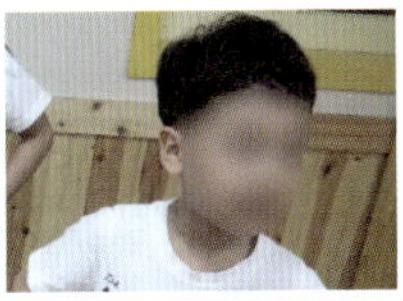

목을 돌려요 이렇게 이렇게

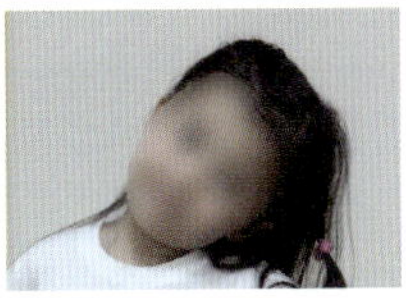

어깨도 돌려요 이렇게 이렇게

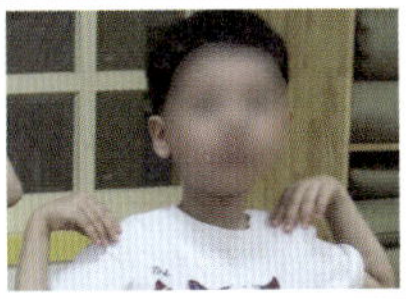

손목도 이렇게 돌려봐요

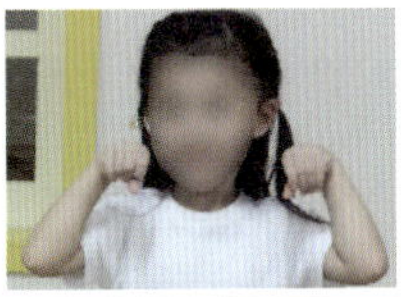

팔을 흔들어요 하나 둘 셋 넷

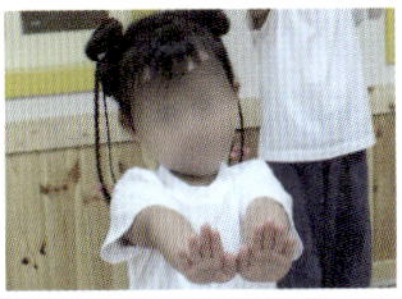

허리도 빙그르르 하나 둘 셋 넷

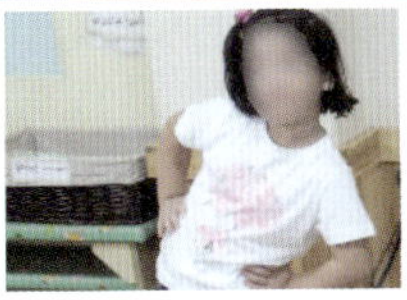

신나게 팔 다리 흔들어요

온 몸을 흔들어요 얍!

출처: 교육과학기술부(2012). 유치원 교육과정 운영 지원을 위한 유아 보건교육 프로그램(부모용). p.74.

전자미디어 종류		교육내용
TV 및 비디오 안전	영유아	① 너무 오랜 시간 보지 않는다. ② TV를 시청할 때는 TV 대각선 길이의 4~5배 정도 떨어진 곳에서 시청하는 것이 바람직하다. ③ TV 시청 시 간식은 주지 않는다. ④ 어두운 곳에서 보지 않고 일상적인 밝기에서 시청한다. ⑤ TV의 화면과 일정한 거리를 두고 본다(작은 화면인 경우는 화면 크기의 3.5배, 20인치 이상인 경우 3.7~4배 정도 떨어져서 앉도록 한다). ⑥ 일주일 중 TV 안 보는 날을 정하고 가족과 함께 시간을 갖도록 한다. ⑦ TV는 누워서 보지 않는다.
	부모와 교사	① 아이가 선택한 프로그램이 아이의 연령과 발달에 적합한 것인지 확인한다. TV 시청 등급을 이용한다(모든 연령 시청가, 7세 이상 시청가, 13세 이상 시청가, 19세 이상 시청가와 같이 TV 프로그램 시작에 앞서 화면에 나타나는 등급을 확인하도록 한다). ② 부모가 문제의식을 갖지 않고 아이와 함께 그리고 쉽게 보여 주는 프로그램(예를 들어 드라마, 사극, 개그, 폭력적인 만화 등) 등은 유아에게 적합하지 않은 것이 많다. ③ 교육방송(EBS), 어린이용 프로그램이라 할지라도 프로그램의 내용과 시간을 선별하여 보여주도록 한다. ④ 아이에게 리모콘을 주어 채널을 계속 돌려 보도록 하는 것은 바람직하지 않다. ⑤ 장시간 TV를 보지 않도록 한다. 미국소아과학회(AAP)는 한 주에 10시간 이하로 TV시청을 제한할 것과 3세 미만의 영아는 보여 주지 말라고 권고하고 있다. ⑥ 시청 시간을 정할 때는 아이와 함께 정하고 부모 역시 자신의 시청 시간을 정하여 지켜 나가는 모습을 볼 수 있도록 한다. ⑦ 시청 시간이 정해졌다면 그 시간대에만 TV를 켜도록 한다(여성가족부, 2010).

비디오 증후군

비디오 증후군은 만 2세 이전에 하루 2시간 이상, 혼자 비디오 시청으로 인해 뇌 발달에 문제가 생기는 것이다. 뇌발달지체로 인한 인지, 정서, 사회성, 언어, 행동 등의 전반적 발달 지연과 이상언어, 이상행동, 이상표정 등이 나타나기도 한다. 최근 저출산율과 핵가족화로 인해 맞벌이인 부모가 늘어나면서 가정과 일을 병행하는 부모가 아이를 돌보기 힘들 때는 종종 비디오를 틀어주는 경우가 있다. 부모에게 매달리지 않고 화면에 집중하는 아이가 무언가 학습을 하고 있다는 생각에 부모들은 장시간 아이들이 비디오를 볼 수 있도록 허락한다. 영유아기는 사고를 담당하는 대뇌피질이 아직 형성되지 못한 시기이기 때문에 인지적 사고 발달보다는 감정과 사회성을 인지하는 뇌가 먼저 발달한다. 그렇기 때문에 화면보다는 사람과의 관계에서 따뜻한 감정의 교류와 오감을 통한 다양한 자극이 더 필요할 때인 것이다.

■ 비디오 증후군의 증상

- 놀잇감보다 TV 모니터 화면을 보는 것만 좋아한다.
- 비디오를 볼 때 무표정하고 움직임도 거의 없다.
- 비디오 보는 것 외에는 관심 없고 말에 반응이 없다.
- 고집이 세지고 까닭없이 물건을 부순다.
- 사람과 의사소통을 하는 게 아니고 혼자서 비디오에서 본 단어만 중얼거린다.
- 학습 · 인지 능력이 떨어진다.
- 친구들과 놀지 않고 혼자서만 논다.
- 유난히 겁이 많고 불안해한다.

■ 비디오 증후군을 예방하려면?

- 만 2세까지는 TV와 비디오 노출을 피한다.
- 3세 이후에는 부모와 함께 시청한다.
- 나 홀로 시청을 금하고 부모와 함께 대화를 나누면서 본다.
- 자극적이고 폭력적인 것은 피하고 좋은 프로그램을 선택한다.
- 영재 비디오 프로그램을 맹신하지 않는다.
- 부모의 심리 상태가 자녀에게 전이되므로, 부모가 안정적인 심리 상태를 유지한다.

올바른 TV 시청 점검하세요

TV 시청 습관 점검표	
· 해당하는 문장에 ∨표시해 보세요.	
① 아침에 텔레비전을 보다가 지각을 한 적이 있다.	□
② TV 광고에서 나오는 물건을 보고 사달라고 부모님께 조른 적이 있다.	□
③ TV를 볼 때 리모컨을 손이 닿는 주위에 놓고(또는 쥐고) 본다.	□
④ 내가 보고 싶은 프로그램을 보기 위해서 가족 중에 누군가와 싸운 적이 있다.	□
⑤ 밥을 먹을 때 TV를 켜놓고 먹는다.	□
⑥ 가족과 대화를 나눌 때도 TV를 켜 놓는다.	□
⑦ TV를 볼 때 아무 말도 하지 않는다.	□
⑧ TV를 켜기 전에 미리 볼 프로그램을 정하지 않는다.	□
⑨ TV를 보다가 누군가 부르는 소리를 듣지 못한 적이 있다.	□
⑩ 저녁밥을 먹고 잠 잘 때까지 TV를 켜 놓는다.	□

전자미디어 올바른 사용을 위한 프로그램

미디어매체	개념	활동명
컴퓨터	기능 인식하기	컴퓨터에는 이름이 있어요
		키보드로 낱말 만들기
	사용법 익히기	컴퓨터로 궁금한 것을 찾아요?
		노래도 검색해 볼까요?
	정보 활용하기	컴퓨터 요리시간
		영화표 예매하기
	자기조절력 형성하기	컴퓨터를 많이 하면
		컴퓨터 체조를 해요
	윤리의식 기르기	좋은 점 나쁜 점
		게임중독 체크리스트
TV	기능 인식하기	TV! 어디에 있나요?
		TV 속의 뉴스를 전해요.
	사용법 익히기	우리집 리모컨
		리모컨 놀이

미디어매체	개념	활동명
	정보 활용하기	숫자를 찾아라!
		우리 가족의 뉴스를 전해요.
	자기조절력 형성하기	비디오 증후군
		TV 보기 계획표
	윤리의식 기르기	올바른 TV 시청
		오늘 하루는 TV 안 보는 날
휴대폰	올바르게 사용하기	좋은 모델이신가요?
		문자로 편지를 보내요.
	자기조절 형성하기	휴대폰은 놀이감?
	윤리의식 기르기	휴대폰이 필요할 때
		휴대폰 에티켓

출처: 교육인적자원부(2007). 부모와 함께하는 전자미디어 교육활동. p.5.

참고문헌

강보람(2017). 미디어사용시간과 부모의 미디어 중재가 유아의 공감에 미치는 영향. 서울대학교 대학원 석사학위논문.

고희숙(2006). 유아의 가정에서 미디어 경험에 따른 읽기능력 및 어휘력의 차이. 계명대학교 유아교육대학원 석사학위논문.

교육과학기술부(2011). 화재예방 교육자료집.

교육과학기술부(2012). 부모와 함께하는 유아 재난대비 · 생활안전교육 프로그램.

교육과학기술부(2012). 유치원 교육과정 운영 지원을 위한 유아 보건교육 프로그램(부모용자료)

교육과학기술부(2012). 유치원 교육과정 운영 지원을 위한 유아 재난대비 · 생활안전교육 프로그램.

교육과학기술부(2014). 유치원 교육과정 운영 지원을 위한 유아 보건교육프로그램: 약물오남용, 흡연, 음주예방.

교육과학기술부. 3세 누리과정 지도서. 건강과 안전.

교육과학기술부. 4세 누리과정 지도서. 건강과 안전.

교육과학기술부 · 보건복지부(2012). 3~5세 누리과정.

교육부(2015). 건강 · 안전 관리 길라잡이.

교육부(2015). 안전교육 7대 표준안 교사용 지도안.

교육부(2015). 유치원 시설안전관리매뉴얼.

교육부(2017). 제4주기 유치원 평가 중앙연수 자료.

교육부 · 경상남도교육청 · 학교안전공제중앙회(2016). 학교안전교육 7대 표준안 유치원용.

교육부 · 충남교육청(2015). 건강 · 안전 관리 길라잡이.

교육인적자원부(2006). **유아를 위한 성교육 프로그램**. 교육인적자원부.

교육인적자원부(2007). 부모와 함께하는 전자미디어 교육활동(부모용 소책자).

구경선 · 김태임 · 서영희 · 홍은숙(2013). **아동안전관리**. 정민사.

국민건강지식센터 건강 칼럼. 등 · 하굣길, 어린이 교통사고 안전. NAVER 지식백과

국민안전처(2016). 어린이 안전 종합대책.

권혜진 · 김혜라 · 전숙영 · 정윤주 · 채진영 · 한유진(2012). **아동안전관리**. 창지사.

김미선 · 박미화 · 이효숙(2006). 유아교사의 응급처치에 대한 실태조사. **미래유아교육학회지**, 13(1), 91-114.

김병록(2008). 실종사건 대처방안에 관한 연구. 한세대학교 경찰법무대학원 석사학위논문.

김서희(2016). 유아의 스마트미디어 몰입경향성과 친사회적 행동의 관계에서 자기조절력의 매개효과.

인천대학교 교육대학원 석사학위논문.

김영실 · 윤진주 · 김정주(2011, 2016). **제2판 영유아 안전관리**. 공동체.

김은애(2017). 유아의 스마트미디어 이용관련 어머니의 인식과 요구. 중앙대학교 대학원 석사학위논문.

김일옥(2009). **영유아를 위한 응급처치**. 양서원.

도로교통공단(2017). 2015년 OECD 회원국 교통사고 비교.

류승표 · 임소현 · 김수지(2016). **강사 세미나 자료집 중 어린이집 내 사고와 안전관리**.

미래창조과학부 · NIA한국정보화진흥원(2017). 2016년 인터넷 과의존 실태조사.

박소영(2015). 유아의 스마트미디어 사용실태 및 과다사용에 영향을 미치는 변인 연구. 가톨릭대학교 대학원 박사학위논문.

백경일 · 서영숙(2016). 유치원 · 어린이집 교사의 아동보호 · 감독의무와 손해배상책임. **일감법학** 제33호, 건국대학교 법학연구소, 119-150.

보건복지부(2013). 제3차 표준보육과정.

보건복지부(2016). 국민건강통계.

보건복지부(2017). 2017 통계로 보는 보건복지 보도자료. (2017.12.29. 배포)

보건복지부(2017). 보육사업안내.

보건복지부 · 어린이집안전공제회 · 중앙육아종합지원센터(2016). 2016 보육교직원 안전교육 강사 세미나 자료집 중 류승표 · 임소현 · 김수지 기획 및 편집(2016). 어린이집 내 사고와 안전관리

보건복지부 · 한국보육진흥원(2017). 2017 제3차 어린이집 평가인증 안내(통합지표). 진흥원-2017-156

보육시설 응급처치 매뉴얼(2008). 중앙보육정보센터.

서울특별시(2016). 서울시 어린이집 안전수칙 매뉴얼. 서울특별시 여성가족정책실 보육 담당관.

성미영 · 민미희 · 정현심(2013, 2014). **아동안전관리**. 학지사.

세계일보(2017. 5. 31.) 자식 잃어버린 마음은 수십 년이 지나도 똑같아요.

소방방재청(2010). 유아용 안전교육 프로그램: 교사용 지도서 및 부모용 자료.

소방방재청. 개정증보판 우리는 안전 어린이 2. 유아용(생활 및 교통 안전)

손정희(2002). 부산시내 유치원의 실외 놀이시설 및 설비에 관한 조사연구. 동아대학교 교육대학원 석사학위논문.

스포츠서울(2018). '복지부, 학대 아동 조기 발견 · 지원 시스템 가동' 2018.02.17.일자 김자영 기자

신상도 · 윤선화 · 정윤경 · 이경선(2011). **영유아 및 아동을 위한 응급처치 매뉴얼**. 사단법인 한국생활안전연합.

심진아(2016). 어린이집별 맞춤형 재난대비 매뉴얼 구축을 위한 재난 안전 교사교육 프로그램 시안개발. 명지대학교 교육대학원 석사학위논문.

아동복지법(2017)

아이코리아. 유아안전교육 교수자료세트. 교통안전

어린이재단(2009). 그런데 권리가 뭐예요? (어린이용)

어린이집안전공제회(2015). 어린이집 안전관리 백과 실내 · 외 보육환경.

어린이집안전공제회(2017). 어린이집 보육교직원 안전교육.

어린이집안전공제회(2018). 어린이집 보육교직원 안전교육.

유복림(2008). **엄마랑 아이랑 함께 배우는 어린이 응급처치**. 가꿈유아사.

유아교육진흥원(2017). 건강 · 안전영역 체험교육활동.

육길나 · 최경 · 연혜민(2017). 보육교사와 예비교사의 응급처치에 대한 인식 비교. **한국산학기술학회지, 18**(3), 242-248.

윤선화(2012). 유아화재 사고 예방을 위한 화재 안전 교육프로그램 개발 방향 탐색. 한국화재소방학회, 26(2), 112-122.

이기숙 · 장영희 · 정미라 · 윤선화(2011, 2016). **개정판 영유아 안전교육**. 양서원.

이상희(2016). 유아 스마트 미디어 사용지도를 위한 부모교육 프로그램 개발 연구. 덕성여자대학교 대학원 박사학위논문.

이선미 · 조민순(2010). 보육교사의 응급상황에 따른 처치방법에 대한 실태연구. **미래유아교육학회지, 17**(4), 55-80.

이성훈(2014). 어린이집 안전사고 판례 분석을 통한 법적 책임 고찰, 중앙대학교 대학원 석사논문.

이은주 · 박정언 · 조은미 · 최윤정(2016). **보육학개론**. 공동체.

이은진 · 김순주(2004). 부산광역시 어린이 교통 안전교육 개선방안 연구. 연구2004-14. 부산발전연구원.

이의형(2015). 재난 및 안전관리 기본법 개선 방안에 관한 연구. 성균관대학교대학원 석사학위논문.

자전거 21. 안전생활 길잡이 지도서.

정재경 외(2015). 학교안전정보센터

정재경 · 김형숙 · 김형재 · 이순애 · 최자현 · 현혜정(2015). **아동안전관리**. 동문사.

정재경 · 이봉자 · 이순애 · 이현아 · 최지현 · 현혜정(2017). **아동안전관리**. 동문사.

정재춘(2004). 유치원 실내 놀이 시설 및 설비에 관한 조사 연구. 동아대학교 교육대학원 석사학위논문.

조성완 · 박두석 · 김영중 · 송호영 · 신경임 · 윤선화 · 정윤경 · 이경선 · 윤나라 · 심정은(2010). **유아용 안전교육 프로그램: 교사용 지도서 및 부모용 자료**. 소방방재청.

조순아(2018). 학대받은 아동의 자아존중감과 문제행동에 미치는 미술치료 사례연구. 광주여자대학교 사회개발대학원 석사학위논문.

중앙보육정보센터(2008). 보육시설 응급처치 매뉴얼.

최완석(1997). 우리나라 어린이 교통사고의 특성 및 안전대책에 관한 연구. 산업기술연구 제9집.

최용득(2010). **영유아의 건강과 영양**. 파란마음.

통계청(2018). 사고에 의한 어린이 사망(1996-2016) 보도자료.

통계청. 사망원인통계, 국가승인통계 제10154호.

학교안전공제중앙회(2008). 학교안전공제 업무편람.

한국교육개발원(1995). 어린이 안전교육 지침서.

한국생활안전연합(2007). **유괴 예방 교육 비디오 교사용 지침서**. 서울한국안전연합.

한국생활안전연합(2010). 영유아부모대상 아동안전사고 예방 및 응급처치 교육매뉴얼.

한국소비자원(2015). 어린이 중독사고 위해사례 동향분석.

한국소비자원(2018). 2017년 어린이 안전사고 동향분석.

한국일보(2018). '장난감 대신 준 스마트폰 탓? … 유아 · 아동 과의존 비상' 2018.02.08.일자 김창훈 기자.

행정안전부(2012). 안전생활 길잡이 지도서.

행정안전부(2017). 지진 국민행동요령.

행정안전부(2018). 2018년 1월 재난안전 상황분석 결과 및 중점관리 대상 재난안전사고.

행정안전부(2018). 화재국민 행동요령 매뉴얼.

행정안전부(안전개선과)(2018). 2017년 어린이놀이시설 안전사고 분석결과.

허정은(2017). 아동기 성학대 피해자의 성적 재피해자화에 대한 변인 연구. 서울여자대학교 특수치료전문대학원 박사학위논문.

황지영 · 오은순 · 조근자(2016). 유치원 및 어린이집 교사의 응급처치 수행자신감 및 교육요구도. **한국산학기술학회지, 17**(1), 234-243.

NIA한국정보화진흥원 보도자료(2018). 스마트폰 과의존(중독), 스마트쉼(R · E · S · T) 가이드로 예방하세요!

NIA한국정보화진흥원(2017). 아름다운 인터넷 세상 드림(Dream): 인터넷 윤리 동향 소식지. 2017.11. Vol. 07

경찰청 http://www.police.go.kr

교통사고 분석 시스템 http://taas.koroad.or.kr

도로교통공단 http://www.koroad.or.kr 어린이 통학버스 교통안전

법령은 국가법령정보센터 법제처 http://www.law.go.kr

세이프키즈코리아 홈페이지 http://www.safekids.or.kr

식품의약안전처 http://www.mfds.go.kr

실종아동 전문기관 http://missingchild.or.kr

어린이안전학교 http://www.go119.org

어린이집안전공제회 홈페이지 http://www.csia.or.kr

카시트 안전하게 고르기 https://blog.naver.com/yel_1004/221172942548

학교안전공제중앙회 홈페이지 http://www.ssif.or.kr

행정안전부 국민재난안전포털 http://www.safekorea.go.kr/20180215

찾아보기

ㄱ

가스화재 289
거북목 증후군 299
게임 중독 298
경련(경기) 131
관리 12
관절 127
교육시설 86
교통사고 24
교통안전교육 198
구급용품 점검표 115
근육 127

ㄴ

누리과정 70

ㄷ

담뱃불 화재 286
땀띠 253

ㅁ

매슬로우 13
물려서 생긴 상처 129
미디어 안전 294
미디어 안전교육 296
미세먼지 255, 256
미아방지 캠페인 213

ㅂ

발열 126
발작 131
방화 287
불장난 화재 288
비디오 증후군 302

ㅅ

사망의 원인 21
사회재난 242
생존 욕구 13
소독 98
소비자위해감시시스템 223
소화기 281
손목터널 증후군 299
쇼크 132
시설 86
실종 211
심폐소생술 119

ㅇ

아동 11
아동복지법 11
아동 실종예방 213
아동안전관리 11, 12
아동안전교육 12
아동학대 261
아동학대 예방교육 268
아동학대 징후 266
아동학대 후유증 267
안구건조증 299
안전공제회 145
안전교육 12

안전교육활동 181
안전드림앱 215
안전사고 136
안전사고 대응체계 구축 139
안전사고 예방 점검 137
안전의 욕구 13
약물 222
약물 남용 223
약물 오용 223
어린이보호포장 230
연기 290
열경련 253
열사병 253
열에 의한 상처 131
영유아 11
영유아보육법 11
울열증 253
유괴 211
유괴 예방교육 218
유아 11
유치원 평가 78
응급처치 112
익사사고 26
일사병 131

◈ ㅈ

자연재난 242
재난 242
전기화재 285
지진 242
질식사고 25

◈ ㅊ

청소 98
추락사고 26
출혈 128
치아 외상 133

◈ ㅋ

코드아담제 214

◈ ㅌ

태풍 248
통로유도등 285
통합지표 73

◈ ㅍ

평가인증제도 74
폭염 252
피난유도등 284

◈ ㅎ

하임리히 방법 124
학교안전법 46, 64
호우 248
화상 253
화재 273
화재감지기 283
화재발신기 284
화재사고 274
화재 안전교육 273
환기 97
황사 254, 255
황사경보 254
황사주의보 254

CCTV 94

저/자/소/개

■ **장은석**

서울시립대학교 사회복지학 석사
서울시립대학교 사회복지학 박사
현) 세경대학교 사회복지학과 교수

■ **장석경**

건국대학교 교육학 석사(유아교육전공)
건국대학교 교육학 박사(유아교육전공)
현) 국제대학교 유아교육과 교수

■ **고연경**

건국대학교 교육학 석사(유아교육전공)
건국대학교 교육학 박사수료(유아교육전공)
현) 경인여자대학 아동보육과 초빙교수

아동안전관리

1판 1쇄 인쇄 — 2019년 1월 28일
1판 1쇄 발행 — 2019년 1월 30일

저 자 - 장은석 · 장석경 · 고연경
발 행 인 - 강철원
발 행 처 - 양성원
주 소 - 경기도 파주시 검산로 173번길 29-20
전 화 - 031-946-3861(代)
팩 스 - 031-946-3864
이 메 일 - tnwpub@naver.com
홈페이지 - tnwpub.co.kr
출판등록 - 2015년 8월 31일 제 2015-000211 호

ISBN 979-11-6126-165-2

정가 19,000원